JN098139

家族法

［第4版］

青竹美佳・羽生香織
水野貴浩

［著］

Nippyo
Basic Series

日評ベーシック・シリーズ

日本評論社

第4版はしがき

　本書は、日評ベーシック・シリーズ（Nippyo Basic Series：NBS）の民法第7巻として、家族法（民法典第4編親族・第5編相続）に関するルールを扱う。「法学部生が『最初から最後まで、読み通すことのできる』教科書」、「法学部生が家族法を学ぶ最初の1冊」という本書のコンセプトは、初版から変わらず、第4版でも受け継いでいる。

　第4版は、これまで中心的な役割を担ってきていただいた本山敦先生を引き継いだ残る共著者の3人が協同して改訂作業に当たった。それぞれの勤務校での講義の経験を活かし、初学者にとってより分かりやすい丁寧な解説となるよう心掛けている。

　第4版は、令和4年民法改正（令和4年法律第102号）を反映した内容となっている。同改正は、主に親子についての規定の重要な改正であり、改正法は、令和6（2024）年4月1日から施行される（なお、同改正のうち、懲戒権に関する規定等の見直しに関する規定は、令和4（2022）年12月16日から施行されている。）。

　現代社会は「多様性」という大きなうねりの中にある。家族・友人・恋人といった親密圏は、私たちが生きていくために必要な関係性であり、今後、家族法がどのように多様な関係性を受容していくべきか、読者の皆さんと一緒に考究していきたい。

　この第4版が、読者の皆さまの学習の一助となれば幸いである。

2023年7月

青竹美佳・羽生香織・水野貴浩

家族法

第13章　遺産共有・遺産分割・特別の寄与…**193**

略語一覧

＊本文中、民法については表記を省略している。また、関連法令を含め、条文はすべて、令和3年法律第24号および令和4年法律第102号の施行後のものである。

Ⅰ　主要法令名

遺言保管	法務局における遺言書の保管等に関する法律
一般法人	一般社団法人及び一般財団法人に関する法律
会社	会社法
家事	家事事件手続法
刑	刑法
憲	日本国憲法
後見登記	後見登記等に関する法律
国籍	国籍法
戸籍	戸籍法
裁	裁判所法
児福	児童福祉法
人訴	人事訴訟法
信託	信託法
精神	精神保健及び精神障害者福祉に関する法律
知的障害	知的障害者福祉法
任意後見	任意後見契約に関する法律
民執	民事執行法
民訴	民事訴訟法
老福	老人福祉法

Ⅱ　判例集

民録	大審院民事判決録
民集	大審院民事判例集／最高裁判所民事判例集
高民集	高等裁判所民事判例集
下民集	下級裁判所民事裁判例集
家月	家庭裁判月報
判時	判例時報
判タ	判例タイムズ
金法	金融法務事情
家判	家庭の法と裁判

家族法総論

　「民法」と題された法律（明治29年法律第89号）は5つの編からなるが、その後ろ2編について解説するのが本書の役割である。そこで、まずこのことを確認し、冒頭の総則編が家族関係にも適用されるかどうかを見ておこう。また、個々の制度を理解するためには、家族法の歴史と家族法に関係する裁判手続についての知識が必要となるので、これらについて概観しておこう。

1　民法における家族法の位置づけ

(1)　家族法の意義
　民法は、私たち個人と個人の生活関係にかかわる法律（私法と呼ばれる）であるが、民法が規律する生活関係は、所有、契約、不法行為などの財産関係と、夫婦、親子、相続などの家族関係とに大別できる。そこで、財産関係に関する部分を財産法、家族関係に関する部分を家族法と呼ぶのが一般的である。
　民法の編別に目を通してみると、「第4編　親族」（親族編）と「第5編　相続」（相続編）が家族関係に関する部分だと確認できる。親族編は、親族関係の成立・解消と、それに伴い発生する権利義務の内容について、また、相続編は、人の死亡を原因とする権利変動について規定している。相続編は、財産法との関連が強く、この部分を家族法から除外する学説もある。しかし、相続人となるのは死者と一定の親族関係にある者であるし、遺言による財産処分は家族がその相手方となる場合が圧倒的に多い。それゆえ、家族法を解説する本書も、一般的な理解に従い、親族編と相続編の両方を扱っている。

(2) 総則編との関係

民法の「第1編　総則」（総則編）には、民法が規律する生活関係全体にかかわる規定が集められている（→NBS民法総則第2版15頁）。そうすると、総則編の規定は家族関係についても当然に適用されると考えてよいのだろうか。

たとえば、成年被後見人のした法律行為は、日用品の購入その他日常生活に関するものを除いて取り消すことができるものとされており（9条）、成年被後見人にとって必要な契約のほとんどは、成年後見人が成年被後見人を代理して行うことになる（→137頁）。事理を弁識する能力を普段から欠いている成年被後見人（7条参照）が、財産上の不利益を被らないようにするとともに、必要な契約の当事者となることができるようにするために、このような保護が施されているのである。しかし、婚姻については、成年後見人による代理は認められておらず、成年被後見人自身が、成年後見人の同意を得ることなくすることができる（738条→29頁）。協議離婚、普通養子縁組、協議離縁についても同様である（764条、799条、812条が738条を準用する）。これらは、夫婦・親子というもっとも基本的な親族関係を形成・解消する行為であり、本人自身の意思に基づいて行われなければならないからである（それゆえ、意思能力は必要とされる）。また、これらの行為については、無効とされる場合が限定的に定められており（742条、802条参照）、取消しについても特別な規定が設けられている。それゆえ、総則編に置かれた無効・取消しに関する規定（→詳しくはNBS民法総則第2版第3章Ⅲ）は、これらの行為には適用されないと考えられている。

その一方で、財産分与や遺贈といったもっぱら財産にかかわる行為については、総則編の規定が直接適用される。また、戦後の民法改正の際に設けられた1条および2条は、民法全体の基本原則と解釈基準を定めたものであり、家族法とも関係が深い。「個人の尊厳と両性の本質的平等」は家族法の基本原則であると言われるし、「離婚請求は民法全体の指導理念である信義誠実の原則に照らしても容認されうるものでなければならない」と説かれている（最大判昭和62・9・2民集41巻6号1423頁→58頁参照）。

このように、問題となる行為の性質や個々の規定の趣旨に応じて、直接的に適用できるかどうかを見定めていく必要がある。

2　家族法の歴史と最近の動向

(1)　旧民法の制定と民法典論争

　日本にはじめて体系的な民法典が誕生するのは明治時代に入ってからである。明治維新によって樹立された新政府は、日本を欧米諸国のような近代国家とするための施策の一つとして、民法典の編纂作業にとりかかった。とはいえ、当時の日本には、近代的な法制度が存在していなかったため、この作業は非常に難航した。そこで、フランスからお雇い外国人として日本に招いていたボワソナードに民法典の起草にあたらせた。その結果、1890（明治23）年に、日本ではじめての民法典が公布された。「旧民法」と呼ばれることが多いこの民法典は、その編纂方式に見られるように、フランス民法典の影響を強く受けたものであったが、家族法の部分は、各地の風俗や慣習を考慮するために日本人委員によって原案が起草されるなど、日本の事情に沿う形で作られたものであった。しかし、「民法出でて忠孝滅ぶ」というスローガンのもと、主に家族法の部分が日本の淳風美俗にそぐわないと批判され（民法典論争）、旧民法は施行が延期されることとなった（後に廃止される）。

(2)　明治民法の制定とその特徴

　明治政府は、旧民法の施行延期を受けて、穂積陳重、富井政章および梅謙次郎の３名を起草委員とする法典調査会を新たに設置し、旧民法の修正作業を開始させた。編纂方式がフランス民法典の方式からドイツにおける方式（パンデクテン方式）に改められ、財産法の部分は、ドイツ民法の第一草案を中心に多数の外国法を参照して大幅な修正が行われた。他方、家族法は、旧民法よりも「家」の位置づけを重視する体裁とはなったが、旧民法の内容が維持されている部分が多かった。このようにして、財産法部分（総則編、物権編および債権編）が1896（明治29）年に、家族法部分（親族編および相続編）が1898（明治31）年に公布され、民法典全体が同年の７月から施行された。この親族編と相続編は、現行家族法と区別するために、「明治民法」と呼ばれることが多い。

　明治民法の特徴は、「家」という親族集団をその中核に据えたことにある（家制度）。「家」の構成員は、戸主と家族に分けられ、戸主は「家」の統括者

として、家族に対して支配的な地位にあった。家族は、戸主の意に反してその居所を定めることができず、また、婚姻や養子縁組をするには戸主の同意を得なければならなかった。このような戸主の地位は、「家」の財産（家産）とともに家督として相続人に承継されることとなっており（家督相続）、戸主の嫡出の長男が最先順位の家督相続人とされていた。「家」は、家督相続を通じて代々続いていく親族集団であった。

　また、妻の行為能力が制限されていたこと、離婚給付制度が存在せず、配偶者は限られた場合にしか相続人になれなかったこと、子は家にある父の親権に服したことなど、妻の地位の低さも明治民法の特徴の一つであった。

(3)　第二次世界大戦後の家族法改正とその後の動向

　1946（昭和21）年に制定された日本国憲法（以下、本文では「憲法」と記す。）は、24条2項において、家族に関する「法律は、個人の尊厳と両性の本質的平等に立脚して、制定されなければならない」旨を宣言した。これを受けて、民法学者の我妻栄と中川善之助を中心に家族法の抜本的な改正作業が進められた。この改正作業においては、人口の都市部への集中やサラリーマン家庭の増加などに伴い戦前から現実の家族の多数を占めていた、夫婦とその間の子どもからなる婚姻家族が家族の典型として想定された。1947（昭和22）年の年末には新しい親族編・相続編が成立し、1948（昭和23）年1月1日から施行されている。これが、現行家族法の骨格部分を成している。

　この改正によって、家制度と結びついた旧来の規定はそのほとんどが姿を消した。しかし、旧来の勢力との妥協によって、家制度に由来する規定も若干は残されることとなった。また、さらなる検討が必要だとされながらも、時間的な制約から最低限の修正にとどめられた規定も多くあった。そこで、1949（昭和24）年に設置された法制審議会（法務大臣の諮問機関）に民法部会が設けられ、家族法の見直し作業が継続された。その作業の成果として、1962（昭和37）年および1980（昭和55）年に相続法が改正された。また、1987（昭和62）年には特別養子縁組制度が創設された。

　1996（平成8）年には、婚姻や離婚に関する規定の改正を提案する法律案要綱（以下「1996年の民法改正要綱」と記す。）が法務大臣に答申された。選択的夫

婦別氏制の採用と子の相続分の平等化がその目玉であったが、両提案に対する反対論が根強く、改正法案が国会に提出されることはなかった。しかし、最高裁の違憲判断があったり、関連する規定と併せて改正が行われたりしたことにより、1996年の民法改正要綱における提案のいくつかは実現に至っている。

その後、1999（平成11）年には、社会の高齢化に対応するため、行為能力制度の見直しが行われ、新たな成年後見制度が創設された（→第8章参照）。あわせて、口がきけない人や耳が聞こえない人も公正証書遺言を利用することができるように、新たな規定が設けられた（→232頁）。

(4) 最近の動向

近年、親族編・相続編の双方において規定の見直し作業が活発に進められており、多くの改正が実現している。

(a) 親族編における動向

（i） 親子・親権に関する規定の改正等　　親族編においては、親子や親権に関する規定の改正作業が活発に進められている。まず、2011（平成23）年に、児童虐待の防止等を図り、児童の権利利益を擁護する観点から、親権の制限に関する規定の改正が行われた（→122頁以下）。その際には、1996年の民法改正要綱で提案されていた766条の改正（→127頁）や、未成年後見制度の手直しも併せて行われた。2019（令和元）年6月には、虐待を受けた子などの要保護児童に家庭的、永続的な養育環境を与えるための選択肢として特別養子縁組制度の利用が促進されるように、養子となることのできる年齢の引き上げと手続の整備が行われた（→第6章Ⅲ参照）。また、2022（令和4）年12月には、懲戒権に関する規定の削除や嫡出推定・嫡出否認に関する規律の見直し（→84頁コラム）を中心に、親子法制の改正が行われた。

親子・親権に関しては、民法の外でも重要な動きがみられる。2014（平成26）年1月に、国境を越えた子どもの不法な連れ去りや留置をめぐる紛争に対応するための条約である「国際的な子の奪取の民事上の側面に関する条約」（ハーグ条約）を日本が締結し、同条約の国内実施法が制定された（→132頁コラム）。また、2019（令和元）年5月に、子の引渡しの強制執行に関する規律を明確化することなどを目的として民事執行法等の改正が行われた（→132頁）。さらに、

2020（令和 2 ）年12月に、「生殖補助医療の提供等及びこれにより出生した子の親子関係に関する民法の特例に関する法律」が制定された（→97頁）。

　（ⅱ）　夫婦に関する規定の改正　　夫婦に関しては、改正作業が活発とは言えないが、婚姻障害に関する改正が行われている。すなわち、2022（令和 4 ）年 4 月 1 日から、女性の婚姻適齢が18歳に引き上げられている（→25頁）。これは、成年年齢（ 4 条）が18歳に引き下げられたことに伴う改正である。また、2024（令和 6 ）年 4 月 1 日からは、女性の再婚禁止期間が廃止される（→26頁コラム）。これは、嫡出推定に関する規律の見直しに伴う改正である。

　（ⅲ）　現在進行中の見直し作業　　現在では、父母の離婚に伴う子の養育への深刻な影響や子の養育の在り方の多様化等の社会情勢に鑑み、子の利益の確保等の観点から家族法制の見直し作業が進められており、2022（令和 4 ）年11月に「家族法制の見直しに関する中間試案」が取りまとめられた。離婚後の親権、養育費および面会交流に係る規定の整備（→125頁コラム）に加えて、未成年養子縁組や離婚後の財産分与に関する規律の見直し等が検討されている。

　(b)　相続編における動向

　相続編においては、2013（平成25）年 9 月に、900条 4 号ただし書の規定のうち嫡出でない子の相続分を嫡出子の相続分の 2 分の 1 とする部分が、「遅くとも平成13年 7 月当時において、憲法14条 1 項に違反していたものというべきである」とする最高裁判所大法廷決定が出された。これを受けて、同年末に、当該部分を削除する改正が行われた（→158頁）。この改正によって、夫の死亡後に妻の居住権が脅かされる事態が生じやすくなるのではないかと危惧されたこともあり、残された配偶者の生活への配慮等の観点から相続法制の見直し作業が進められることとなった。その結果、2018（平成30）年 7 月に、相続法の改正が行われた。生存配偶者の居住権を保護するために新しい制度が創設された（→第11章Ⅱ参照）ほか、遺産分割や自筆証書遺言、遺留分に関して新たな規定や制度が設けられるなど、その内容は多岐にわたっている。

　2021（令和 3 ）年 4 月には、所有者不明土地に起因する問題の解消に向けて、その発生予防と土地利用の円滑化の両面から、民法や不動産登記法の改正が行われた（→211頁コラム）。相続編では、遺産分割や相続財産の管理に関する諸規定の改正が行われた。また、不動産の相続登記の申請が義務化された。

(5)　まとめ

　第二次世界大戦後の家族法改正から75年以上が経過した。この間、国民の価値観やライフスタイルの多様化、少子高齢化や国際化の進展など、家族を取り巻く社会環境は大きく変化した。これらの変化に対応するため、家族法は多くの改正を重ねてきた。今後も時代の要請に応えて、改正が続いていくであろう。本書で現在の家族法の姿を学びつつ、将来の家族法のあるべき姿にも思いをめぐらせてみて欲しい。

3　家族法に関係する裁判手続

(1)　はじめに

　家族関係がかかわる法律紛争は、通常の民事訴訟手続において扱われることもあるが、家庭裁判所を第1審とする人事訴訟手続または家事審判手続において扱われることが圧倒的に多い。また、後見の開始（838条2号、7条）や親権の喪失（834条本文）、相続の放棄（938条）のように、法律上の効果を生じさせるために家庭裁判所の審判が必要とされている場合もたくさんある。そのため、第1章以降の説明を理解するためには、家族法に関係する裁判手続について基礎的な知識を備えておくことがおくことが望ましい。

> **家庭裁判所の権限と組織**
> 　戦後の家族法改正と時を同じくして制定された家事審判法（2013［平成25］年1月1日に廃止）に基づき、家庭に関する事件の審判および調停を行う家事審判所が地方裁判所の支部として設立された。その後、1949（昭和24）年に、家事審判所が少年審判所と統合されて、現在の家庭裁判所となった。
> 　家庭裁判所は、家事事件手続法で定める家庭に関する事件の審判と調停、人事訴訟法で定める人事訴訟の第1審の裁判、および少年法で定める少年の保護事件の審判についての権限を有する（裁31条の3第1項）。なお、人事訴訟法の前身にあたる人事訴訟手続法（2004［平成16］年4月1日に廃止）のもとでは、人事訴訟の第1審は地方裁判所の管轄であった。しかし、人事訴訟法の施行により、家庭裁判所に移管された。

家庭裁判所には、他の裁判所と同じく、裁判官（判事・判事補）、裁判所事務官、裁判所書記官、裁判所速記官が置かれているが、これらに加え、家庭裁判所調査官と裁判所技官（医師または看護師）が置かれていることがとくに重要である。家庭裁判所調査官は、家事審判や家事調停、少年審判において、必要な調査を行うことが主な職務であり（裁61条の2第2項）、心理学、教育学、社会学などの行動科学の知識や技法を活用してその職務を行う。他方、医師または看護師である裁判所技官は、必要に応じて、家事事件の当事者や少年の心身の状況について診断等を行う。

(2) 通常の民事訴訟手続

不貞行為の相手方に対して慰謝料を請求する場合（→38頁）や遺言が無効であること（→234頁参照）の確認を求める場合には、民事訴訟法が適用される通常の民事訴訟手続によることになる。

民事訴訟は、私人間において生じた権利義務や法律関係をめぐる争いを裁判所が強制的に解決する制度であり、公開の法廷で対審（口頭弁論）および判決が行われることが憲法により保障されている（憲82条）。また、裁判（判決）の基礎となる事実および証拠の収集と提出は、原則として、当事者の権限かつ責任とされている（弁論主義）。そして、判決の効力は、原則として、訴訟の当事者に対してのみ及ぶにすぎない（民訴115条1項）。

(3) 人事訴訟手続

(a) 人事訴訟の対象

人事訴訟とは、夫婦や親子といった「身分関係の形成又は存否の確認を目的とする訴え」に係る訴訟のことをいう（人訴2条）。人事訴訟には、婚姻無効（742条）の訴えや離婚の訴え（770条）に係る訴訟に代表される婚姻関係訴訟（人訴2条1号）、嫡出否認の訴え（775条）や認知の訴え（787条）に係る訴訟に代表される実親子関係訴訟（人訴2条2号）、そして、縁組無効（802条）の訴えや離縁の訴え（814条）に係る訴訟に代表される養子縁組関係訴訟（人訴2条3号）の主に3つの類型がある。

(b) 人事訴訟手続の特徴

人事訴訟は、婚姻関係や親子関係という私人間の法律関係をめぐる争いを解決するための制度であるから、民事訴訟の一種ではある。しかし、婚姻関係や親子関係の有無は、社会一般の利益（公益）にもかかわるものであり、訴訟の当事者ではない者も裁判所の最終的な判断（判決）に従わせる必要がある。そこで、人事訴訟法において、民事訴訟法の特例等が定められている（人訴1条）。たとえば、人事訴訟の手続も公開の法廷で行われるが、当事者や証人がその私生活上の重大な秘密に係るものについて審問を受ける場合には、適正な裁判を確保するために、裁判所は審問を公開しないで行うことができる（人訴22条1項：公開の停止）。また、裁判所は、当事者が主張しない事実を斟酌し、かつ、職権で証拠調べをすることができる（人訴20条：職権探知主義）。そして、人事訴訟の確定判決は、第三者に対してもその効力を有するものとされている（人訴24条1項：判決の対世効）。

(4) 家事審判手続

(a) 家事審判の対象

家事審判は、家庭裁判所が家事事件手続法に基づいて行う裁判の一種である。家事審判の対象となる事項は、家事事件手続法において限定的に定められているが、その中で最も重要なものは、別表第1および別表第2に掲げられた事項である。これらは、民法その他の法律において家事審判の対象となることが予定されている事項であるが、別表第1の事項と別表第2の事項は、家事調停の対象となるかどうかを基準に振り分けられている。

別表第1の事項は、そもそも紛争が存在していないか、紛争が存在しても当事者の話し合いによる解決になじまない事項であることから、家事調停の対象とはならない（家事244条）。後見の開始（838条2号、7条）や特別養子縁組の成立（817条の2）、推定相続人の廃除（892条、893条）がその代表例である。

これに対し、婚姻費用の分担（760条）や離婚後の子の監護に関する事項（766条）、遺産の分割（907条）のように、当事者の話し合いによる解決が可能であることから、家事調停の対象となる事項が別表第2の事項である。

（b）　家事審判手続の特徴

　家庭裁判所は、家事審判の対象となる事項について、民法その他の法律が定める要件の存否を判断し一刀両断的な解決を行うことではなく、後見的な立場から裁量権を行使して状況に応じた適切な判断を行うことが期待されている。そのため、家事審判の手続は、非訟手続の一種とされ、原告と被告の対立構造を前提に進められる訴訟手続とは異なる部分が多い。

　たとえば、家庭裁判所は、職権で事実の調査および証拠調べをしなければならない（家事56条1項：職権探知主義）。家庭裁判所は、家庭裁判所調査官による事実調査（家事58条）や医師である裁判所技官による診断（家事60条）など、様々な方法により事実の調査を行うことができる。また、審判事項は個人のプライバシーにかかわるものが多いため、手続は非公開で行われる（家事33条）。

　家庭裁判所の終局的な判断は、審判という形式で示される。これは、決定（口頭弁論を経ることを要せずになされる裁判のこと）の一種である。家庭裁判所の審判に対しては、特別の定めがある場合に限り、高等裁判所に即時抗告することができる（家事85条1項）。

　家事審判の対象となる事項の中には、婚姻費用の分担や遺産の分割など、家庭裁判所が関係者間の権利義務についてその判断を示さなければならないものが含まれている。このような事項に係る裁判は、実体的な権利義務が存在することを前提として、その内容を具体的に形成決定するものであるから、公開の法廷で対審および判決によりなされなくても、憲法32条および82条に違反するものではない（最大決昭和40・6・30民集19巻4号1114頁、最大決昭和41・3・2民集20号3号360頁など）。

（5）　家事調停手続

（a）　家事調停とは

　ここまで確認してきたのは、裁判所が法規に則り強制力をもつ判断を示す手続であるが、対象となる事項の多くは、当事者間の話し合いで解決できるものであり、紛争の解決後も当事者の関係が継続する場合が多いことを踏まえると、これらの手続を経ることなく解決できることが望ましい。また、家族間あるいは元家族間の争いは、過去の複雑な人間関係・生活関係が絡み、感情面で

の対立が背景となっている場合が多い。そこで、人間関係を調整しつつ、当事者の合意による紛争解決を目指すための手続が必要となる。この要請に応えるのが、家事調停の制度である。

(b)　家事調停の対象

家事調停の対象となるのは、家事事件手続法の別表第1に掲げられた事項についての事件を除く、「人事に関する訴訟事件その他家庭に関する事件」である（家事244条）。それゆえ、(3)で説明した人事訴訟手続の対象となる事件のほか、(2)で説明した通常の民事訴訟手続の対象となる事件と、(4)で説明した別表第2に掲げられた事項についての事件が家事調停の対象となる。

(c)　家事調停の手続

家事調停は、当事者の申立て（家事255条）または裁判所の職権（家事274条1項）によって開始される。家事調停は、原則として、裁判官1人と家事調停委員2人以上（男女1人ずつとなる場合が多い）で組織される調停委員会（家事248条1項）によって行われる（家事247条1項本文）。調停期日では、申立人と相手方が同席して手続が進められることもあるが、調停委員会が申立人および相手方と交互に面接する方式で事情や言い分を聴き、その内容を他方に伝えて反応を聴くという方法を繰り返すことが多い。調停委員会は、職権で事実の調査をし、必要と認める証拠調べをすることができる（家事258条）。

(d)　調停の成立・不成立

調停手続において当事者間に合意が成立すれば、合意の内容を記載した調停調書が作成され、調停の成立となる（家事268条1項）。

調停委員会は、当事者間に合意が成立する見込みがない場合、または成立した合意が相当でないと認める場合には、調停が成立しないものとして、調停事件を終了させることができる（家事272条1項）。ただし、家庭裁判所は、調停が成立しない場合において相当と認めるときは、当事者双方のために衡平に考慮し、一切の事情を考慮して、かつ、調停委員会を組織する家事調停委員の意見を聴いて、職権で、事件の解決のため必要な審判をすることができる（家事284条1項、2項）。この審判は、調停に代わる審判とよばれ、2週間以内に異議の申立てがないとき、または、異議の申立てが却下されたときは、確定判決または確定した家事審判と同一の効力を有する（家事287条）。

(e) 家事調停と訴訟手続・審判手続との関係

（i）訴訟手続との関係　　家事調停の対象となる事件のうち、訴訟手続の対象となる事件については、訴えを提起する前に、まず家庭裁判所に調停の申立てをしなければならない（家事257条1項）。これを調停前置主義という。家事調停の申立てがなされずに訴えが提起された場合には、裁判所は、事件を調停に付することが相当でないと認めるときを除いて、職権で事件を家事調停に付さなければならない（同条2項）。

　訴訟手続の対象となる事件について調停が成立したときは、調書の記載は確定判決と同一の効力を有する（家事268条1項）。ただし、協議離婚の無効や嫡出否認など人事訴訟の対象となる事項は、基本的な家族関係の存否という公益性の高い事項であるから、離婚と離縁を除いては、事件を当事者間の合意のみで解決することは許されない。しかし、当事者間に争いがなく、合意の内容が真実に合致しているという場合に、あえて公開の法廷において対審かつ判決を行う必要性まではない。そこで、家事事件手続法277条の定める要件を満たす場合には、家庭裁判所は、合意に相当する審判をすることができるものとされている。この審判は、2週間以内に異議の申立てがないとき、または、異議の申立てが却下されたときは、確定判決と同一の効力を有する（家事281条）。

（ii）審判手続との関係　　家事事件手続法の別表第2に掲げられた事項に関する事件については、法律上、調停前置主義が採用されていない。それゆえ、当事者は家事調停を経ずに、家事審判の申立てをすることができる。しかし、家庭裁判所は、審判事件が係属している場合であっても、当事者の意見を聴いて、いつでも、職権で事件を家事調停に付することができることとなっており（家事274条1項）、家事調停を経ずに審判が申し立てられた場合には、事件を家事調停に付することが多い。それゆえ、別表第2に掲げられた事項に関する事件については、事実上、調停前置主義が採用されていると言われる。

　審判手続の対象となる事件について調停が成立したときは、調書の記載は確定した家事審判と同一の効力を有する（家事268条1項）。他方、調停が成立せずに調停事件が終了した場合には、家事調停の申立ての時に当該事項についての審判の申立てがあったものとみなされる（家事272条4項）。

第1章

親族法総則

民法は、パンデクテン方式を採用するドイツ民法の編別にならい、夫婦や親子などの親族関係に関する規定を「親族」と題された独立の編に集めている。その先頭に置かれているのが、第1章総則である。ここには、親族の範囲、親族関係の発生と消滅および親族間の扶（たす）け合いについての規定が置かれている。本章では、これらの内容について概観した後、親族という制度と密接に関連する氏名と戸籍について説明する。

I　親　族

1　親族関係を示す概念

親族の種別には、「血族・配偶者・姻族」、「直系・傍系」、「尊属（そんぞく）・卑属（ひぞく）」という3つのものがある。また、親族関係の遠近を示すための単位として親等（しんとう）がある。これらを組み合わせることによって、自らとある者との間の親族関係を示すことができる。

(1)　血族・配偶者・姻族

血族とは、父母、子、兄弟姉妹のように、自らと血のつながりのある者のことをいう。生物学的なつながりを基礎とするが、生物学的なつながりの有無と血族関係の有無とが一致しない場合もある（→詳しくは81頁以下参照）。また、養子縁組がなされると、養子と養親およびその血族との間において「血族間に

おけるのと同一の親族関係」（法定血族関係）が生じる（727条→109頁）。

　配偶者とは、夫婦の一方から見た他方のこと、すなわち、夫から見て妻、妻から見て夫のことをいう。

　姻族とは、配偶者の父母や兄弟姉妹の配偶者のように、配偶者の血族または血族の配偶者のことをいう。姻族関係は、婚姻によって生じ、離婚または婚姻の取消しによって終了する（728条1項、749条）。夫婦の一方が死亡した場合には、生存配偶者が姻族関係を終了させる意思を届出により表示すれば、姻族関係が終了する（728条2項、戸籍96条）。死亡した者の血族の側から姻族関係を終了させることはできない。

(2)　直系・傍系

　直系とは、父母や祖父母、子や孫のように、自らと上下に直線的に連なる関係にある者のことをいう。他方、傍系とは、兄弟姉妹やいとこのように、自らと同一の祖先から分岐し直下した形で連なる関係にある者のことをいう。

　直系と傍系は、血族についてだけでなく、姻族についても区別される。たとえば、妻の父母は夫から見ると自らの直系姻族であり、夫の兄弟姉妹は妻から見ると自らの傍系姻族である。直系姻族と傍系姻族の区別は婚姻障害との関係で意味を持つ（735条→27頁）。

(3)　尊属・卑属

　尊属とは、父母、祖父母、おじおばのように、自らよりも上の世代にある者のことをいう。他方、卑属とは、子、孫、甥・姪のように、自らよりも下の世代にある者のことをいう。兄弟姉妹やいとこのように、自らと同じ世代の親族は尊属・卑属のいずれにも当たらない。

(4)　親　等

　親等は、親族関係の遠近を示す単位であり、数が小さい者ほど近い親族関係にあることになる。親と子の1世代の隔たりを1親等とすることが計算の基本となる。

　直系血族間においては、両者間の世代数を数えて定められる（726条1項）。

■ 親族・相関図

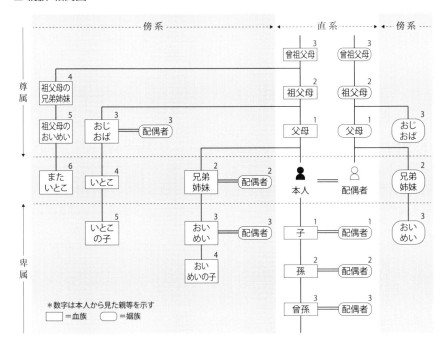

祖父母と孫は、祖父母―父母―孫とつながるので、互いに2親等である。傍系
血族間においては、一方から同一の祖先までさかのぼり、その祖先から他方に
下るまでの世代数を数えて定められる（同条2項）。たとえば、おじと姪の場合
には、おじからその父母（姪にとっては祖父母）までさかのぼり、そこから姪
まで下ると世代数は合計で3となるから、互いに3親等となる。

　姻族間の親等は、配偶者を一方の基点として世代数を数える。親等の計算に
おいては、夫婦を一心同体とみるのである（夫婦間で親等は観念されない）。

2　親族の範囲

　6親等内の血族、配偶者および3親等内の姻族が親族となる（725条）。
　扶養や相続など、一定の親族関係に基づき法的効果が生じる場面は多岐にわ

たる。しかし、個々の場面に応じて、効果の及ぶ親族の範囲が限定的に規定されており、725条が意義を有するのは、不適法な婚姻の取消し（744条）や親権者の変更（819条6項）、親権の制限（834条～836条）などの場面に限られる。そのため、本条の存在意義について疑問が呈されている。

3　親族間の扶け合い

730条は、「直系血族及び同居の親族は、互いに扶け合わなければならない。」と規定する。この規定は、戦後の家族法改正の際に保守的な旧来の勢力との妥協により盛り込まれたものであり（→4頁参照）、訓示的な意味しか持たないと考えられている。

II　氏　名

氏名は、社会的に見れば、個人を他人から識別し特定する機能を有するものであるが、その個人から見れば、人が個人として尊重される基礎であり、その個人の人格の象徴であって、人格権の一内容を構成するものである（最判昭和63・2・16民集42巻2号27頁、最大判平成27・12・16民集69巻8号2586頁）。

1　氏

(1)　氏の意義

氏には、「名と同様に個人の呼称としての意義」があるとともに、名とは切り離された存在として、「社会の構成要素である家族の呼称としての意義」がある（前掲最大判平成27・12・16）。

(2)　氏の取得

人は、出生と同時に氏を取得する。嫡出子は父母の氏を称する（790条1項本文）。子の出生前に父母が離婚した場合には、離婚の際における父母の氏を称する（同条同項ただし書）。嫡出でない子は母の氏を称する（同条2項）。

(3) 氏の変動・変更

(a) 氏の変動

　親族関係の成立や解消の効果として、氏が変わる場合がある。これを氏の変動という。たとえば、夫婦の一方は婚姻によって配偶者の氏に改めなければならない（750条→35頁）。また、養子は養親の氏を称する（810条本文→109頁）。これらは、婚姻や養子縁組の効果として当然に生じる氏の変動である。

(b) 氏の変更

　他方、親族関係の成立や解消の効果としてではなく、当事者の意思表示に基づいて氏が変わる場合がある。これを氏の変更という。

　(i)　婚姻の解消に関連する氏の変更　　たとえば、夫の氏を称している妻は、離婚によって婚姻前の氏に復する（767条1項）。これは、離婚に伴う氏の変動である。しかし、離婚の日から3か月以内の届出によって、離婚の際に称していた氏（婚姻中の氏）を引き続き称することができる（同条2項、戸籍77条の2：婚氏続称）。この婚氏続称は、離婚に伴う復氏を経た後、届出により離婚の際に称していた氏に再度改めるものであると理解されている。

　他方、夫婦の一方の死亡により婚姻が解消した場合には、氏の変動は生じないが、婚姻の際に氏を改めた生存配偶者は、届出によって、婚姻前の氏に復することができる（751条1項、戸籍95条）。

　(ii)　家庭裁判所の許可を得てする子の氏の変更　　子が父または母と氏を異にする場合には、家庭裁判所の許可を得て届け出ることにより、父または母と同じ氏に変更することができる（791条1項、戸籍98条1項）。たとえば、夫の氏を称している夫婦が離婚すれば、妻は婚姻前の氏に復するが（767条1項）、この元夫婦に嫡出子がいる場合、子の氏を父の氏（出生時の氏）から母の氏に変更するには家庭裁判所の許可が必要である。また、父が嫡出でない子を認知した場合、子の氏を父の氏に変更するには家庭裁判所の許可が必要である。

　(iii)　家庭裁判所の許可が不要な子の氏の変更　　父または母が氏を改めたことによって子が父母と氏を異にする場合には、父母の婚姻中に限り、家庭裁判所の許可を必要とせず、届出によって、子の氏を父母と同じ氏に変更することができる（791条2項、戸籍98条1項）。A男がB女との間に生まれた嫡出でない子Cを認知した後に、AとBがAの氏を称する婚姻をしたという例で考えてみ

よう。Cは、母Bが自らを認知した父Aと婚姻したことにより、ＡＢ夫婦の嫡出子の身分を取得する（789条1項：準正→95頁）。しかし、Cの氏は出生時に取得したBの氏のままであり、変動は生じない。他方、母Bと父AはAの氏を称している。それゆえ、Cは、父母と氏を異にすることになるので、届出によって、父母と同じAの氏に変更することができる。

(ⅳ) やむを得ない事由による氏の変更　　やむを得ない事由がある場合には、家庭裁判所の許可を得て氏を変更することができる（戸籍107条1項）。氏の変更は、社会的影響が大きいため、名の変更よりも要件が厳しく、珍奇なものや難解なものでなければ許可されない傾向にある。

2　名

(1) 名の取得

明文の規定はないが、子の命名は親権の内容に含まれると考えられている（→118頁）。子の名には、法務省令によりその範囲が定められている「常用平易な文字」を用いなければならない（戸籍50条）。

(2) 名の変更

親族関係の成立・解消に伴って名が変わるということはない。名は、正当な事由があれば、家庭裁判所の許可を得て変更することができる（戸籍107条の2）。氏の変更よりも要件が緩く、親が子に珍奇な名を付けた場合のほか、長い間通称として使って定着していることを理由とする変更も許可されている。

Ⅲ　戸　籍

1　戸籍とは

わたしたちは、氏名や性別、生年月日などによって、さらには、「誰誰の子である」とか「誰誰の妻である」といった家族との関係を介して、自分が何者であるかを明らかにしている。このように、民法の世界において、自然人を特

定するために用いられる要素の総体を（民事的）身分という。そして、日本国民一人ひとりの出生から死亡にいたるまでの間の身分関係を登録し、公的に証明（公証）するために設けられているのが戸籍制度である。

「身分」という語について

「身分」という語は、一般の用語としても、法令上の用語としても、さまざまな意味で用いられる。民法の世界においても、本文で説明したように、自然人を特定するために用いられる要素の総体を指すこともあれば、より狭く、親族関係において占める地位のことを指すこともある。しかし、いずれの場合でも、人の序列や世襲的な地位を示すものではないので、注意してほしい。

かつて、民法の親族編と相続編は、家族法ではなく、身分法と呼ばれることが一般的であった。そして、財産法に対する身分法の独自性を強調する学説によって、身分法上の行為を身分行為と呼ぶことが提唱された。

現在でも、身分行為という語が用いられることはあるが、婚姻、協議離婚、普通養子縁組および協議離縁（さらに、任意認知を含める場合もある）という、基本的な親族関係を形成・解消する行為の総称として用いられることが一般的である（ただし、判例は相続放棄を身分行為と解する［→219頁］）。ここに挙げた4つの行為は、届出を必要とする要式行為であることや成年被後見人も自らが単独で行えること（→2頁）など重要な共通点が存在している一方で、夫婦に関する行為か親子に関する行為か、関係を創設する行為か解消する行為かといった違いがあり、個別の検討を要する問題も多い。それゆえ、身分行為という総称は不要であるとする見解もある。

明治民法の下では、戸籍は、氏とともに、抽象的な存在である「家」を可視化する役割を担っていた。すなわち、戸籍は「家」を単位として編製され、戸籍の所在地である本籍が「家」の所在地と観念された。また、戸籍には、「家」の統率者である戸主を筆頭に、その他の構成員全員が記載された。しかし、戦後、家制度が廃止されたため、戸籍制度も抜本的な改革を余儀なくされた。家族法改正の際に、夫婦とその間の（未婚の）子からなる婚姻家族が家族の典型として想定されたこと（→4頁）を受けて、戸籍は、1組の夫婦およびこれと氏

を同じくする子を単位とする身分登録制度としてリニューアルされた。もっとも、一つの戸籍には同じ氏の者しか登録できないこと（同氏同籍の原則）や、親族関係の変動を戸籍の出入り（入籍・除籍）によって把握することなど、戦前のシステムを維持している部分も多い。

なお、戸籍に関する事務は、本来ならば国が執り行うべきものであるが、国民の利便性や事務処理の効率性の観点から、市区町村長が管掌（つかさどり、処理すること）するものとされている（戸籍1条、4条）。

2　戸籍の編製等に関するルール

(1)　戸籍を特定する要素

戸籍は、戸籍の筆頭に記載されている者（戸籍筆頭者）の氏名および本籍によって特定される（戸籍9条）。本籍は、戸籍を管理する市区町村を特定するために必要なもので、住所とは関係なく定めることができる。

(2)　婚姻と新戸籍の編製

婚姻の届出があったときは、原則として、夫婦について新しい戸籍が編製される（戸籍16条1項本文）。2組以上の夫婦が同一の戸籍に入ることは認められていない。これを一夫婦一戸籍の原則という。たとえば、ＡＢ夫婦と同じ戸籍に入っている子Ｃが、ＤＥ夫婦と同じ戸籍に入っている子Ｆと婚姻した場合には、ＣＦ夫婦の新たな戸籍が編製されて（戸籍16条1項本文）、ＣとＦはそれぞれ元の戸籍から除かれることになる（戸籍23条前段）。

(3)　子の出生と戸籍

出生があったときは、14日以内に（戸籍49条1項）、出生の届出がなされなければならない。出生時に取得する氏（→16頁参照）に応じて、出生時に登録されるべき戸籍が定まる（戸籍18条参照）。

同一の戸籍に入ることができるのは親子二代までで、祖父母と孫が同一の戸籍に入ることは認められていない。これを三代戸籍禁止の原則という。

3　届出に関するルール

(1)　届出による戸籍の記載

　身分関係に変動がある場合、その旨を戸籍に記載する必要がある。では、戸籍の記載は誰のどのような手続によってなされるのだろうか。戸籍の記載は、裁判所書記官からの嘱託や戸籍事務を管掌する市区町村長の職権によってなされる場合もあるが、原則として当事者の届出によってなされる（戸籍15条）。

(2)　届出の種類

　届出には、報告的届出と創設的届出とがある。

(a)　報告的届出

　すでに生じている身分関係の変動等にかかわる事項についての届出のことを報告的届出という。出生、死亡、調停離婚、強制認知の届出がその例である。報告的届出については、すでに生じている身分関係の変動等をきちんと戸籍に反映させるために、届出義務者と届出期間が法定されている。たとえば強制認知の場合、訴えを提起した者が、裁判の確定した日から10日以内に、裁判の謄本（コピー）を添附してその届出をしなければならない（戸籍63条１項）。

(b)　創設的届出

　届出によってはじめてその成立や効力が認められる事項についての届出のことを創設的届出という。婚姻、協議離婚、任意認知、普通養子縁組、協議離縁の届出がその例である。ここに例として挙げた５つの行為はすべて、届出をしなければその成立が認められない要式行為である。創設的届出は、その成立や効力発生が当事者の自由意思に委ねられている事項にかかわるものであるから、届出義務者や届出期間は設けられていない。

(3)　届出の方法

　口頭での届出も認められているが、実際にはほとんどが書面での届出である。出生、死亡、婚姻、離婚については、法務大臣によって届出の書面の様式が定められており（戸籍法施行規則59条）、やむを得ない事由がない限り、当該様式によって届出をしなければならない（戸籍28条）。

⑷ 届出の審査と受理

(a) 戸籍事務管掌者の権限

　市役所や町村役場の窓口で届出が受け付けられると、その届出が適法なものであるか否かが審査される。そして、適法なものと認められれば、届出が受理され、その効力を生じる。

　届出の審査を行う市区町村長には、実質的審査権がなく、形式的審査権があるにすぎないと考えられている。すなわち、戸籍や届書の記載、法定の添付書類等によって法令違反がないかどうかを審査する権限（形式的審査権）はあるものの、届出内容が真実に合致しているかどうかや、当事者が真に婚姻意思や縁組意思を有しているかといったことを審査する権限（実質的審査権）はない。そして、書面による届出の場合に本人が市役所や町村役場に出頭することが義務づけられていないので、本人の意思に基づかない届出（→28頁、50頁参照）が受理されてしまう可能性がある。そこで、創設的届出の例として挙げた5つの行為については、本人の意思に基づかない届出が受理されることを防ぐための制度が設けられている。

(b) 届出の際の本人確認と不受理申出制度

　(i) 届出の際の本人確認　　婚姻等の届出が市役所や町村役場に出頭した者によってなされる場合には、運転免許証その他の資料によって、出頭した者が届出事件の本人であるかどうかが確認される（戸籍27条の2第1項）。ただし、本人であることを確認できなかった場合でも、法令違反がなければ届出は受理され、届出が受理された旨の通知が本人宛に届くのみである（同条2項）。また、届書が郵送により提出される場合は対象外である。それゆえ、本人の意思に基づかない届出が受理されるのを防ぐには不十分である。

　(ii) 不受理申出制度　　そこで、自らを届出事件の本人とする婚姻等の届出がされた場合であっても、自らが出頭して届け出たことを確認することができないときはその届出を受理しないよう、本籍地の市区町村長にあらかじめ申し出ることができるものとされている（同条3項）。この不受理申出がなされている場合、市区町村長は、当該申出をした者が自ら出頭して届け出たことを確認できなければ、届出を受理することができず（同条4項）、当該申出をした者に、届出があったことを遅滞なく通知しなければならない（同条5項）。

第2章

婚 姻

　法律の世界では、夫婦となること、あるいは夫婦の関係にあることを「婚姻」と呼んでいる。他人から強制されることなく自らの意思で婚姻するか否かを決定することができるという意味では、婚姻についても、民法の大原則である私的自治の原則（→NBS民法総則第2版20頁）が妥当する。しかし、その成立や解消がすべて当事者の私的自治に委ねられているわけではなく、民法の定める一定の手続を踏むことなどが必要となる。また、夫婦間の権利義務についても、その内容がひと通り定められており、当事者が自由に変更することができない部分が多い。このように、婚姻には、契約的な側面と制度的な側面とがあることをまず確認しておいてほしい。

　本章では、婚姻の要件とその効果（婚姻中の権利義務）について説明する。

I　婚姻の要件

　婚姻はどのようにして成立するのだろうか。民法は、「婚姻は、○○と△△によって成立する。」といった規定を設けていない。「婚姻の要件」と題された款はあるが、そこではもっぱら、どのような場合に「婚姻をすることができない」かについて定められている。それでも、学説は、民法の規定や起草者の考え方を踏まえて、1組の男女が、届出という方式に従って婚姻をする意思を表示し、これを合致させることによって婚姻が成立するとの理解を導いている。

　では、条文の順番に沿って、民法が婚姻の要件としてどのような内容を定めているのかを確認していこう。

1　婚姻障害

(1)　婚姻障害とは

　婚姻は、わたしたちの社会を維持するしくみ（社会制度）の一つであり、社会の安定のために国が重大な関心を寄せるものである。それゆえ、一定の年齢に達していることや配偶者がいないことといった、婚姻として公認されるために備えるべき実質的な条件が定められており、これを満たさない場合には婚姻の成立が認められない。このように、もっぱら公益的・社会的な観点から婚姻の成立を阻止するために定められた条件のことを婚姻障害という。

　婚姻障害がある場合、婚姻の届出が受理されないので（740条）、婚姻は成立しない。しかし、届出が誤って受理されてしまった場合には、婚姻が成立し、その取消しができるのみである（→34頁）。

婚姻障害に関連する問題——同性婚

　民法に明文の規定はないものの、婚姻は1組の男女間でするものであるということが当然の前提とされている。それゆえ、同性の2人が婚姻の届出をしても、受理されない。そこで、同性間の婚姻（同性婚）を認めていない民法および戸籍法の諸規定を改廃しないのは国会議員による違法な立法不作為に当たるとして、国家賠償法1条1項に基づき国に損害賠償を求める訴訟が、2019（平成31・令和元）年に、札幌、東京、名古屋、大阪および福岡の各地裁に提起された。原告となった同性カップルは、同性婚を認めないことは、婚姻の自由を保障した憲法24条や法の下の平等を定める憲法14条1項に違反すると主張した。各地裁の判決は、憲法24条1項における「婚姻」は異性間の婚姻（異性婚）のみを指しているとの理解を示した点、および、上記の諸規定を改廃しないことが国家賠償法1条1項の適用上違法の評価を受けるものではないと結論付けた点で共通している。しかし、同性愛者に対して「婚姻によって生じる法的効果の一部ですらもこれを享受する法的手段を提供しないとしている」限度で「憲法14条1項に違反する」（札幌地裁）、あるいは、同性愛者についてパートナーと家族になるための法制度が存在しないのは「憲法24条2項に違反する状態にある」（東京地裁、福岡地裁）との判断を示した地裁もあった。

なお、2015（平成27）年11月に、東京都渋谷区が同性カップルに対しパートナーシップ証明書を発行する取り組みを、同じく世田谷区がパートナーシップ宣誓書受領証を交付する取り組みを開始して以来、同様の取り組みを行う自治体が全国に広がっており（自治体ごとに取組内容が異なり、同性カップルに限らず、事実婚パートナーや子などの近親者も制度の対象としている自治体もある）、自治体間の連携も進んでいる。婚姻と同様の法的保護が与えられるものではないが、同性カップルであることを理由にした差別や不利益が生じないようにするための取り組みとして重要な意義を有している。

(2)　婚姻適齢に達しない者の婚姻の禁止

　どの国においても、早婚による弊害を防ぐために、婚姻が許される最低年齢（婚姻適齢）が定められている。日本では現在、18歳にならなければ、婚姻をすることができない（731条）。現行法上、成年年齢も18歳であるから（4条）、未成年者は婚姻をすることができない。

　成年年齢が20歳とされていた2022（令和4）年3月末日までは、「男は、18歳に、女は、16歳にならなければ、婚姻をすることができない。」と定められていた（旧731条）。それゆえ、未成年者でも婚姻適齢に達していれば、婚姻をすることができた（ただし、父母の同意を得る必要があった［旧737条1項］）。

(3)　重婚の禁止

　配偶者のある者は、重ねて婚姻をすることができない（732条）。重婚が刑法上の罪とされていること（刑184条）からもわかるように、一夫一婦制がわが国の婚姻のあるべき姿とされているのである。

　問題となるのは、生死が明らかでない者（失踪者）につき失踪宣告（30条）がなされたので、その配偶者が再婚したところ、失踪者が生存していたため、失踪宣告が取り消されたという場合である。失踪の宣告を受けた者は死亡したものとみなされるので（31条）、その配偶者は再婚することができる。しかし、失踪宣告が取り消されると、失踪宣告ははじめからなかったものと扱われる。その結果、32条1項後段が適用される場合を除いて、失踪者を当事者とする婚姻（前婚）は解消していなかったことになり、重婚状態が生じてしまうことに

なる。しかし、失踪宣告を前提に再婚に踏み切った両当事者の意思や再婚により築かれた現在の生活関係を尊重すべきであるから、前婚の復活を認めるべきではないとする見解が有力である。1996年の民法改正要綱においても、再婚後にされた失踪宣告の取消しは、失踪宣告による前婚の解消の効力に影響を及ぼさないものとすることが提案されている。

再婚禁止期間の廃止

　明治民法以来、女性の再婚についてのみ禁止期間が定められていた（旧733条1項）。これは、2022（令和4）年12月に改正される前の772条の規定による父性推定（→84頁コラム参照）が重複することを避けるためであった。再婚禁止期間は、長い間、6か月とされていたが、父性推定の重複を避けるためには100日で十分であった。そのため、100日を超える部分は憲法14条1項および24条2項に違反するに至っているとの最高裁大法廷判決が出され（最大判平成27・12・16民集69巻8号2427頁）、2016（平成28）年6月の民法改正により、再婚禁止期間は100日に短縮された。

　その後、2022年12月の改正により、女性が子を懐胎した時から出産した時までの間に複数の婚姻をしている場合には、子の出生の直近の婚姻における夫の子と推定するとの規律が772条に設けられた（→85頁）。女性の再婚に伴う父性推定の重複に対処する規律が設けられると、女性の再婚禁止期間を定める必要性がなくなることから、この改正によって733条が削除された。

---

(4)　近親婚の禁止

　遺伝学上の要請および社会秩序への配慮から、一定範囲の親族関係にある者の間での婚姻（近親婚）が禁止されている。近親婚を禁じる規範（インセスト・タブー）はどのような社会においても存在するものであるが、タブーとされる範囲については時代や国によって差異がある。

　現行法では、まず、①親子や兄弟姉妹のように、直系血族間および3親等内の傍系血族間での婚姻が禁止されている（734条）。血縁に基づく血族だけでなく、縁組に基づく法定血族も対象となるが、養子と養方の傍系血族との間の婚姻は許されている（同条1項ただし書）。それゆえ、たとえば、男性AがBの養

子となった後に、Bの娘Cと婚姻することは妨げられない。また、②直系姻族間または直系姻族の関係にあった者の間での婚姻（735条）や③養親子関係等にあった者の間の婚姻（736条）も禁止されている。

2　婚姻の届出

(1)　届出の意義

　1において婚姻の成立が阻止される条件を確認したが、次に見る739条1項は、「婚姻は、戸籍法……の定めるところにより届け出ることによって、その効力を生ずる。」と定めており、これまでの条文とは様相が異なる。この規定を一読する限りでは、すでに成立した婚姻に法律上の効力を与えるためには「届け出ること」が必要だと定めているようにも理解できる。当事者は、届出に必要な書面（届書）の作成や挙式といった、届出よりも前の段階で、法律上の夫婦になろうと合意しているのが通常であるから、このような理解も十分に成り立ちうる。しかし、判例・通説は、婚姻の届出が婚姻の成立要件であると理解している。すなわち、婚姻は、届出によって、成立し、その効力を生ずるのである。このような理解は、婚姻の成立時を明確にすべきである、意思を翻す余地をぎりぎりまで残すべきであるといった要請に適うものであるとともに、起草者の考え方に沿うものでもあることから、広く支持されている。

　多くの国では、当事者が法律に定められた一定の手続（方式）を踏んだ場合にのみ、婚姻の成立を認めることとしている。これを法律婚主義といい、夫婦と認めるべき社会的事実（宗教上あるいは習俗上の儀式をすませたこと、親類等から夫婦として認められていること等）があれば婚姻の成立が認められる事実婚主義と対比される。法律婚主義のもとでは、親族関係の基礎となる夫婦の関係の存在を国家が正確に把握することができ、婚姻障害に違反する婚姻の成立を防ぐことも容易となる。それゆえ、日本でも、法律婚主義が採用されているが、市役所等において執り行われる儀式を経ることを要求するヨーロッパ流のスタイル（民事的儀式婚主義と呼ばれる）ではなく、市区町村長への届出という日本独自のスタイル（届出婚主義と呼ばれる）が採用されている。市区町村長への届出は、本来、ヨーロッパ流の儀式に相当するものであり、婚姻意思の表示手段と

しての役割を担うものであると起草者は考えていた。しかし、婚姻意思の表示手段としての役割を十分には担えていないというのが現実である（→(2)）。

(2) 届出の方法

婚姻の届出は、当事者双方および成年の証人2人以上が署名した書面で、または、これらの者から口頭で、しなければならない（739条2項）。書面によるか口頭によるかは当事者の随意であるというのが起草者の考え方であったが、戸籍実務においては、やむを得ない事由がない限り、定められた様式の書面によって届出をしなければならないものとされている（→21頁）。

書面による届出の場合、民法上、「当事者双方が……署名」すること、すなわち自署が要求されている。これは、本人自身の意思に基づくことを保障するためである。しかし、戸籍実務においては、その事由を記載すれば、氏名を代書させてもよいことになっている（戸籍法施行規則62条参照）。また、本人が市役所等に出頭することが義務づけられておらず、届書を市役所等に郵送したり、提出を他人に委託したりすることも認められている。

(3) 届出の受理

婚姻の届出は、その婚姻が民法その他の法令の規定に違反しないことが確認された後に受理される（740条）。受理によって届出が完了し、婚姻が成立する。

戸籍事務管掌者（市区町村長）は実質的審査権を有さないので（→22頁）、届出時に当事者双方が婚姻をする意思を有しているのか、署名が本当に当事者本人によるものであるかといったことは審査されない。形式面に不備がなければ届出が受理され、届出内容に従って戸籍の記載がなされる。その結果、他人による無断での届出や何らかの便法として仮装の届出がなされ、実体を伴わない戸籍上だけの夫婦が生じてしまう場合がある。

3 婚姻意思の合致

(1) 成立要件としての婚姻意思の合致

2において婚姻の届出が婚姻の成立要件であることを確認したが、婚姻の届

出さえあれば、それだけで夫婦としての権利義務が当然に認められるというわけではない。私的自治の原則が民法の大原則である以上、夫婦としての権利義務の発生も当事者の意思にその根拠を求めなければならない。それゆえ、婚姻の成立には、当事者間に婚姻をする意思（婚姻意思）の合致が必要となる。

通常の契約であれば、当事者となる本人が意思表示をしなくても、代理人が本人のためにすることを示して意思表示をすることによっても成立させることができる（99条）。しかし、婚姻は、人格と財産の両面において終生にわたる協力関係を築くことを当事者に要請するものであるがゆえに、その成立は夫婦となる当事者本人の意思表示によらなければならない（憲24条1項参照）。それゆえ、代理人による意思表示は認められていない。行為能力が制限されていることを理由とする制約も存在せず、成年被後見人であっても、単独で婚姻をすることができる（738条参照）。

このように、明文の規定はないものの、当事者間に婚姻意思の合致が必要であるということは、当然のことと考えられている。民法では、例外的なルール、すなわち、婚姻の届出があっても「当事者間に婚姻をする意思がないとき」は婚姻が無効であるということが定められているにすぎない（742条1号）。

(2) 婚姻意思の内容

(a) 問題の所在

では、婚姻意思の有無はどのような基準によって判断されるのだろうか。法律上も社会通念上も正式な夫婦になろうと考えて婚姻の届出をした者に婚姻意思があることは疑いがない。反対に、自らを当事者とする婚姻の届出はあるものの、そもそも届出をするつもりなどなかったという者に婚姻意思がないことも明らかである。では、婚姻をしている者に認められる特定の効果を享受するためだけに婚姻の届出がなされたという場合はどうだろうか。婚姻意思に関する判例法理および学説の議論は、このような仮装婚（いわゆる偽装結婚）のケースを念頭に置いて展開されてきた。

(b) 判例法理

婚姻意思に関する判例法理は、次のような事案において示された。大学生だったX男は、自分の家に下宿していたY女と結婚を誓う関係になった。2人

は、Xの両親の反対を受けて婚姻できずにいたが、Xが大学を卒業して就職したのを機に、婚姻届を出さないまま同棲生活に入り、YはAを出産した。その後、Xの仕事の都合で2人は別居していたところ、XとB女との間に結婚話がまとまり、XはYに関係の解消を申し出た。YおよびYの母は、Aをせめて嫡出子にして欲しいと懇願したので、Xは、いったんXとYの婚姻届を出してAを認知し（789条2項により、AはXとYの嫡出子となる→95頁）、その後直ちに離婚の手続を取る旨を提案し、Yもこれを承諾した。ところが、Yが離婚の手続に応じないので、XがYとの婚姻の無効を主張したという事件である。

　XとYは婚姻届を出すことには合意している。したがって、何の合意もなしに一方が勝手に届け出たケースとは異なる。しかし、将来に向かって共同生活をする気持ちが2人にはまったくなく、むしろ離婚届を出す合意さえしている。このような事案において、最高裁は、742条1号にいう「当事者間に婚姻をする意思がないとき」とは、「当事者間に真に社会観念上夫婦であると認められる関係の設定を欲する効果意思を有しない場合を指すものと解すべき」であるとした（最判昭和44・10・31民集23巻10号1894頁）。そして、XとYのように当事者間に「法律上の夫婦という身分関係を設定する意思はあったと認めうる場合であっても、それが、単に他の目的を達するための便法として仮託されたものにすぎないものであって、前述のように真に夫婦関係の設定を欲する効果意思がなかった場合には、婚姻はその効力を生じない」と結論づけた。

　この判例法理は実質的意思説と呼ばれる見解に拠ったものであるが、婚姻に関して、法と事実との間にギャップが生じるのを避けるために、生活事実を重要視する姿勢が現れている。すなわち、民法が、夫婦に「同居し、互いに協力し扶助し」て生活することを課している以上（752条）、そのような生活関係（これが上記判決にいう「社会観念上夫婦であると認められる関係」と理解してよいだろう）を築く意思がなければ、婚姻の有効性を認めないとの姿勢である。このような判例法理によると、外国人に在留資格や就労資格を得させるための婚姻や、ブラックリストに載っている多重債務者が改氏をするための婚姻も、742条1号により無効とされる。

　もっとも、後述する臨終婚の事例においては、同居等を基礎とする「社会観念上夫婦であると認められる関係」を築く意思を当事者は有していないとの評

価が可能であるにもかかわらず、判例では、その点が問題とされていない。そこで、判例法理をどのように理解するか、さらには、そもそも婚姻意思をいかに解すべきかについて、学説において活発な議論が展開されている。

(c)　学説の展開

多くの学説は、判例法理が示される以前から実質的意思説を支持していた。

実質的意思説について

　実質的意思説は、身分法の独自性を強調した学説（→19頁コラム）によって、婚姻、協議離婚、普通養子縁組、協議離縁という基本的な親族関係を形成・解消する行為（身分行為と総称される）すべてに妥当する理論として提唱されたものである。夫婦や親子という身分関係は、その時代の習俗（社会通念）に照らして「あるべき型」が定まっていて、この型に収まるように「自生的、感情的、非計算的」に形成されるものであるから、身分行為というのは、すでに形成または解消されている身分関係を法律上のものとして宣言する行為に過ぎない。このような考え方を前提に、届出の意思に加えて、社会通念に従って定まる身分関係を形成または解消する意思がなければ、身分行為は無効であると説いたのである。

　判例は、婚姻の効力が問題となる場面においては、夫婦としての実質的な生活関係を重視する姿勢を示しており、実質的意思説に親和的である。しかし、協議離婚（→49頁）や普通養子縁組（→106頁）に関しては、それぞれの行為の類型的な特徴を踏まえた判断がなされている。それゆえ、身分行為すべてに共通する理論を提唱した実質的意思説の考え方が全面的に採用されているわけではない。

　なお、次に取り上げる形式的意思説および法律的定型説も、身分行為において必要とされる意思を一般的に明らかにすることを目指した見解である。

　しかし、婚姻の届出をする意思のみで足りるとする形式的意思説も少数ながら支持されていた。この説は、当事者に届出に対する責任を負わせ、脱法行為を防止し、婚姻制度の安定・第三者の保護を図ることを目指すものであった。もっとも、外国人に在留資格や就労資格を得させるための婚姻なども有効とされることになり、不当な結果が生じると批判された。

その後、実質的意思説が婚姻の定型を社会通念上の「あるべき型」に求める点を疑問視し、「民法の定める定型に向けられた効果意思」こそが婚姻意思であると考える法律的定型説が登場し、多くの支持を集めている。この説では、同居、協力および扶助の義務（752条）が「民法の定める定型」の中核にあたると解されており、婚姻意思の中核を「同居し、互いに協力し扶助する関係を築こうとする意思」として理解する点において判例法理に通じるものがある。

(3)　婚姻意思の存在時期

(a)　問題の所在

婚姻意思は、婚姻の成立時すなわち届出が受理される時点で存在しなければならない。しかし、郵送や使者による届書の提出が許されているため（→28頁）、届書を作成する時点では婚姻意思を有していたにもかかわらず、何らかの理由により受理の時点では婚姻意思を失っているという事態が生じうる。このとき、届出の受理により婚姻は有効に成立したといえるのだろうか。

(b)　当事者の一方が翻意している場合

届出の受理前に当事者の一方が翻意している場合には、742条1号により婚姻は無効である。もっとも、離婚を迂回するために婚姻無効の手続が利用されることを防ぐために、婚姻届の不受理申出（→22頁）をしているなど、翻意したことが外部に向けて明確に示されていない限り、翻意があったと認定するのは難しいように思われる。

(c)　臨終婚の場合

自らの死期が迫っていると悟った者が、長年の同棲相手や自らの面倒を見てくれている者と亡くなる前に法律上の夫婦になること（いわゆる臨終婚）を希望して、婚姻の届書を作成し、相手方や第三者にその届出を委託するということがある。死者との婚姻は認められていないので、届出の受理前に当事者の一方が死亡してしまった場合には、婚姻の成立は認められない。ただし、届出人がその生存中に郵便等によって発送した届書については、当該届出人の死亡後でも受理され（戸籍47条1項）、届出人の死亡の時に届出があったものとみなされる（同条2項）。

では、自らの意思に基づいて届書を作成したが、その後届出の受理前に昏睡

状態に陥ってしまったという場合はどうだろうか。昏睡状態にある者は意識を有しない状態にあると考えられるので、婚姻意思があるとはいいがたい。しかし、判例は、届書の受理前に当事者の一方が「完全に昏睡状態に陥り、意識を失ったとしても、届書受理前に死亡した場合と異なり、届書受理以前に翻意するなど婚姻の意思を失う特段の事情のないかぎり、右届書の受理によって、本件婚姻は、有効に成立したものと解すべきである」とする（最判昭和44・4・3民集23巻4号709頁、最判昭和45・4・21判時596号43頁）。

臨終婚においては、同居等を基礎とする「社会観念上夫婦であると認められる関係」を築く意思を当事者は有していないとの評価も可能であるが、判例はこの点を問題とはしていない。自らの意思に基づいて届書を作成した本人の最終的な決断を尊重するとともに、ある男女が婚姻しているか否かで、一方が死亡し相続が開始した場合における他方の地位がまったく異なることに対し配慮したものと理解することができよう。

4　婚姻の無効・取消し

法律行為（契約）の成立時に何らかの瑕疵があった場合に、無効とされたり取り消すことができたりするように、婚姻についても、成立時の瑕疵を理由とする無効および取消しの制度が設けられている。そして、婚姻は、通常の契約とは異なる側面を有していることから、総則編におかれた無効・取消しに関する規定は適用されないと考えられている（→2頁）。

(1)　婚姻の無効
(a)　無効原因

民法は、742条において、婚姻の無効原因を次の2つに限定している。人違いその他の事由によって当事者間に婚姻をする意思がないとき（1号）と、当事者が婚姻の届出をしないとき（2号本文）である。しかし、届出を欠く場合、婚姻はそもそも不成立であり、有効・無効を問題にする余地はない。それゆえ、2号は、ただし書にのみ意味があると考えられている。すなわち、証人が成年でないとか、届出人の氏名を他人に代書させた旨の記載を欠いているな

ど、739条 2 項の要件を欠く不完全な届出であっても、受理されれば婚姻は有効に成立する旨を定めた規定であると理解されている。

(b) 無効の性質

婚姻の取消しの場合と異なり、無効原因がある場合、すなわち、当事者間に婚姻をする意思がない場合には、特別な手続を経なくても、当初から婚姻の効力が生じないものと解されている。それゆえ、相続等をめぐって争いが生じた場合には、その前提問題として婚姻の無効を主張することができる。ただし、戸籍を訂正するためには、婚姻無効の確定判決（→ 9 頁）または合意に相当する審判（→12頁）を得る必要がある（戸籍116条 1 項）。

(c) 無効な婚姻の追認

判例は、事実上の夫婦の一方が他方の意思に基づかないで婚姻届を作成し提出した場合において、届出当時夫婦としての実質的生活関係が存在しており、婚姻意思を欠いていた者が後に届出の事実を知ってこれを追認したときは、その届出の当初に遡って婚姻が有効になるとしている（最判昭和47・7・25民集26巻 6 号1263頁）。追認の遡及効を認めるにあたり、116条本文の規定の趣旨を類推するという実定法上の根拠とともに、実質的生活関係を重視する身分関係の本質に適合するとの実質的理由が挙げられている。

(2) 婚姻の取消し

(a) 取消原因

婚姻の取消しは、 2 つの類型に大別される。

第 1 の類型は、婚姻障害があるにもかかわらず届出が受理され成立した婚姻の取消しである（744条 1 項）。不適法な婚姻を公益の観点から取り消すものであり、公益的取消しと呼ばれる。この類型では、婚姻の当事者のほか、その親族や公益の代表者である検察官も取消しを求めることができる。重婚の場合には、先にある婚姻の配偶者も重婚の取消しを求めることができる（同条 2 項）。

なお、婚姻適齢に達しない者（不適齢者）による婚姻は、不適齢者が適齢に達した後は、原則として、その取消しを請求することができない（745条 1 項）。婚姻障害が解消され、不適法な婚姻ではなくなるからである。

第 2 の類型は、詐欺または強迫による婚姻の取消しであり（747条 1 項）、私

益的取消しと呼ばれる。詐欺・強迫を受けた者を保護するためのものであるから、取消権者は詐欺・強迫を受けた者に限られ、追認が許される（同条2項）。

(b) 取消しの方法

婚姻の取消しは、家庭裁判所に対する請求（訴え）によらなければならない（744条1項、747条1項）。なお、婚姻取消しの訴えに係る訴訟は、人事訴訟であるから（人訴2条1号）、調停前置主義の対象となる（家事257条→12頁）。

(c) 取消しの効力

取り消された行為は初めから無効であったものとみなされるのが民法における原則である（121条）。しかし、婚姻が初めから無効であるとされた場合には、当事者のみならず、子や第三者にも大きな影響を与える。そこで、婚姻の取消しは将来に向かってのみその効力を生ずるものとされており（748条1項）、婚姻の効果を将来に向かって消滅させる点で離婚と共通することになる。そのため、離婚の効果に関する規定が婚姻の取消しに準用される（749条）。

II　婚姻の一般的効果

婚姻が有効に成立すれば、基本的な部分がパッケージとして定められたひと揃いの効果が発生することになる。これらは、財産関係におけるものと、それ以外のもの（一般的効果や人格的効果と呼ばれる）とに分けることができる。ここでは、婚姻の一般的効果について、夫婦間におけるものと夫婦以外の者との関係におけるものに分けて説明する。

1　夫婦間における一般的効果

(1) 夫婦同氏

夫婦は、婚姻の際に定めるところに従い、夫または妻の氏を称する（750条）。婚姻をしようとする者は、「夫婦が称する氏」を届書に記載しなければならず（戸籍74条1号）、その記載のない届出は受理されない（740条）。

人の氏名は、その個人から見れば、人が個人として尊重される基礎であり、その個人の人格を象徴するものであるから（→16頁）、その一部である氏を改め

ることを夫婦の一方が余儀なくされる現行の制度に対しては、多くの批判が寄せられている。また、約9割の夫婦が夫の氏を選択しているので、実質的な男女不平等が生じているとの指摘も多い。1996年の民法改正要綱では、同氏とするか別氏とするかを選択できるという選択的夫婦別氏制の導入が提案されたが、反対論も根強く、いまだ実現には至っていない。

　最高裁大法廷は、2015（平成27）年12月に、夫婦同氏制を採用する750条の規定が憲法13条、14条1項および24条に違反するものではないと判断したが、選択的夫婦別氏制に「合理性がないと断ずるものではない」と断っており、「夫婦同氏制の採用については、嫡出子の仕組みなどの婚姻制度や氏の在り方に対する社会の受け止め方に依拠するところが少なくなく、この点の状況に関する判断を含め、この種の制度の在り方は、国会で論ぜられ、判断されるべき事柄にほかならない」として、国会での議論に期待を寄せた（最大判平成27・12・16民集69巻8号2586頁）。しかし、国会では具体的な議論が一向に行われないことから、「司法の場での闘い」をとおして、法改正の必要性を訴える動きが続いている。そのような中、最高裁大法廷は、2021（令和3）年6月に、750条の規定が憲法24条に違反するものではないと再び判断した（最大決令和3・6・23判時2501号3頁）。

(2)　同居・協力・扶助の義務

(a)　752条の意義

　「婚姻は、……夫婦が同等の権利を有することを基本として、相互の協力により、維持されなければならない」と宣言する憲法24条1項を受けて、民法は、夫婦の同居、協力および扶助の義務を定めている（752条）。752条の定める義務は夫婦間のもっとも本質的な義務であり、夫婦の合意によって排除することは許されない（752条の強行法規性）。

　これらの義務は、婚姻関係が順調なときはその存在が意識されることなく履行されるものであるが、ひとたび関係がこじれると、その履行をめぐって争いが生じることになる。しかし、同居や協力というのは、個人の自由意思が尊重されるべき事柄であり、公権力による強制になじまない性質のものである。そのため、同居義務と協力義務は、強制力をもって義務者にこれを履行させるこ

と（履行の強制）が認められておらず（414条1項ただし書。同居義務に関して、大決昭和5・9・30民集9巻926頁）、家庭裁判所の履行勧告（家事289条）等によって、任意の履行を促すしかない。また、扶助義務は、婚姻費用の分担（760条）という形で現実化されるのが一般的である。それゆえ、752条は理念的な色彩の強い規定といえる。

(b) 同居義務

夫婦は、同じ住まいにおいて共同生活を営む義務を負う。これが夫婦間の同居義務である。夫婦間に同居義務があるということは、夫婦は互いに相手方に対して同居を求める権利を有しているということでもある。ここから、夫婦の一方が所有または賃借している不動産（婚姻住居）に対する配偶者の居住権限や、共同生活に欠かせない動産類（家具等）の利用権限を導くことができる。

夫の持ち家で同居するとか、妻の実家で同居するといった同居義務の具体的内容については、夫婦がその協議によって決定する。夫婦の一方が単身赴任せざるを得ない場合や冷却期間を置きたい場合のように、円満な婚姻関係を維持する目的で、一定期間同居をしない旨の取り決めをすることは許される。しかし、752条にもとづく抽象的な義務が消えるわけではない。

夫婦間で同居をめぐる争いが生じた場合には、家庭裁判所における家事審判または家事調停の手続において解決することになる。審判手続においては、家庭裁判所が、夫婦間に抽象的な同居義務が存在することを前提に、個々の事情に応じて、具体的な同居義務の有無や内容について判断する。実際には、夫婦の一方が他方に対し、自分の居住するところに同居すべき旨を請求する場合がほとんどである。このとき、請求者の主張する場所が夫婦の協議で定められた同居の場所である場合であっても、相手方が同居を拒むことにつき正当な理由があるときや、婚姻関係が完全に破綻し共同生活が回復する見込みがないときは、申立てが却下される。具体的な同居義務の有無については、婚姻関係の維持・向上というより大きな視野から弾力性のある判断がなされるのである。

なお、夫婦の一方が正当な理由なく同居義務を履行しない場合には、悪意の遺棄として、離婚原因となる（770条1項2号→55頁）。

(c) 協力義務

夫婦は、夫婦の暮らし向きや未成年の子に対する親権の行使に関して十分に

協議し、決定した内容に従わなければならない。また、夫婦の一方が病気やけがをしたときは、看病したり通院を助けたりしなければならない。このように、夫婦は、共同生活のあらゆる場面において相互に協力することが求められる。これが夫婦間の協力義務である。ただし、協力関係のうち、経済的な部分については、次の扶助義務によってカバーされることになる。

(d) 扶助義務

夫婦は、経済面において、相手方に自己と同一程度の生活を保障することが求められる。これが夫婦間の扶助義務である。これは、余力を有する者が要扶養者の最低限の生活費を支給すれば足りる一般親族間の扶養義務（生活扶助義務と呼ばれる）よりも高度な義務（生活保持義務と呼ばれる）である（→143頁）。

扶助義務は、経済的な側面における義務であるから、履行の強制が可能である。ただし、通常は、婚姻費用の分担（760条）という形で現実化されるのが一般的である（→両者の関係等については、43頁参照）。

(3) 貞操義務

夫婦は、配偶者以外の異性と肉体関係を持ってはならない。これが夫婦間の貞操義務である。明文の規定はないものの、夫婦においてはある意味当然の義務であるし、不貞行為が離婚原因とされていること（770条1項1号）を間接的な根拠として挙げることができる。

夫婦の一方がこの義務に違反して他の異性と肉体関係を持つと、不貞行為となる。このとき、その配偶者は、離婚を請求することができるし（770条1項1号→55頁）、義務違反を理由に損害賠償（慰謝料）を請求することもできる。では、自らの配偶者と肉体関係を結んだ相手方（不貞の相手方）に対しても慰謝料を請求することができるだろうか。判例は、不貞の相手方は、故意または過失がある限り、「配偶者の夫又は妻としての権利」を侵害したことによって配偶者に与えた精神的な苦痛を慰謝すべき義務を負うものとする（最判昭和54・3・30民集33巻2号303頁）。ただし、不貞の相手方に対する慰謝料請求は無制限に認められるものではなく、「甲の配偶者乙と第三者丙が肉体関係を持った場合において、甲と乙との婚姻関係がその当時既に破綻していたときは、特段の事情のない限り、丙は、甲に対して不法行為責任を負わない」（最判平成8・

3・26民集50巻4号993頁）。丙が乙と肉体関係を持つことが甲に対する不法行為となるのは、「それが甲の婚姻共同生活の平和の維持という権利又は法的保護に値する利益を侵害する行為ということができるからであって、甲と乙との婚姻関係が既に破綻していた場合には、原則として、甲にこのような権利又は法的保護に値する利益があるとはいえない」というのが、その理由である。

(4) 夫婦間の契約取消権

民法は、夫婦間でした契約は、婚姻中、いつでも取り消すことができると定める（754条本文）。しかし、規定の合理性が疑問視されており、判例によってその適用が著しく制限されている（最判昭和33・3・6民集12巻3号414頁、最判昭和42・2・2民集21巻1号88頁）。それゆえ、1996年の民法改正要綱では、この規定を削除することが提案されている。

(5) 解消に関する特別なルールの存在

有効に成立した婚姻は、夫婦の一方の死亡または離婚によってのみ解消する。それゆえ、当事者の生存中においては、離婚によらなければ婚姻を解消することができない（→48頁）。これも婚姻の重要な効果の一つといえる。

また、離婚の際には互いに財産分与請求権が、夫婦の一方が死亡した際にはその配偶者に相続権が認められる。いずれも、婚姻中に夫婦が協力によって取得した財産の清算分配を中心的な目的とする包括的な権利である。

2 夫婦以外の者との関係における一般的効果

(1) 姻族関係の発生

婚姻によって、配偶者の血族との間に姻族関係が発生する。ただし、民法で親族とされるのは、3親等（配偶者のおじおばなど）までである（725条→15頁）。

(2) 嫡出性の賦与

婚姻関係にある男女の間に出生した子は、嫡出子の身分を取得する（→82頁コラム参照）。

III　夫婦財産制

　夫婦の財産関係を規律する法制度を夫婦財産制という。民法は、夫婦が契約（夫婦財産契約と呼ばれる）によってその財産関係を規律することを認めている。契約が結ばれなかったときや、契約で定められなかった事項については、民法の規定（法定財産制）によることになるが、夫婦財産契約が利用されることは稀であり、ほとんどの夫婦は、法定財産制に服している。

1　夫婦財産契約

　夫婦になろうとする者は、婚姻中における自分たちの財産関係を、婚姻の届出前に契約によって定めることができる（755条）。しかし、これを夫婦の承継人および第三者に対抗するためには、婚姻の届出までにその登記をしなければならない（756条）。また、婚姻の届出後は、原則的に夫婦財産契約の内容を変更することができないし（758条1項。例外については、同条2項3項）、新たに夫婦財産契約を締結することもできない。

　他の国々を見ても夫婦財産契約はあまり利用されていないが、日本では、その締結や変更が制限的であることや、契約に盛り込むべき項目や内容のモデルが民法に示されていないことなどの制度上の要因によるところも大きい。夫婦が自分たちの共同生活にふさわしい財産関係を自律的に形成できるようにするためにも、より利用しやすい制度に改める必要がある。

2　法定財産制

(1)　財産の帰属（762条）

(a)　762条の意義：別産制の採用

　夫婦が婚姻中に取得する財産は一体「誰のもの」だろうか。たとえば、夫が外で働き、妻が家事や育児に専念している夫婦を例に考えてみよう。夫が会社から得る賃金は、会社が夫との労働契約に基づきその労働の対価として夫に支払うものであるから、財産法の理屈によれば、当然「夫のもの」である。しか

し、夫が会社での労働に従事できるのは、家事や育児に専念する妻の有形無形の支え（いわゆる内助の功）があってこそともいうことができ、夫が得る賃金には、このような妻の協力や寄与による部分もあるはずである。それゆえ、夫が会社から得る賃金は、実質的には「夫婦のもの」ととらえることもできる。このような実質を財産の帰属に反映させる制度設計、すなわち、夫婦の一方が他方の協力を得て財産を取得した場合には、その財産を「夫婦のもの」とする立法も考えられないわけではない。しかし、日本の民法は、このような立場を採用していない。すなわち、「夫婦の一方が……婚姻中自己の名で得た財産は、その特有財産（夫婦の一方が単独で有する財産をいう。）とする」とされており（762条1項）、この条文を素直に解釈する限り、夫が会社から得る賃金は、やはり夫のものであるということになる。また、夫自らが買主となって自動車や不動産を購入したとすれば、やはり夫のものということになる。このように、「夫が取得したものは夫のもの、妻が取得したものは妻のもの」であり、「夫のもの」でも「妻のもの」でもない「夫婦のもの」という特別な帰属状態は存在しない。このような制度は、（夫婦）別産制と呼ばれる。

(b) 762条の内容

このように、762条は、夫婦間の財産の帰属について、別産制と呼ばれる制度を採用している。別産制のもとでは、財産の帰属および管理に関して、財産法上のルールがそのまま妥当し、夫婦の一方が婚姻前から有する財産のみならず、婚姻中自己の名で得た財産も、その特有財産となる。そして、婚姻中に取得された財産の帰属が争われる場合には、自らが結んだ契約によって取得した財産であるとか、亡き父の相続人として得た財産であるといったように、「自己の名で得た」こと、すなわち、自らに効果が帰属する権利変動原因（契約や相続）によって当該財産を取得したことを証明した者が帰属主体と認められることになる。また、夫婦間の合意で、夫が買い入れた土地の登記簿上の所有名義人を妻としただけでは、この土地を妻の特有財産と解すべきではないということになる（最判昭和34・7・14民集13巻7号1023頁）。

もっとも、長年の共同生活により財産を取得した原因を明らかにできない場合も出てくる。そのような場合に備えるのが同条2項であり、夫婦のいずれに属するか明らかでない財産は、夫婦の共有に属するものと推定される。

(c)　別産制の問題点

別産制は、単純明快な制度であり、夫と妻のそれぞれが財産面における独立性を確保することができる。しかし、夫婦の一方の財産取得に対する他方の協力や寄与が財産の帰属には反映されないため、夫婦の一方が収入を持たない場合や夫婦間に収入格差がある場合には、財産の帰属状況において夫婦間に実質的な不平等が生じやすいという問題点を抱えることになる。そこで、762条が採用する制度は「両性の本質的平等に立脚」しておらず、憲法24条1項に反するのではないかが問題となるが、最高裁大法廷は、「民法には、別に財産分与請求権、相続権ないし扶養請求権等の権利が規定されており、右夫婦相互の協力、寄与に対しては、これらの権利を行使することにより、結局において夫婦間に実質上の不平等が生じないよう立法上の配慮がなされている」ので、違憲ではないとしている（最大判昭和36・9・6民集15巻8号2047頁）。

婚姻関係が順調なときは、別産制の問題点が顕在化することはない。問題が顕在化するのは、婚姻関係が悪化して別居したり、離婚や一方の死亡によって婚姻が解消したりするときである。このとき、夫婦の一方は、配偶者に婚姻費用の分担を請求したり、財産分与や相続によって配偶者が有する財産の分配を受けたりすることができる。しかし、婚姻が解消されない限り、夫婦の一方には配偶者が有する財産の分配を受ける権利が認められず、この点に別産制の限界がある。

(d)　有力説の内容と限界

762条は戦後の改正によって現在の内容となったのであるが、学説は、改正直後から、純粋別産制が引き起こす問題を直視し、夫婦間の実質的な不平等を是正するための解釈論を模索してきた。さまざまな解釈論が生み出されたが、もっとも有力なのが種類別財産帰属説である。同説は、1項にいう「婚姻中自己の名で得た財産」は、単に名義が自分のものであることだけでなく、それを得るための対価などが自分のものであって実質的にも自分のものであることを挙証できる財産に限られると解釈する（1項の限定解釈によって特有財産の範囲を限定する）。そして、実質的にも夫婦の一方の所有である事実が挙証されない限り、2項により、夫婦間においてはその共有に属するものと推定されるという。しかし、共有の推定は基本的に夫婦内部にとどまるものとされ、第三者

との関係においては、財産法上のルール（不動産については登記名義）どおりに扱われる。さらに、夫婦間でも婚姻継続中に夫婦の一方が他方に対して持分に基づく権利を主張することは認められないとされている。これらの点に有力説の限界がある（→この説が有した意義については、64頁参照）。

(2) 婚姻費用の分担（760条）

(a) 760条の意義

民法は、夫婦間における財産の帰属に関しては、夫と妻がそれぞれ独立の権利主体であるとの考えを貫いている。では、夫婦の生活費についても、この考えを貫き別勘定としなければならないのだろうか。752条が夫婦間の本質的義務として扶助義務（→38頁）を定めるように、別産制に服する夫婦間においても、夫婦生活の費用面においては協力し合わなければならない。すなわち、「夫婦は、その資産、収入その他一切の事情を考慮して、婚姻から生ずる費用を分担しなければならない」のである（760条）。

752条が定める扶助義務と760条から導かれる婚姻費用分担義務との関係については、その本質において異なるところはないというのが一般的な理解である。すなわち、ともに夫婦共同体に向けられた義務であり、相手方に自己と同一程度の生活を保障することを内容とする義務（生活保持義務）である。そして、扶助義務が抽象的な義務であるのに対し、婚姻費用分担義務は夫婦それぞれの事情に応じて定まる具体的な義務であるという意味において異なるに過ぎないと考えるのである。

(b) 「婚姻から生ずる費用」の意味

「婚姻から生ずる費用」とは、夫婦の共同生活を維持するために必要な費用のことであり、衣食住の費用や水道光熱費はもとより、保健・医療・出産・交際・娯楽・教養等にかかわる費用も含まれる。そして、夫婦の生活費だけでなく、経済的に自立していない子どもの養育や教育に要する費用もここに含まれると解されている。

(c) 分担方法の決定

具体的な分担方法については、夫婦がその協議によって決定する。費用の分担であるから、金銭での負担が原則となるが、婚姻関係が円満なうちは、何が

「婚姻から生ずる費用」なのかは曖昧なまま、夫婦の一方または双方が月にいくら生活費を支弁するかを決めているだけというのがほとんどであろう。夫婦の一方が現状に異を唱えて、裁判所で婚姻費用の分担について争わない限り、何ら問題はない。その意味で、関係が良好な夫婦にとっては、760条も752条と同じく理念的な色彩の強い規定といえる。

　家事や育児への従事も、それにかかる出費をおさえることができるという意味で、費用を分担するものと評価することができる。したがって、たとえば夫は生活費を入れ、妻は家事に専従するという役割分担を行うことも、婚姻費用の分担方法の一形態と捉えることができる。しかし、夫婦の別居時には、一方が他方に金銭給付を行うという方法によらざるを得ない。

　夫婦の協議が調わない場合には、家庭裁判所における家事審判または家事調停の手続において解決することになる。760条は、夫婦の「資産、収入その他一切の事情を考慮」する旨が定められているだけなので、夫婦間の現実の争いを前にしたとき、この規定はまったく無力である。そこで、算定の簡易迅速化・画一的処理を図るため、客観的な指標を用いたさまざまな算定方法が編み出された。裁判官らの研究グループが2003（平成15）年に提案した算定方式および算定表は、「標準算定方式・算定表」と呼ばれ、家庭裁判所での手続において広く活用されており、2019（令和元）年には、社会実態をより一層反映したものとするために改定が行われた。権利者が監護する子の人数と年齢に従って表を選択すれば、義務者の年収と権利者の年収をもとに義務者が支払う標準的な月額が定まるようになっており、裁判所外でも簡単に利用できる。たとえば、10歳の子一人と同居する妻（権利者）の給与収入が年120万円で、子と別居する夫（義務者）の給与収入が年800万円の場合、月14〜16万円を夫が妻に支払うべきものとされる。

(d)　婚姻関係の破綻と分担義務

　(ⅰ)　問題の所在　　婚姻費用の分担は、本来、夫婦が協力して共同生活を維持していることを前提とするものである。しかし、夫婦の一方から他方に対して婚姻費用の分担請求が行われるのは、夫婦が別居中であり、婚姻関係が破綻に瀕しているかすでに破綻してしまっているという場合がほとんどである。婚姻が法的に継続している限り、分担義務の基礎となる夫婦間の扶助義務は消滅

しないので、別居している夫婦間においても分担義務は認められると解されている。では、請求者の有責的な行いや破綻の程度によって、相手方の分担義務が軽減されたり、否定されたりするのだろうか。

（ⅱ）**裁判例の動向**　まず、請求者に主として別居や破綻の責任がある場合には、信義則あるいは権利濫用の見地から、分担請求を否定したり、相手方の分担額を軽減したりする裁判例が多数を占める。ただし、責任の所在を考慮に入れることに否定的な裁判例もある。他方、従来は、破綻の程度に応じて義務者の分担義務が軽減されるとの見解が有力であったが、最近では、破綻の程度に着目する裁判例はほとんど見られない。審判手続において破綻の程度を審理判断するのが容易ではないことに加えて、上記の「標準算定方式・算定表」による算定が家裁では定着していることがその理由である。

(3)　日常家事債務の連帯責任（761条）

(a)　761条の意義

　食料品や生活用品の購入、水道や電気の供給にかかる契約など、夫婦共同生活の維持に欠かせない契約を、法定財産制に服する夫婦の一方が第三者と結んだとしよう。それらの費用は760条に基づき夫婦間で分担しなければならないとしても、762条が別産制を採用しているので、契約から生じる債務は契約を結んだ一方のみに帰属することになる。しかし、このような契約は夫婦双方がその恩恵を受けるものであるから、第三者としては、いずれの名義で結ばれたものであっても、夫婦が共同で責任を負ってくれるだろうと期待するのが通常である。そこで、取引の相手方の保護という観点から、「夫婦の一方が日常の家事に関して第三者と法律行為をしたときは、他の一方は、これによって生じた債務について連帯してその責任を負う」ものとされている（761条本文）。

　「連帯してその責任を負う」とは、夫婦が「連帯して債務を負担する」との意味であると解されており、法律行為の相手方は、夫婦の一方または双方に対し全部または一部の履行を求めることができる（436条）。第三者に対し責任を負わない旨を予告した場合には、連帯責任が発生しないが（761条ただし書）、対象となる行為の相手方に向けて予告している必要があると考えられている。

(b) 「日常の家事」の範囲

(ⅰ) 判断基準　では、個々の法律行為が「日常の家事」に関するものか否かはどのようにして判断されるのだろうか。日常の家事とは、一般的には、夫婦の共同生活に必要とされる一切の事務をいうと説明されるが、通説は、個々の行為を個々の夫婦ごとに判断すべきものと考えている。すなわち、社会的地位・職業・資産・収入といった夫婦の内部的な事情、その行為をなす目的、さらには夫婦共同生活の存在する地域社会の慣行によって個別的に判断すべきであるという。判例は、通説の考え方をベースとしながらも、「同条が夫婦の一方と取引関係に立つ第三者の保護を目的とする規定であることに鑑み、単にその法律行為をした夫婦の共同生活の内部的な事情やその行為の個別的な目的のみを重視して判断すべきではなく、さらに客観的に、その法律行為の種類、性質等をも充分に考慮して判断すべきである」としている（最判昭和44・12・18民集23巻12号2476頁）。通説や判例の立場とは異なり、夫婦の内部的な事情や個別的な目的を考慮に入れることなく、当該契約の種類や性質、契約から生じる債務の金額等の客観的な事情によって判断すべきであるとする見解もある。

(ⅱ) 具体例　①食料品や生活用品の購入、水道や電気の供給にかかる契約など、夫婦共同生活の維持に欠かせない契約が含まれることに異論はない。また、②子どもの養育・教育等にかかわる契約もここに含まれる。③金銭の借り入れについては、その目的・使途や金額の妥当性に照らして日常家事性が判断される。下級審では、④高額の商品を購入するために結ばれた立替払契約に基づき生じた債務につき連帯責任が生じるかが争われている。最近では、⑤ＮＨＫとの放送受信契約の日常家事性を肯定する裁判例が現れている（東京高判平成22・6・29判時2104号40頁、札幌高判平成22・11・5判時2101号61頁）。

(c) 連帯責任と代理権

明治民法では、日常の家事について「妻ハ夫ノ代理人ト看做ス」と定められていたので、妻が日常家事の範囲において夫を代理する権限（一種の法定代理権）を有することは明らかであった。これに対し、現行法のもとで、日常家事の範囲において夫婦相互の代理権が認められるかどうかについては争いがある。新旧規定間の文言上の差異に加え、代理法理では連帯責任という効果の説明が難しいことから、消極的に解する見解も有力である。しかし、判例・通説

は、761条が「夫婦は相互に日常の家事に関する法律行為につき他方を代理する権限を有することをも規定している」と解する（前掲最判昭和44・12・18）。

　そうすると、配偶者の特有財産や夫婦の共有財産を配偶者の同意なしに処分した場合でも、当該処分行為が日常の家事に関する法律行為に該当すると判断されれば、処分行為の効果が本人に帰属することになる。ただし、配偶者が所有する不動産の処分までもが日常の家事に含まれるとは考えられていない（前掲最判昭和44・12・18のほか、最判昭和43・7・19判時528号35頁）。

(d)　日常家事の範囲を超える行為と第三者の保護

　夫婦は日常家事の範囲において相互に代理権を有しているとすると、夫婦の一方がその範囲を超えて代理行為をした場合というのは、110条の適用場面の一つとなりそうである。しかし、このように解する学説は少数で、判例は、「その代理権の存在を基礎として広く一般的に民法110条所定の表見代理の成立を肯定することは、夫婦の財産的独立をそこなうおそれがあって、相当でない」との立場から、「当該越権行為の相手方である第三者においてその行為が当該夫婦の日常の家事に関する法律行為の範囲内に属すると信ずるにつき正当の理由のあるときにかぎり、民法110条の趣旨を類推適用して、その第三者の保護をはかれば足りるものと解するのが相当である」との法理を採用した（前掲最判昭和44・12・18）。判例は、代理権が認められる「日常の家事」の範囲について、取引の相手方保護の観点から、「法律行為の種類、性質等をも充分に考慮して」判断することを要求している（→(b)参照）。それゆえ、日常家事の範囲外であると判断された行為について、相手方が「当該夫婦の日常の家事に関する法律行為の範囲内に属すると信ずるにつき正当の理由」があったと認められるケースというのは、そう多くないと考えられる。

第3章

離　婚

　離婚は、有効に成立した夫婦関係を当事者の生存中に終了させる唯一の法定の手続である。本章では、離婚の方法とその効果に分けて、離婚制度の内容を説明する。本論に入る前に、厚生労働省の人口動態統計からわかる、日本における離婚の動向を確認しておこう。

　2021（令和3）年の離婚件数は184,384組で、人口1,000人に対する離婚率は1.50となっている。離婚件数は、1960年代から右肩上がりで増加を続け2002（平成14）年にピークを迎えたが、近年は、未婚率の上昇や少子化の進行によって婚姻件数が減少していることもあり減少傾向が続いている。ちなみに、婚姻件数については、2013（平成25）年から減少が続いていたが、2019（令和元）年は599,007組で、7年ぶりの増加となった（前年に比べ12,526組の増加）。

　同居期間別の離婚件数の年次推移を見ると、かつては同居期間の短い夫婦の離婚が多数を占めていたが、1985年前後から、同居期間20年以上の夫婦の離婚、いわゆる「熟年離婚」の件数が増加しており、2012年には全離婚件数の約15％を占めた。熟年離婚の増加は、社会全体の高齢化や女性の就業機会の増加、年金や生活保護などの社会保障制度の充実といった社会的な要因のほか、婚姻制度や夫婦関係をめぐる価値観の変化がその背景にあるものといえよう。

I　離婚の方法

　民法上は、協議上の離婚（協議離婚）と裁判上の離婚（裁判離婚）の二本立てとなっているが、調停前置主義（→12頁）との関係で、調停離婚、審判離婚と

いう種別も存在している。また、人事訴訟法では、裁判上の和解や被告による原告の請求の認諾によっても離婚が成立する旨が定められている（人訴37条）。

　これらのうち、協議離婚は、唯一、裁判所が関与しない離婚類型である。夫婦が離婚に合意し、その届出をすれば離婚が認められる。簡便で費用のかからない方法であるため、離婚全体の約9割を占めている。他方、裁判所での手続を経て離婚が成立するのは全体の1割前後であるが、調停離婚が大多数を占めており、判決によって離婚が成立するのは全体の1％程度に過ぎない。

1　協議離婚

(1)　協議離婚の成立

　夫婦は、その協議によって離婚をすることができる（763条）。これが協議離婚である。もっとも、夫婦の協議だけで離婚が成立するわけではなく、届出という方式が必要である（764条・739条）。婚姻と同様に（→23頁）、夫婦が、届出という方式に従って離婚をする意思（離婚意思）を表示し、これを合致させることによって協議離婚が成立するのである。

(a)　離婚意思の合致

　協議離婚の成立には離婚意思の合致が必要である。婚姻の場合と同様に、行為能力が制限されていることを理由とする制約は存在しない。それゆえ、成年被後見人であっても、単独で協議離婚をすることができる（764条・738条）。

　(i)　離婚意思の内容　　では、離婚意思の有無はどのような基準によって判断されるのだろうか。強制執行の回避や生活保護金の受給継続といった特定の目的を達するための方便として離婚の届出がなされたが、当事者が届出後も従前と同様に夫婦としての共同生活を営んでいるという仮装離婚のケースが問題となる。判例は、離婚の届出が「法律上の婚姻関係を解消する意思の合致」に基づいてなされた以上、離婚意思がないということはできないとする（最判昭和38・11・28民集17巻11号1469頁、最判昭和57・3・26判時1041号66頁）。この考え方によると、特定の目的を達成するための方便として離婚の届出がなされたことや、届出後も夫婦同様の共同生活を続けているといった事情は、離婚意思の有無の判断に影響を与えるものではないということになる。

(ii) 離婚意思の存在時期　離婚意思は、協議離婚の成立時すなわち届出の受理時に存在していなければならない。それゆえ、夫婦が離婚する意思をもって届書を作成し、第三者にその提出を委託したが、届出が受理される前に一方がその意思を翻したという場合には、離婚は無効である（最判昭和34・8・7民集13巻10号1251頁）。

(b)　離婚の届出

婚姻の場合と同様に、届出は協議離婚の効力発生要件ではなく、成立要件であると考えられている。離婚の届出は、その離婚が民法その他の法令の規定に違反しないことが確認された後に受理される（765条1項）。受理によって届出が完了し、離婚が成立する。

戸籍事務管掌者（市区町村長）は実質的審査権を有さないので（→22頁）、届出時に当事者双方が離婚をする意思を有しているか、署名が本当に当事者本人によるものであるかといったことは審査されない。そのため、離婚の合意がないにもかかわらず、夫婦の一方が勝手に届書を作成して市役所等に提出し、届出が受理されてしまうという事態が起こりうる。この場合、当該離婚は無効であるが、戸籍上は離婚した状態のままである。戸籍を訂正するためには、協議離婚無効の確定判決（→9頁）または合意に相当する審判（→12頁）を得る必要がある（戸籍116条1項）。しかし、これらを得るには手間がかかるため、これをあきらめ、離婚を受け容れる結果となってしまう場合も多い。

このような事態を防ぐために設けられているのが不受理申出制度である（→22頁）。不受理申出制度はもともと、届書作成後の翻意や一方に無断でなされる届出といった協議離婚をめぐる紛議に対応するために形成された制度であり、現在でもほとんどが協議離婚届の不受理を求めるために利用されている。

(c)　夫婦に未成年の子がある場合

夫婦に未成年の子がある場合には、その協議により一方を親権者と定め（819条1項→125頁）、届書に必要事項を記載しなければならない（戸籍76条1号）。この記載を欠く場合には、届出は受理されない（765条1項）。しかし、未成年の子の親権者を定める協議がなされていない場合であっても、届書に父母の一方を親権者とする旨の記載があれば、届出は受理されてしまう。このとき、離婚意思に問題がなければ、離婚は有効に成立する（同条2項）。

(2) 協議離婚の無効・取消し

婚姻の場合と同様に、協議離婚についても、成立時の瑕疵を理由とする無効および取消しが問題となり得る。

(a) 協議離婚の無効

協議離婚の届出をした当事者間に離婚をする意思がない場合には、742条1号の類推適用により、当該離婚は無効であると解されている。前述したように（→49頁）、離婚の届出が「法律上の婚姻関係を解消する意思の合致」に基づいてなされた場合には、離婚意思があるものとされる。それゆえ、無効となるのは、当事者の一方または双方が知らない間に無断で離婚の届出がなされた場合や、当事者がいったん離婚に合意し届書を作成したものの、届出の受理前に離婚の意思を撤回した場合などに限られる。これらの場合、特別な手続を経なくても、協議離婚は当然に無効である（最判昭和53・3・9家月31巻3号79頁）。それゆえ、相続等をめぐって争いが生じた場合には、その前提問題として協議離婚の無効を主張することができる。

長く別居し事実上の離婚状態にある夫婦が、協議離婚の無効をめぐって申し立てられた家事調停の場で離婚を認めることを前提に慰謝料の授受などを約したという事案において、協議離婚の追認があったことを認め、届出時に遡って有効となるとした原審の判断を是認した判例がある（最判昭和42・12・8家月20巻3号55頁）。

(b) 協議離婚の取消し

詐欺または強迫によって協議離婚をした者は、その取消しを家庭裁判所に請求することができる（764条・747条1項）。婚姻の取消しの場合とは異なり、取り消された協議離婚は、はじめから無効であったものとみなされる（764条は748条を準用していないので、121条本文による）。それゆえ、婚姻は一度も解消しなかったことになる。

2 調停離婚・審判離婚

(1) 調停離婚

夫婦間で離婚の協議が調わない場合でも、770条1項に掲げられた離婚原因

が存在するときは、離婚を望む一方は、他方を被告として家庭裁判所に離婚の訴えを提起することができる。もっとも、家事事件手続法上、まずは家庭裁判所に調停（一般に「夫婦関係調整（離婚）調停」と呼ばれる）の申立てをしなければならない（家事257条1項：調停前置主義→12頁）。調停では、離婚するかどうかだけでなく、離婚をするにあたって財産をどうするか、子どもの親権者をどうするかなどの話合いが行われる。話合いの結果、夫婦間に離婚の合意が成立した場合、その旨が調書に記載される。これによって調停が成立し、その記載は離婚の確定判決と同一の効力を有することとなる（家事268条1項）。このようにして成立する離婚のことを調停離婚という。

(2) 審判離婚

調停手続において夫婦間に離婚の合意が成立しない場合には、調停不成立となり、手続が終了する（家事272条本文）。しかし、家庭裁判所は、相当と認めるときは、調停委員会を組織する家事調停委員の意見を聴き、当事者双方のために衡平に考慮し、一切の事情を見て、職権で、事件の解決のために必要な審判をすることができる（家事284条1項、2項）。これを調停に代わる審判といい（→11頁）、これによって成立する離婚のことを審判離婚という。審判離婚の成立件数は、全離婚件数の0.1％に満たないが、近時では漸増傾向にある。

3　裁判離婚

(1) 裁判離婚とは

調停を経ても夫婦間で離婚の合意が出来なかった場合、離婚を望む一方は、他方を被告として、離婚の訴えを提起することになる。裁判所は、770条1項に掲げられた離婚原因が存在するときは、判決により離婚を言い渡す。このようにして成立する離婚のことを、裁判離婚または判決離婚という。

日本では、夫婦間で離婚の合意が調いさえすれば離婚をすることができるし、多少こじれたとしても、調停手続で大方決着がついてしまうので、離婚の可否をめぐる争いが訴訟にまで持ち込まれる場合はかなり限られている。また、離婚訴訟の過程において、訴訟上の和解によって離婚が成立することも多

い。それゆえ、離婚全体に占める裁判離婚の割合は1％程度に過ぎない。

(2) 離婚原因

　では、どんな場合に裁判で離婚が認められるのだろうか。裁判所が離婚を言い渡すために必要とされる法定の原因のことを離婚原因という。裁判離婚は、夫婦の一方の意思に反してでも離婚を成立させる制度であるから、離婚が言い渡されてもやむをえないと考えられる原因が必要となるのである。

(a) 離婚原因に関する立法主義

　離婚原因の定め方については、有責主義と呼ばれる考え方と破綻主義と呼ばれる考え方がある。有責主義は、不貞行為や遺棄など、夫婦の一方に婚姻から生じる義務の違反（有責行為）があるときに離婚を認める立場である。これに対し、破綻主義は、婚姻が客観的に見て破綻しており、回復不能であると評価される場合に、当事者の有責性を問わず離婚を認める立法主義である。

　西欧諸国において離婚法が誕生した当初は、離婚原因が一定の有責行為に限定されていた（限定的有責主義）。離婚を禁止するカトリックの影響を強く受けたものであり、姦通・遺棄・虐待といった義務違反に対する制裁として有責者に離婚を強いたのである。しかし、義務違反をめぐる応酬やプライバシーの暴きあいが夫婦間で行われることにより、離婚訴訟が泥沼化するという弊害が生じてしまった。また、夫婦双方が真摯に離婚を望んでいる場合や長期間に及ぶ別居によって婚姻関係が完全に破綻している場合でも離婚が認められないという点も問題であった。このような問題を克服する考え方として、破綻主義が登場する。破綻主義のもとでは、破綻してしまった婚姻から当事者を解放することに主眼が置かれるので、破綻の原因を問うことは避けられ、一定期間の別居といった客観的な徴表から破綻が認定される。その結果、訴訟が泥沼化することなく、離婚によって新たなスタートを切ることが可能となる。現在の西欧諸国の離婚法は、破綻主義がその基本に据えられている（「有責主義から破綻主義へ」）。

　明治民法においては、参考とした西欧諸国の民法の影響を受け、有責主義の立場から一定の有責行為が離婚原因として掲げられたが、当時の家制度に基づく考え方も反映されていた。戦後、家族法の抜本的な改正に伴い、憲法の理念

に沿わない部分が改められるとともに、破綻主義を基調とする離婚原因が民法に導入されることとなる。

(b) 770条の構造

(i) 具体的離婚原因と抽象的離婚原因　　現行民法は、770条1項において、5つの離婚原因を掲げている。1号から4号までの離婚原因は、配偶者の具体的な行為または状態に関するものであり、具体的離婚原因と呼ばれる。これに対して、5号の離婚原因は、抽象的離婚原因と呼ばれる。1号と2号に掲げられているのは婚姻から生じる義務に違反する行為であり、現行法でも有責主義の側面が残されていると理解することもできる。しかし一般的には、770条全体が破綻主義に立脚した規定であるとの理解を前提に、1号から4号までは5号の例示に過ぎないと説明されている。1996年の民法改正要綱も、同じ観点から、現行の1号と2号の場合について、「婚姻関係が回復の見込みのない破綻に至っていないとき」は離婚を認めない旨を明文化することを提案している。

(ii) 裁量棄却条項　　注意を要するのは、1号から4号までの具体的離婚原因が存在すれば当然に離婚が認められる構造になってはいないということである。すなわち、裁判所は、1号から4号までの離婚原因の存在を認定しても、「一切の事情を考慮して婚姻の継続を相当と認めるときは、離婚の請求を棄却することができる」のである（770条2項）。かつては不当な棄却事例も見られたが（「女冥利判決」と呼ばれる東京地判昭和30・5・6家月7巻8号81頁が有名である）、離婚の可否が裁判官の主観に左右されるおそれがある、具体的離婚原因を法定することの意味がなくなるといった批判が強くなされたこともあり、近時では、裁量棄却には慎重な態度がとられている。もっとも、後述のように、精神病離婚の場合には2項が積極的に活用されている。

1996年の民法改正要綱では、2項をより具体的な内容に改めることが提案されている。すなわち、「離婚が配偶者又は子に著しい生活の困窮又は耐え難い苦痛をもたらすとき」（苛酷条項と呼ばれる）か、婚姻関係の破綻を理由として「離婚の請求をしている者が配偶者に対する協力及び扶養を著しく怠っていることによりその請求が信義に反すると認められるとき」（信義則条項と呼ばれる）は、離婚の請求を棄却できるというものである。

（c）　現行法における離婚原因の内容

　では、770条1項に掲げられた離婚原因をひとつずつ確認していこう。

　（i）　不貞行為（1号）　　不貞行為とは、夫婦間の貞操義務に違反する行為のことであり、配偶者のある者が自己の自由な意思に基づいて配偶者以外の者と性的関係を結ぶことをいう（最判昭48・11・15民集27巻10号1323頁）。配偶者以外の者と肉体関係なしに親密な関係を築くことは、不貞行為には当たらないが、婚姻関係が破綻していれば、5号による離婚が認められる。

　（ii）　悪意の遺棄（2号）　　悪意の遺棄とは、夫婦の一方が、正当な理由なく、夫婦間の同居・協力・扶助の義務（752条）あるいは婚姻費用分担義務（760条）に違反する行為をいう。

　（iii）　3年以上の生死不明（3号）　　最後に生存を確認した時から3年以上配偶者の生死が不明であれば、離婚が認められる。第二次世界大戦後、戦地から戻らなかった夫について、妻が本号に基づき離婚請求する例が見られたが、近年はあまり例がない。

　（iv）　回復の見込みのない強度の精神病（4号）　　4号は、破綻主義の見地から、いわゆる精神病離婚を認めるものである。すなわち、夫婦の一方がその協力義務を十分に果たせない程度に強度の精神病にかかり、将来においても回復の見込みのない場合には、その配偶者は、婚姻関係が破綻したものとして、離婚を請求することができる。

　しかし、その配偶者自身も協力義務や扶助義務を負っているのであるから、精神病の療養に協力し、経済的な支えをしなければならないはずである。そこで、判例は、精神病にかかった者の保護を図るため、770条2項を活用して、精神病離婚を認めることに極めて慎重な態度をとっている。すなわち、「単に夫婦の一方が不治の精神病にかかった一事をもって直ちに離婚の訴訟を理由ありとするものと解すべきでなく」、「病者の今後の療養、生活等についてできるかぎりの具体的方途を講じ、ある程度において、前途に、その方途の見込のついた上でなければ、ただちに婚姻関係を廃絶することは不相当と認めて、離婚の請求は許さない法意」が存在すると宣言している（最判昭和33・7・25民集12巻12号1823頁）。この法意に対しては批判的な見解が学説の多数を占めるが、判例は、その後もこれを維持している。もっとも、精神病にかかった配偶者の実

家の資産状態、過去の療養費に関する示談内容と原告の履行実績、将来の療養費についての原告の支払意思の表明等の広範な事情を考慮して、原告の請求を認容した判例がある（最判昭和45・11・24民集24巻12号1943頁）。下級審でも、原告の意思表明、病者の看護態勢が整ったこと、国の費用負担による入院治療が可能であること等を具体的方途として認め、離婚を認容する例が見られる。

　精神病離婚は、破綻主義による離婚原因の先駆的な存在としての意味を持っていたが、近時では、離婚原因として掲げることが精神病患者への差別を助長することにつながるおそれがあると指摘されている。それゆえ、1996年の民法改正要綱では、4号を削除することが提案されている。

　(ⅴ)　その他婚姻を継続し難い重大な事由（5号）　　5号は、夫婦が婚姻の目的である共同生活を達成しえなくなり、その回復の見込みがなくなった場合に、離婚が認められる旨を定めたものである（後掲最大判昭和62・9・2）。それゆえ、「婚姻を継続し難い重大な事由」とは、婚姻関係が深刻に破綻し、婚姻の本質に応じた共同生活の回復の見込みがない場合をいうものと解されている。その判断にあたっては、婚姻中における両当事者の行為や態度、婚姻継続意思の有無、子の有無・状態、さらには双方の年齢・性格・健康状態・資産状態など、当該婚姻関係に現れた一切の事情が考慮される。抽象的な文言で定められた離婚原因であるから、最終的には裁判官の裁量に委ねざるを得ないが、当事者の一方への同情心や性別役割分業を前提とする家族観といった裁判官の主観的な考えがその判断に反映されてしまう場合もある。

　5号が立脚する破綻主義は、本来、破綻してしまった婚姻から当事者を解放することに主眼を置くものであり、当事者の有責性や破綻の原因を問うものではない。また、裁判結果の予測可能性や公平性が確保されていなければ、裁判所への信頼が失われかねない。それゆえ、婚姻関係の破綻の有無については、一定期間の別居といったできるだけ客観的な基準によって判断されることが望ましい。このような観点から、1996年の民法改正要綱では、「夫婦が5年以上継続して婚姻の本旨に反する別居をしているとき」という離婚原因を追加することが提案されている。

　さて、夫が妻のもとを離れて他の女性と同棲し、それ以来長期にわたり夫婦の間にまったく交流がないという場合、婚姻関係はすでに破綻しており、回復

の見込みがない状態にあるということができるだろう。では、このとき、夫からの770条1項5号に基づく離婚請求は認められるのだろうか。これは、有責配偶者からの離婚請求と呼ばれる問題であり、家族法における重要論点の一つとなっている。そこで、項を改めて詳述することにしよう。

(3) 有責配偶者からの離婚請求

　一般に、婚姻関係を破綻させた責任のある夫婦の一方のことを有責配偶者という。不貞行為や他の異性との同棲は、婚姻関係を破綻させる典型的な行為であるが、これらに限定されるわけではない。婚姻関係の破綻を招いた有責配偶者もその破綻を原因として離婚を請求することができるとする立場は積極的破綻主義と呼ばれ、その離婚請求を許さない立場は消極的破綻主義と呼ばれる。

(a) 昭和62年大法廷判決前の状況

　(ⅰ) 最高裁による消極的破綻主義の採用　　有責配偶者からの離婚請求の許否に関するリーディングケースとされるのが、最判昭和27・2・19民集6巻2号110頁である。他の女性のもとに走りその間に一子をもうけた夫が妻に対し離婚を請求した事案において、最高裁は、このような夫の請求が認められれば、妻は「全く俗にいう踏んだり蹴たりである。法はかくの如き不徳義勝手気侭を許すものではない」として、離婚請求を認めなかった。この判決は、俗に「踏んだり蹴たり判決」と呼ばれるが、消極的破綻主義の立場を明らかにした最初の最高裁判決であると理解されている。

　この判決の後も、他の女性との同棲・妻との別居によって婚姻を継続し難くした夫からの離婚請求を認めない判決が続いた。もっとも、原告にもいくらかの落ち度があるが被告により多くの落ち度がある場合や、破綻の原因が原告・被告双方に存在する場合には、有責と目される者からの離婚請求を認めており、判例の立場は、「婚姻関係が破綻した場合においても、その破綻につきもっぱら又は主として原因を与えた当事者は、みずから離婚の請求をすることができない」という形で定式化することができた。

　(ⅱ) 消極的破綻主義の問題点　　家制度廃止から間もない時期においては、消極的破綻主義は、新法のもとでの婚姻道徳を示し、追い出し離婚を防止するという積極的な側面があった。しかし、離婚請求が否定されたからといって、

有責配偶者たる夫が妻のもとに戻って婚姻関係が回復するわけではない。別居の長期化は、法律上の夫婦の空洞化をもたらし、重婚的内縁（→80頁）を生じさせる。さらに、通常ならば婚姻関係が破綻するような行いを原告がしている場合であっても、その有責性が被告よりも小さいか少なくとも同程度であること、あるいは、すでに別の原因で婚姻関係が破綻していたこと（最判昭和46・5・21民集25巻3号408頁参照）を原告が証明すれば、離婚請求が認容される。その結果、離婚訴訟が夫婦間の私事を暴露し、責任のかぶせ合いをする場となり、夫婦の人間関係は完全に破壊されてしまう。消極的破綻主義にはこのような問題点があった。

(b) 昭和62年大法廷判決の登場

(ⅰ) 直近の動向　最高裁が消極的破綻主義を堅持している間に、西欧では徹底した破綻主義を採用する国が現れ、国内でも、積極的破綻主義を支持する学説が多数を占めるようになった。そして、離婚により子の福祉が害されたり、相手方が経済的苦境に立ったりすることが予想されない限り、有責配偶者からの離婚請求を認めてもよいとする下級審判決も現れた。

(ⅱ) 判決の内容　このような状況を受けて、最高裁は大法廷を開き、判例変更を行った。自らの不倫が発覚し妻との間に不和が生じ、不倫相手と同棲するようになって以来妻とは30年間別居している夫が離婚を請求した事案において、最高裁は次のような判断を示した（最大判昭和62・9・2民集41巻6号1423頁）。すなわち、①離婚請求は民法全体の指導理念である信義誠実の原則に照らしても容認されうるものでなければならないことを確認し、②有責配偶者からの離婚請求が信義則に照らして許されるものであるかどうかを判断する際に斟酌すべき諸事情を挙げ、時の経過がこれらの諸事情に与える影響も考慮されなければならないとする。その上で、③有責配偶者からされた離婚請求であっても、ⓐ夫婦の別居が両当事者の年齢および同居期間との対比において相当の長期間に及び、ⓑその間に未成熟の子が存在しない場合には、ⓒ相手方配偶者が離婚により精神的・社会的・経済的に極めて苛酷な状態におかれる等離婚請求を認容することが著しく社会正義に反するといえるような特段の事情の認められない限り、当該請求は、有責配偶者からの請求であるとの一事をもって許されないとすることはできないと結論づけた。

本判決によって、消極的破綻主義に立つ判例法理は変更されたが、破綻の原因を一切斟酌しないという徹底した破綻主義が支持されたわけではない。原告が有責配偶者であるとの抗弁を被告に許すものとなっており、破綻の責任をめぐる主張の応酬が離婚訴訟からなくなるわけではない。

(c)　昭和62年大法廷判決後の動向

　昭和62年大法廷判決後の裁判実務においては、同判決が、上記③の部分において、有責配偶者からの離婚請求が信義則に反しない場合を具体化しているとの理解を前提に、ⓐⓑⓒの3要件が満たされているか否かが審理の中心となる傾向にある。しかし、3要件の解釈に柔軟性をもたせる裁判例や、3要件にとらわれることなく、請求者の態度等を含め離婚請求が信義則に反するかを総合的に判断する裁判例も見られる。

（ⅰ）　相当長期間の別居について　　別居期間が15年を超える事案においては、「同居期間や双方の年齢と対比するまでもなく相当の長期間」に及んでいると判断され、有責配偶者からの離婚請求が認容されている。別居期間10年未満の事案では認容例と棄却例の双方が見られる。別居期間と両当事者の年齢および同居期間とを数量的に対比するだけでなく、時の経過による状況の変化や原告の態度等も考慮に入れるべきものとされており（最判平成2・11・8家月43巻3号72頁）、近時では、別居期間が6年強であったが、有責配偶者である夫が妻に対して十分な離婚給付を行う意向を表明していること等を考慮に入れたうえで、離婚請求を認容した裁判例がある（東京高判平成14・6・26家月55巻5号150頁）。

（ⅱ）　未成熟子の存在について　　昭和62年大法廷判決は、夫婦間に未成熟の子がいる場合については正面から言及していなかったが、後に、高校2年生の子が未成熟子にあたると認定された事案において、同判決が挙げる諸事情を総合的に考慮してその請求が信義誠実の原則に反するとはいえないときには、離婚請求を認容することができる旨が明らかにされた（最判平成6・2・8家月46巻9号59頁）。

　他方で、すでに成年に達してはいるが、日常生活全般にわたり介護が必要な状況にある子を未成熟の子と同視し、有責配偶者からの離婚請求を認容しなかった裁判例も現れている（東京高判平成19・2・27判タ1253号235頁）。当該子の介

護が現状どおり確保されることを重視し、離婚後も子の介護にあたる相手方の立場に配慮した判断が示されたのであるが、本来は社会福祉の領域で扱われるべき事情を、離婚の可否を判断する際に考慮に入れることが果たして妥当であるのかという問題がある。

(iii) 特段の事情の有無について　　この点をとくに取り上げて請求を棄却した裁判例は多くないが、妻に住居、資産、収入がなく、疾病により就労も困難であるうえに、身体障害をもつ子に対して妻の後見的配慮が必要であるという事案において、離婚請求を認容することは、妻を精神的・社会的・経済的にきわめて過酷な状態に置くことになり、著しく社会正義に反するとして夫からの離婚請求を棄却したものがある（東京高判平成20・5・14家月61巻5号44頁）。

II　離婚の効果

　離婚によって、婚姻が解消されると、婚姻の効果は将来に向かってすべて消滅することになる。夫婦の間に子がある場合、親子関係の存在そのものには影響が及ばないが、子が未成年の場合には、親権の帰属や子の監護・養育に影響が生じる。親子関係における効果の説明は親権の章（→第7章II）に譲り、以下では、婚姻の解消に伴う基本的な効果について概観した後、財産面における効果の中心を占める財産分与の制度について詳しく説明することにする。

1　基本的な効果

(1)　夫婦としての権利義務の消滅
　同居義務や協力義務、貞操義務といった夫婦間に存在する権利義務は将来に向かって消滅する。離婚に伴う氏の変動等については、17頁を参照のこと。

(2)　姻族関係の終了
　離婚により、姻族関係も終了する（728条1項）。なお、夫婦の一方が死亡した場合には、生存配偶者が姻族関係を終了させる意思を届出により表示することによって、姻族関係が終了する（同条2項、戸籍96条）。

(3) 婚姻中の財産関係の清算

夫婦間の扶助義務・婚姻費用分担義務も、将来に向かって消滅する。婚姻中に履行されなかったこれらの義務は、未履行の金銭債務として別途清算すべきだが、財産分与に含めて処理することも可能である（最判昭和53・11・14民集32巻8号1529頁）。婚姻費用分担審判の申立て後に当事者が離婚したとしても、これにより過去の婚姻費用分担請求権が消滅するわけではない（最決令和2・1・23民集74巻1号1頁）。

夫婦が、夫婦財産契約を締結し、離婚時における財産関係の清算方法について何らかの定めをしている場合には、その定めに従って清算がなされる。しかし、夫婦財産契約はほとんど利用されていないので、通常は、法定財産制を前提にして夫婦の財産関係の清算が行われることになる。もっとも、財産の帰属に関しては別産制が採用されているので（→41頁）、夫婦の合意によって夫婦の共有とした財産や762条2項によって夫婦の共有に属すると推定された財産の帰属を定めたり、婚姻中に生じた夫婦間の債権債務を決済したり（159条参照）する以外には、特別の清算が必要となることはない。それぞれが各自の特有財産をもって分かれることになるが、その帰属状況に不平等が生じていることが多い。この不平等を是正することを主たる目的とするのが、次に見る財産分与制度である。

2　離婚給付

(1) 離婚給付とは

離婚に際して夫婦の一方から他方に対して行われる財産上の給付のことを離婚給付という。離婚給付の制度は、諸外国にも存在するが、夫婦財産制や離婚原因についてどのような制度を採用するかによってその内容は異なる。

日本では、明治民法の制定過程において、西欧諸国の民法にならい、離婚後の扶養義務に関する規定を設けることが検討されたが、実現に至らなかった。それゆえ、明治民法は離婚給付に関する規定を欠いており、離婚に際して夫から妻に渡されるのはわずかな手切れ金にすぎなかった。もっとも、離婚原因たる有責行為あるいは離婚そのものを理由とする慰謝料請求が認められており、

離婚後の生活の糧を持たない妻の保護が、限定的ではあるが図られていた。戦後、家族法の抜本的な改正に伴い、ようやく離婚給付に関する規定が設けられることになった。当初は、戦前における議論の流れを汲む形で、「相当の生計を維持するに足るべき財産の分与」を内容とする規定の導入が検討されたが、文言に手が加えられ、現在の768条となった。これによって、財産分与と呼ばれる離婚給付制度がわが国に誕生した。

　財産分与制度の誕生から70年以上経過しており、その存在は周知のものとなっている。しかし、裁判所が関与する調停離婚・審判離婚においてすら、財産分与の取り決めがなされるのは約30％にすぎず（2021年の司法統計年報より）、取り決めがなされたとしても低額なケースが多い（400万円以下が50％弱を占める）。協議離婚についてはきちんとした統計がないものの、離婚の成立を優先させるために、請求をあきらめたり、低額でがまんしたりすることが多いものと推測される。きちんとした合意がなされるための制度的な手当てが必要である。

(2)　財産分与

(a)　条文の確認

　離婚をした者の一方は、相手方に対して財産の分与を請求することができる（768条1項・771条）。その具体的な内容については、当事者がその協議によって決定する。協議が調わない場合や協議をすることができない場合には、家庭裁判所に対して協議に代わる処分を請求することができる（768条2項）。

　では、当事者や家庭裁判所は、どのような基準に従い財産分与について決定すればよいのだろうか。民法は、「当事者双方がその協力によって得た財産の額その他一切の事情を考慮」すべき旨を定めるのみで（768条3項）、財産分与の目的や決定基準をほとんど示していない。財産分与の決定を当事者の自由な協議や裁判所による総合的な判断に完全に任せる趣旨で、あえて白紙委任的な規定とされたのである。

(b)　財産分与の目的

　条文からは財産分与の具体的な目的が分かりにくいものとなっているが、立法の経緯等から、「夫婦が婚姻中に有していた実質上共同の財産を清算分配し、かつ、離婚後における一方の当事者の生計の維持を図ること」（最判昭和46・

7・23民集25巻5号805頁）がその中心的な目的となることが広く承認されている。さらに、「一切の事情を考慮して」定められるものであることを受けて、自らの有責行為によって離婚に至らしめたことで相手方に生じた精神的苦痛を賠償するための給付（前掲最判昭和46・7・23）や、一方が過当に負担した婚姻費用の清算のための給付（前掲最判昭和53・11・14）も財産分与に含めうることが判例上承認されている。

(c) 清算的財産分与

(i) 清算的財産分与の意義　　夫婦財産制の箇所（→42頁）で確認したように、財産分与は、夫婦間に実質上の不平等が生じないようにするための「立法上の配慮」として設けられた制度の1つである。それゆえ、婚姻中自己の名で得た財産であっても、その取得に配偶者の寄与や貢献がある場合には、実質面に即して「夫婦のもの」と考え、清算分配することが財産分与の中心的な内容となる。このような清算的財産分与が財産分与の中心となることは、768条3項において、「当事者双方がその協力によって得た財産の額」を考慮すべきと定められていることからも明らかである。

なお、1996年の民法改正要綱では、とくに清算的財産分与に関する考慮事由として「当事者双方がその協力によって取得し、又は維持した財産の額及びその取得又は維持についての各当事者の寄与の程度」を掲げること、および、「当事者双方がその協力により財産を取得し、又は維持することについての各当事者の寄与の程度は、その異なることが明らかでないときは、相等しいものとする」と定めること（いわゆる「2分の1ルール」の採用）が提案されている。

(ii) 清算分配の対象となる財産　　清算分配の対象となるのは、婚姻中に「当事者双方がその協力によって得た財産」である。購入資金の一部を出したなど金銭面での協力がある場合（この場合には、物権法上の共有関係が認められることがある。札幌高判昭和61・6・19判夕614号70頁参照）に限定されず、金銭に見積もることのできない有形・無形の支え（いわゆる内助の功）でもよい。それゆえ、相続や贈与によって取得したものを除いて、当事者が共同生活中に取得した財産はすべて清算分配の対象となる。婚姻前から有していた財産や、婚姻中に相続や贈与によって取得した財産は、原則的に清算分配の対象外であるが、財産の維持や価値の増加に他方の寄与があった場合には、維持・増加のあった

部分が清算分配の対象になると考えられている。

　清算分配の対象となる財産のことを「実質的共有財産」と呼ぶ裁判例が多くあるが、これは夫婦財産制の箇所（→42頁）で紹介した種類別財産帰属説に依拠した用語法である。財産分与制度の創設当初は、伝統的な手切金意識から脱し切れておらず、財産分与の額は低く押さえ込まれていた。そのため、清算的財産分与に理論的根拠を与えるために種類別財産帰属説が登場したのである。

　なお、かつては、夫がサラリーマンで妻が専業主婦という夫婦が離婚する際に、離婚後に顕在化する年金受給額の格差を清算的財産分与の枠内で解消できないかが議論された。しかし、2004（平成16）年に成立した年金改革関連法によって、離婚の際の年金分割制度が導入され、財産分与の外において問題が解決されることとなった。

　(iii)　清算分配の割合　　対象財産はどのような割合でそれぞれに分配されるのだろうか。裁判実務では、個々の事案ごとに財産取得に対する当事者それぞれの具体的な寄与度を認定し、これを基準とすることが多い（寄与度説と呼ばれる）。かつては、いわゆる性別役割分業型の夫婦において、専業主婦の寄与度が低く評価される傾向があった。しかし、1980年の民法改正により配偶者の相続分が最低でも2分の1となったことや、1996年の民法改正要綱において同ルールが提案されていることもあり、現在では、上記の「2分の1ルール」が定着している。

　学説では、基準の明確性の確保（夫婦各自の寄与度を判断すること自体極めて困難である）や夫婦平等の観点から、清算割合は機械的に2分の1とすべきであるとの考え方が有力である。

　(iv)　清算分配の方法　　財産の名義人（もっぱら元夫）が現物を取得し、他方（もっぱら元妻）に対し清算割合に応じた代償金を支払うという方法が採用されることが一般的である。もっとも、清算分配の対象が夫名義の居住用不動産のみであり、妻が離婚後の住居を確保するのに困難をきたすという場合には、妻に対し居住用不動産の利用権（使用借権あるいは賃借権）を設定するとか、住居関連の費用を夫に負担させるといった配慮を行う必要がある。

　(v)　退職金の扱い　　高齢化の進展とともに、高齢夫婦の離婚件数が増加しているが、高齢夫婦の離婚においては退職金の扱いが重要となる。

離婚前に支給済みの退職金が、清算分配の対象となることについては異論がない。問題となるのは、離婚後に支払われるであろう退職金である。かつては、退職金支給の不確実性を理由に清算分配の対象とすることを否定する裁判例が多かったが、近時では、支給を受ける（高度の）蓋然性が認められる場合には対象になるとする裁判例や、支給の蓋然性の有無を問題とすることなく対象とする裁判例が多い。

　将来の退職金を清算分配の対象とする場合には、分与すべき額をどのように決定するのかが問題となる。離婚時（財産分与の請求時）に清算してしまうことにするか、退職金が支給された時に清算を行うことにするかによって異なるが、いずれも一長一短がある。具体的な事情に応じて決定するしかないが、分与を命じられる者に酷な結果とならないよう配慮する必要がある。

(d)　扶養的財産分与

　(i)　扶養的財産分与の意義・根拠　　離婚した後の生活に困窮する当事者の生計の維持を図ることも財産分与の中心的な目的となる。たとえば、妻が専業主婦として家事や育児に専念していたという場合には、離婚後直ちに職業労働に従事して十分な収入を確保するのは、なかなか困難なことである。そこで、扶養的財産分与として、元夫から元妻に対して金銭の給付が行われるのである。

　ところで、婚姻が解消されると、扶助義務や婚姻費用分担義務は将来に向かって消滅する。そして、離婚した当事者間に扶養義務を負わせる特別な規定が存在するわけではないから、本来は、離婚した相手方に対する扶養というものを観念できないはずである。にもかかわらず財産分与の一内容として離婚後の扶養が認められる理由としては、婚姻の事後的効果であるとか、社会保障の充実まで政策的に元配偶者に課された責任であるといった説明が従来からなされている。しかし、必ずしも十分な説明とはなっていないと指摘されている。

　(ii)　扶養的財産分与の要件・内容　　扶養的財産分与は、離婚した後の生活に困窮する者に対し、元配偶者の財産状態が許す限りにおいてその生計の維持を図ることを目的とするものであり、通常の扶養義務（生活扶助義務→143頁）と同じ性質のものと理解されている。それゆえ、請求者（分与を受ける側）が扶養を必要とする状態（要扶養状態）にあり、義務者（分与する側）に請求者を扶

養するだけの余力があることが必要となる。請求者が定職に就いている場合や、請求者が夫婦財産の清算分配によって十分な財産を得られる場合には、扶養の必要性が認められないことが多い。その意味で、清算的財産分与に対して補充的な性格を有する。

分与を受ける者が生計を維持するために必要な金銭または生活物資を給付することが、扶養的財産分与の内容となる。病気や高齢により稼働能力を欠く場合を除いては、離婚により生じる一時的な困窮状態をカバーすれば足りるものと考えられている。

(e) 財産分与の実現

(i) 具体的な内容の確定　財産分与請求権は、離婚によって当然に発生するが、それは抽象的な権利にとどまる。当事者の協議や家庭裁判所の審判によって具体的な内容を確定しなければならない。なお、家庭裁判所への審判の申立ては、離婚の時から2年以内に行わなければならない（768条2項ただし書）。

一定額の金銭の支払いがその内容となることが多いが、清算的財産分与については現物給付が選択されることも多い。金銭の支払いによる場合には、一括払いが基本となるが、分割払いによる例も見られる。現物給付については、夫が所有する居住用不動産を妻に譲渡するケースが多いが、分与を受けた妻には不動産取得税および登記時の登録免許税が課される。また、分与した夫に譲渡所得税が課される場合がある（最判昭和50・5・27民集29巻5号641頁）。

(ii) 財産分与請求権の保全　婚姻関係が破綻し、離婚が問題となってきた場合に、財産分与を免れるため、夫が財産の隠匿等を図ることがある。このとき、妻は、審判前の保全処分（家事105条）や民事保全法上の仮処分（人訴30条）によって、夫の財産処分を封じることができる。しかし、これらの手続は、夫の財産がすでに第三者名義になっている場合には利用できない。そこで、夫が自己の不動産を虚偽表示によって第三者に譲渡し、移転登記を済ませた場合に、妻が将来の財産分与請求権を被保全債権として、夫に代位し、その第三者に対して所有権移転登記の抹消を求めることができるかが問題となる。判例は、協議や審判によってその内容が具体化する前の財産分与請求権については、その範囲および内容が不確定・不明確であるから、債権者代位権の被保全債権とはならないとする（最判昭和55・7・11民集34巻4号628頁）。

(iii)　財産分与の詐害行為性　　他方で、夫が多額の債務を抱えている場合に、自らの財産を隠匿することを目的として、財産分与を悪用するケースもある。判例は、「分与者が既に債務超過の状態にあって、財産分与によって一般債権者に対する共同担保を減少させる結果になるとしても、768条3項の趣旨に反して不相当に過大であり、財産分与に仮託してされた財産処分であると認めるに足りるような特段の事情がない限り、詐害行為として、債権者による取消しの対象となりえない」とする（最判昭和58・12・19民集37巻10号1532頁）。そして、そのような「特段の事情があるときは、不相当に過大な部分について、その限度で詐害行為として取り消される」とする（最判平成12・3・9民集54巻3号1013頁）。財産分与が相当であるか否かは、分与請求者の寄与・貢献の程度、分与請求者の離婚後の生活状況、分与者の有責性の程度、婚姻期間等のさまざまな事情を総合的に考慮して判断される。

(3)　離婚に基づく慰謝料請求

(a)　離婚慰謝料とは

　不貞行為や暴力・虐待などのように夫婦の一方が不法行為と評価される行為をした場合、他方はその行為によって被った精神的損害の賠償（慰謝料の支払い）を求めることができる（709条・710条）。もっとも、夫婦間で婚姻中に慰謝料請求がなされるのは稀なことであり、離婚を契機として請求がなされる場合がほとんどである。このような行為があった結果やむなく離婚するに至ってしまうケースも多いが、そうしたケースでは、原因行為そのものにより生じた精神的損害に対する慰謝料とは別に、離婚のやむなきに至ったことにより生じた精神的損害に対する慰謝料を請求することが認められている（最判昭和31・2・21民集10巻2号124頁）。このように、観念的には、個々の有責行為に基づく慰謝料と離婚そのものに基づく慰謝料とを区別することができるが、実際の裁判では、有責行為から離婚に至るまでの諸事情が考慮され、単に（離婚）慰謝料の名目で金額が定められることが多い。

　なお、夫婦の一方は、不貞行為の相手方に対して、不貞行為により受けた精神的損害に対する慰謝料（不貞慰謝料）を請求することはできるが（→38頁）、不貞行為の結果離婚のやむなきに至ったことにより生じた精神的損害に対する

慰謝料（離婚慰謝料）を請求することは原則として認められない（最判平成31・2・19民集73巻2号187頁）。

(b) 財産分与との関係

　判例上、離婚そのものに基づく慰謝料の請求が認められているが、これと財産分与の請求はどのような関係に立つのだろうか。慰謝料的な内容についても財産分与の中に含ませることができるとする立場（包括説と呼ばれる）と、慰謝料を財産分与に含ませることは許されず、財産分与とは別個に請求するべきであるとする立場（限定説と呼ばれる）とが考えられる。包括説は、離婚に伴う金銭的な問題を一挙に解決することを重視する立場であるのに対し、限定説は、両者の間にある要件面（とくに有責性を問題とするか否か）や手続面での違いを重視する立場である。

　最高裁は、離婚判決によって夫から整理タンス一棹と水屋（食器棚のこと）一個を分与された妻が、後になって、夫からの虐待のため離婚のやむなきに至ったことによる慰謝料の支払いを求める訴えを起こしたという事案において、次のような判断を示している（前掲最判昭和46・7・23）。すなわち、①夫婦財産の清算分配および離婚後の扶養を目的とする財産分与請求権と、（相手方の有責な行為によって離婚をやむなくされ精神的苦痛を被ったことに対する）慰謝料の請求権とは、その性質を必ずしも同じくするものではない。しかし、②財産分与については、「一切の事情を考慮」すべきものとされているから、裁判所は、損害賠償のための給付をも含めて財産分与の額および方法を定めることができる。それゆえ、③財産分与がすでになされている場合に、さらに慰謝料を請求することができるか否かは、財産分与の趣旨（損害賠償の要素を含めているか否か）やその額および方法において請求者の精神的苦痛を慰謝するに足りるものであるかどうかによって判断すべきである。判例は、限定説の立場を出発点としながら、包括説の立場からの修正を加えており、折衷的な立場を採用するものと評価できる。このような判例法理を踏まえて、現在では、財産分与の決定に際し、慰謝料を含む趣旨か否かを明らかにする場合が多いといわれている。

第4章

婚姻外の男女関係

　本章では、婚約と内縁に焦点を当てて、婚姻外の男女関係がどのように処遇されているのかについて説明する。

I　婚姻外の男女関係を規律する枠組み

　男女の親密な関係には、さまざまな段階や形態があり、それに応じてパートナーの呼び名も変わる。恋人、婚約者、同棲相手、事実上の配偶者、配偶者、浮気相手、愛人等々である。これら多様な男女関係のうち、民法が規律の対象としているのは、配偶者同士の関係、すなわち婚姻の届出をした男女の関係のみである。それ以外の関係について、民法は一切規定を設けていない。しかし、婚姻外の男女関係が法の世界においてまったく無視されているかというと、そういうわけでもない。判例や学説は、婚姻との連続性や必要となる保護の内容を意識しながら一定の枠組みを設け、その枠組みのもとで婚姻外の男女関係を規律してきたのである。

　婚姻外の男女関係を法の世界に取り込むために判例が初めて用いたのは「婚姻の予約」という枠組みであった。これは、婚姻に至るまでのすべての過程を含みうる概念であり、純粋な婚約や挙式後の一時的な同棲関係のみならず、事実上の夫婦共同生活が営まれている場合をも取り込むものであった。しかし、事実上の夫婦共同生活が営まれている関係と、将来の婚姻を約束しているだけの関係では、社会的な実態が異なるだけでなく、生じる法律問題にも大きな差がある。そこで、両者を同一の概念に含ませることは妥当でないと指摘され、

前者を「内縁」、後者を「婚約」として別々に扱うことが定着した。もっとも、現在では、内縁という伝統的な枠組みがぴたりと当てはまる男女関係は著しく減少している。他方で、ライフスタイルの自由や国家による干渉の排除を求めて意図的に婚姻の届出をせずに共同生活を送る男女が増えている。このような新しい男女関係は「事実婚」と呼ばれることが多い（→75頁）。

II　婚約・結納

1　婚約の意義

　婚約は、将来の婚姻を約束する合意のことであり、婚姻という本契約に対する予約と捉えられている（ただし、556条に定められた売買の一方の予約とは法的性質が異なる）。明治民法施行直後の判例は、婚約の有効性を認めると、当事者の自由な意思に基づかない婚姻が成立し、「夫婦相愛の道を保持する」ことができなくなるおそれがあるとして、婚約を無効とした（大判明治35・3・8民録8輯3巻16頁）。しかし、婚姻予約有効判決（→74頁）以降は、判例・学説において、その有効性が異論なく承認されている。婚約の有効性を承認する意義は、婚約の不当破棄があった場合に、一方から他方への損害賠償請求を認めること（婚姻予約理論と呼ばれる）にある。

2　婚約の成立

　婚約は、当事者間の合意のみによって成立する。男女が「誠心誠意を以て将来に夫婦たるべき予期の下に」なされることが必要であり、かつそれで足りる（大判昭和6・2・20新聞3240号4頁）。結納品の授受や指輪の交換、家族との食事会といった慣例的な儀式を伴わなくてもよい。もっとも、婚約に伴う慣例的な儀式や婚姻の成立に向けた準備などの外形的な事実が存在しない場合には、婚約の成立を認定するのは難しいであろう。判例には、これらの外形的な事実が存在しない事案において、将来の結婚を約束して肉体関係を継続していた男女の間に婚約の成立を認めたものがある（最判昭和38・9・5民集17巻8号942頁、

最判昭和38・12・20民集17巻12号1708頁）。いずれも男性が関係を一方的に破棄し、後に他の女性と事実上の夫婦となっている事案であり、一方的に遺棄された女性を救済するために婚姻予約理論が用いられたものと理解することができる。

　配偶者のある者が他の異性とする婚約については、善良の風俗に反する事項を目的とするものであって無効であるとする戦前の判例があるが（大判大正9・5・28民録26輯773頁）、現在では、婚姻が破綻して事実上の離婚状態にある場合には有効と解してよいとの見解が多数を占めている。

3　婚約の効力

(1)　婚約期間中における当事者間の義務

　婚約をした当事者は、互いに、婚姻を成立させるよう努める義務を負う。単に婚姻の届出をすることだけでなく、夫婦共同生活を始めるために必要な事項（居宅の選定や家具の選定・購入など）について協力することも含まれる。もっとも、最終的に婚姻を成立させるかどうかは、個人の自由意思が尊重されるべき事柄である。また、すでに婚姻を成立させる意思のない者に婚姻の成立を強制しても、相互の協力により婚姻関係が維持されること（憲24条1項）は期待できない。それゆえ、当事者の一方が婚姻の成立を拒む場合には、婚姻の届出を命じる判決を求めることは許されず（414条1項ただし書）、不当破棄を理由とする損害賠償責任を追及できるにとどまる。

　婚約をした当事者は、互いに、誠実に交際する義務を負う。ここから婚約中の貞操義務を導き出し、婚約期間中の不貞行為を理由とする損害賠償請求を認めた裁判例がある（佐賀地判平成25・2・14判時2182号119頁）。

(2)　婚約の不当破棄による損害賠償責任

(a)　損害賠償責任の要件

　婚約は、当事者の合意、当事者の一方による解消の申入れ、または婚姻の成立を不可能とする事情の発生（当事者の一方の死亡など）によって解消される。ここで、婚約の解消が正当な理由によらない場合、すなわち婚約の不当破棄があった場合には、不当に婚約を解消された者は、相手方に対し婚約の解消によ

り生じた損害の賠償を求めることができる。

　婚約の解消が正当な理由によらないもの（婚約の不当破棄にあたる）かどうか
は、婚約によって当事者間に形成された生活関係や解消に至った経緯などに照
らして判断される。

(b)　損害賠償責任の性質・内容

　損害賠償は、婚約の不履行という一種の債務不履行（415条）を理由として請
求することも、法律上保護される利益が侵害されたとして不法行為（709条・
710条）を理由に請求することも、どちらも可能である。責任の性質の違いは、
消滅時効における違い（166条によるか724条によるか）や、親などの第三者が婚
約の解消に加担した場合における法的構成の違いとなってあらわれる。

　賠償の対象は、精神的損害（婚約の解消により被る精神的苦痛）が中心となる。
慰謝料の額は婚約解消の理由や解消に至るまでの経緯等の事情を考慮して定め
られる。予約していた結婚式場のキャンセル料や新居の準備に要した費用等の
財産的損害も賠償の対象となる。

4　結　納

(1)　結納とは

　日本では、婚約に際して、婚約が調った証として、また、将来の婚姻により
新郎と新婦の両親族がめでたく結びつくことを祈念して、熨斗や末広といった
縁起物や現金が取り交わされる慣習がある。これが結納である。婚姻が無事成
立し、夫婦が仲睦まじく生活している場合には、結納について問題が発生する
ことはない。しかし、婚約が解消され婚姻が成立しなかった場合、あるいは婚
姻の届出はなされたが間もなく離婚してしまったという場合には、結納品の返
還が争われることがある。当事者間の協議や地域の慣習によって解決されるこ
とが多いが、それらでは解決を図ることができない場合、どのような法的解決
がなされるのだろうか。

(2)　結納の法的性質

　判例は、「婚約の成立を確証し、あわせて、婚姻が成立した場合に当事者な

いし当事者両家間の情誼を厚くする目的で授受される一種の贈与である」とし
ており、このような結納の目的を達することができなくなったときは、不当利
得に基づいて結納の返還を求めることができるとする（最判昭和39・9・4民集
18巻7号1394頁）。このように、結納の返還義務を「目的的贈与における目的の
不到達」によって基礎づけるとすると、どのような事情があれば目的を達した
あるいは目的を達していないと評価することができるのかが問題となる。この
問題につき明確な判断基準を示した判例はなく、挙式後の同棲期間、婚姻届の
有無、婚約解消における有責性といった点を総合的に考慮して返還義務の有無
が判断されている。

Ⅲ　内　縁

　内縁とは、社会的には夫婦として認められる生活を営んでいながら、婚姻の
届出がなされていないために法律上の夫婦とは認められない男女関係のことを
指す。事実上の関係なので事実上の夫婦や事実婚と呼ばれることもあるが、内
縁と事実婚が意識的に区別されている場合も多い。

1　内縁問題発生の背景と問題解決のための理論

(1)　問題発生の背景

　明治民法の起草者は、婚姻を唯一の法的に正当な男女関係と位置づけ、婚姻
の届出をしない男女の関係（「私通」と呼んだ）は、法的に規制をしないが保護
もしないという立場をとった。慣習にのっとり儀式を挙げた後しばらくしてか
ら届出をしようと考えている男女についても、届出婚主義（→27頁）を徹底す
ることを重視し、届出がなされるまでは私通にすぎないとの立場を貫いた。

　しかし、明治民法施行後、婚姻の届出こそしていないが、当事者やその周囲
の認識においては法律上の夫婦同然に生活する男女、すなわち内縁の夫婦が数
多く生じた。届出の必要性が十分に認識されなかったこともあるが、家制度に
関連する婚姻障害（戸主の同意が必要である、家の跡取り同士は婚姻できない等）や
婚姻慣行（女性が嫁としてふさわしいと判断されるまで、あるいは子を授かるまで籍を

入れない慣行）のために届出をしようにもできない場合が多くあったのである。そして、「家風に合わない」、「子どもが産めない」などの理由で男性側が関係を一方的に破棄することがよくあり、関係を不当に破棄された女性を救済する必要性に直面することとなった。

(2) 問題解決のための理論

(a) 大審院による婚姻予約理論の採用

　大審院は、当初、挙式後３年数か月同棲したが男性が入籍を拒んだという事案において、婚姻の予約には当事者を拘束する効力がないとの理由で女性からの損害賠償請求を否定した（大判明治44・3・25民録17輯169頁）。しかしその後、従来の立場を改め、「婚姻の予約は将来に於て適法なる婚姻を為すべきことを目的とする……適法にして有効」な契約であり、その履行を強制することはできないが、当事者の一方が正当な理由なくこれに違反し婚姻することを拒絶したときは、相手方に対し「有形無形の損害を賠償する責任」が発生するとの法理（婚姻予約理論）を承認した（大連判大正4・1・26民録21輯49頁）。

　婚姻予約有効判決と通称されるこの判決は、婚姻予約の不履行によって生じた損害の賠償は契約違反（債務不履行）を理由に請求すべきであるとの理由から、結論的には、女性からの不法行為に基づく損害賠償請求を棄却した。しかし、それまで法による保護の対象外とされていた男女関係に対し一定の保護を与えうることを示した画期的な判決であった。以後の判例は、純粋な婚約（→本章Ⅱ）や挙式後の一時的な同棲関係のみならず、事実上の夫婦共同生活が数年に及んでいる場合についても、婚姻を将来に予定する婚姻予約の関係として捉え、正当な理由なく関係を解消された者の救済を図った。

(b) 準婚理論の通説化と最高裁による受容

　婚姻予約理論は、一方が正当な理由なく婚姻予約を破った場合に損害賠償責任を認めるものであるが、事実上の夫婦共同生活が営まれているという実態を度外視した理論であったため、不当破棄以外の問題に対応できるものではなかった。そこで、学説においては、男女が夫婦共同生活を営んでいるという社会的事実を重視し、内縁を婚姻に準ずる関係と捉えて、その保護を図ることが唱えられた（準婚理論）。この準婚理論は、届出婚主義を尊重しつつ、法と事実と

のギャップを埋めるために、共同生活の存在を前提とする婚姻の効果を内縁にも準用する旨を説くものであり、内縁の保護を格段に広げる理論であった。

このような学説の影響を受けて、不当破棄以外の場面でも、内縁夫婦を法律上の夫婦と同様に扱う大審院判決が現れるようになった。そして、戦後に入り、判例は、内縁は「男女が相協力して夫婦としての生活を営む結合であるという点においては、婚姻関係と異るものではなく、これを婚姻に準ずる関係というを妨げない」として、準婚理論を正面から承認するに至った（最判昭和33・4・11民集12巻5号789頁）。その結果、現在では、内縁に対する法的処遇はかなりの程度まで婚姻のそれに近づいている。

(c) 配偶者に準じて扱う特別法

社会保険や労災保険の分野の特別法では、「配偶者」について、「婚姻の届出をしていないが、事実上婚姻関係と同様の事情にある者を含む」と定められることが多い（厚生年金保険法3条2項、健康保険法3条7項1号、労働者災害補償保険法16条の2第1項等）。遺族給付等の受給資格は、補償の必要性に着目して定められるからであり、婚姻の届出の有無ではなく、実際に夫婦共同生活を送っていることが重視されているのである。

(3) 近時の議論動向

戦後の家族法改正によって、家制度に関連する婚姻障害は撤廃された。旧来の婚姻慣行もほぼ廃れている。また、婚姻は届出によって成立するということは社会常識となっている。そうすると、社会的には夫婦として認められる生活を営んでいながら、届出がなされていないために法律上の夫婦とは認められない男女はほとんど存在しなくなったのだろうか。決してそういうわけではない。夫婦別姓を通したい、戸籍による束縛を受けたくない、結婚はあくまでもプライベートな事柄だ、精神的に気楽な関係を築きたい等、一定の考えのもとに自分たちの主体的な意思で婚姻届を出さずに共同生活を営むことを選択する男女が増えているのである。かつては内縁が「強いられた」ものであったのに対し、現在では内縁が「選ばれた」ものへと変貌をとげているのである。

このように、現代的な内縁は、伝統的な内縁とその背景を異にしていることから、内縁ではなく事実婚あるいは自由結合と表現する学説もある。そして、

意図的に婚姻届を出さない男女に従来の準婚理論によって婚姻に準じた保護を与えることに対しては、批判的な見解が多数を占めている。他方で、近時では、同性カップルの一方が裁判において婚姻に準じた保護を求める事案が現れている。伝統的な内縁の枠組みには収まらないこれらの婚姻外の関係にどのように対応すべきかを考えながら、以下の説明を読み進めてほしい。

2　内縁の保護要件

(1)　準婚理論からの説明

　婚姻の届出をしていない男女が婚姻に準ずる保護を受けるためには、婚姻意思をもって夫婦共同生活を営んでいることが必要であると考えられている。

(a)　夫婦共同生活の存在

　準婚理論は男女が夫婦共同生活を営んでいるという社会的事実を重視する考え方であるから、当事者間にそのような社会的事実が存在しなければならない。肉体関係を伴う同居がある程度の期間継続していれば、夫婦共同生活の存在が認定されるが、継続的な同居が不可欠とされているわけではない。男女関係が多様化していることを受けて、同居という形式ではなく、相互の協力という実質を重視すべきであるとの見解もある。

(b)　婚姻意思の存在

　判例は、婚姻において、生活事実を重視する姿勢を示しており、当事者が「社会観念上夫婦であると認められる関係の設定を欲する」意思を有していることが必要であるとしている（→30頁）。それゆえ、婚姻に準ずる関係である内縁においても、当事者間に婚姻をする意思のあること、すなわち社会観念上夫婦であると認められる関係の設定を欲する意思のあることが必要であると考えられている。この意思を欠く場合には、たとえ夫婦共同生活が存在していても、単なる私通（→73頁参照）ということになる。

　将来的には届出をして法律上も夫婦になろうという合意がなされている場合も多いが（この場合には、婚約を伴う内縁ということになる）、一方が婚姻の届出を拒んでいても婚姻意思が否定されるわけではない。

(c)　婚姻障害との関係について

　では、婚姻障害（→24頁）があるために婚姻をすることができない当事者間の内縁も、婚姻に準ずる保護が認められるのだろうか。問題となるのは、配偶者のある者が当事者となる内縁（重婚的内縁）と近親婚的内縁である。重婚的内縁については、戦前は、公序良俗に反するものとして厳しい態度が取られたが、現在では、一夫一婦制との調整を図りながら一定の保護が認められている（→80頁）。他方、近親婚的内縁については、判例上問題となることが少ないが、3親等の傍系血族であるおじＡと姪Ｘの間に約42年間にわたる夫婦共同生活の実体があり、親戚間では抵抗感なく承認され、地域社会やＡの職場でも公然と受け容れられていたという事案において、Ｘは厚生年金保険法3条2項にいう「事実上婚姻関係と同様の事情にある者」に該当し、同法59条1項本文により遺族厚生年金の支給を受けることができる配偶者に当たるとした判例がある（最判平成19・3・8民集61巻2号518頁）。

(2)　相対的効果説

　学説においては、内縁の保護要件を一律に設定するのではなく、問題となっている法的効果の内容（関係解消に伴うものか、関係維持のためのものか）や、その法的効果が誰との間で問題となっているのか（当事者間か第三者に対してか）などに応じて、相対的に内縁保護の要否を判断すべきであるとする見解（相対的効果説）が有力である。婚姻外の男女関係の多様性や法律関係の多面性を踏まえて弾力的な解決を図ろうとするものであるが、婚姻に準じて一律の法律効果を認めてきた従来の準婚理論の枠組みを崩すものともいうことができる。

3　内縁継続中の法律関係

(1)　婚姻に準じた扱いが認められる場合

　婚姻の効果のうち、夫婦共同生活を前提として定められたものについては、内縁にも認められる。具体的には、同居・協力・扶助義務、貞操義務、婚姻費用分担義務、日常家事債務の連帯責任、帰属不分明財産の共有推定が挙げられる（広島高決昭和38・6・19家月15巻10号130頁参照）。これらの効果が現実に問題

とされるのは、関係が破綻し内縁が解消された後であることが多い。

(2) 婚姻に準じた扱いが認められない場合

夫婦同氏および姻族関係の発生については、社会制度としての婚姻に結びついた効果であり、届出を欠く内縁関係には認められない。

内縁夫婦の子は、嫡出でない子として扱われる。772条の類推適用により、内縁の成立の日から200日を経過した後または内縁の解消の日から300日以内に生まれた子は、母の内縁の夫の子と推定されるが、事実上の推定にとどまるので、法律上の父子関係を成立させるには父の認知が必要である（最判昭和29・1・21民集8巻1号87頁）。また、死後認知につき、出訴期間に関する制限（787条ただし書）を受ける（最判昭和44・11・27民集23巻11号2290頁→93頁参照）。

4　内縁解消後の法律関係

(1) 内縁が当事者の生存中に解消される場合（離別による解消）

(a) 解消の自由

婚姻であれば、離婚によらない限り、当事者の生存中における解消は認められないが（→39頁）、内縁についてはこのような制約は存在しない。すなわち、内縁は、当事者の合意のみで解消できるし、当事者の一方による解消の申入れによっても解消することができる。また、当事者間に夫婦共同生活が存在しなくなった場合にも、内縁の解消が認められる。

(b) 財産分与請求権の発生

内縁が当事者の生存中に解消される場合には、財産分与の規定（768条）の類推適用が認められている。それゆえ、当事者間で財産分与の協議が調わない場合には、家庭裁判所に対して協議に代わる処分を請求することができる。内縁夫婦の協力によって取得した財産の清算分配と内縁解消後の生活に困窮する当事者の生計の維持を図ることが財産分与の主たる内容となる（→62頁）。

(c) 不当破棄による損害賠償責任

内縁の夫が他の女性と同棲を始めた場合のように、内縁を正当な理由によらずに解消させた者は、相手方に生じた損害を賠償しなければならない。正当な

理由の有無については、内縁の解消に至るまでの両当事者の行為を総合的に考慮したうえで判断される。

(2) 内縁が当事者の一方の死亡により解消される場合（死別による解消）

(a) 配偶者相続権の否定

内縁夫婦の一方が死亡した場合に、残された内縁配偶者に相続権が認められないことについては異論がない。相続人は画一的に定まるべきであるとの要請があるからである。死亡した者に相続人がいなければ、特別縁故者として清算後の相続財産の全部または一部を受けることができるが（958条の2→第15章2参照）、相続人がいる場合には、相続法上の権利は何も認められない。

(b) 768条の類推適用の可否

そうすると、内縁の夫が自己の名で得た財産は、すべて内縁の夫の相続人に移転し、内縁の妻の協力や寄与が一切無視される結果となってしまいかねない。では、768条の類推適用により、内縁の夫の相続人に対して財産分与を請求することは認められるだろうか。判例は、「相続の開始した遺産につき財産分与の法理による遺産清算の道を開くことは、相続による財産承継の構造の中に異質の契機を持ち込むもので、法の予定しないところである」として、類推適用を否定している（最決平成12・3・10民集54巻3号1040頁）。

(c) 生存内縁配偶者の居住利益の保護

死別による解消の場合、残された内縁の妻の居住利益をいかにして保護するかも重要な課題となる。

死亡した内縁の夫が所有する建物でともに暮らしていたとき、建物の所有権は相続人が承継する。しかし、相続人に居住の差し迫った必要がないような場合には、相続人からの明渡請求は権利濫用に当たると判断されることがある（最判昭和39・10・13民集18巻8号1578頁）。

では、内縁の夫が賃借していた建物でともに暮らしていた場合にはどうなるだろうか。借地借家法36条は、相続人がいない場合について、同居していた内縁配偶者等が居住用建物の賃借権を承継する旨を定めている。しかし、ここでも、賃借人となっていた者に相続人がいる場合には、残された内縁配偶者の保護を図ることができない。そこで、判例は、賃貸人からの明渡請求について

は、相続人が承継した賃借権を生存内縁配偶者が援用するという理論構成を示唆している（最判昭和42・2・21民集21巻1号155頁→179頁）。相続人が賃借権に基づいて明渡しを請求した場合についての判例はないが、持ち家の場合と同様に、権利濫用法理によって解決されるであろう。

5　重婚的内縁

(1)　重婚的内縁の保護の可否

　法律上の妻BのいるAが、C女と事実上の夫婦共同生活を営んでいるという場合、AとCの関係は内縁として保護を受けることができるだろうか。このように、当事者の一方または双方に法律上の配偶者がいる内縁を重婚的内縁という。戦前は、公序良俗に反するとしてその保護が認められなかったが、現在では、「婚姻関係が実体を失って形骸化し、かつ、その状態が固定化して近い将来解消される見込みのないとき、すなわち、事実上の離婚状態にある場合」には、重婚的内縁の保護が認められている（最判昭和58・4・11民集37巻3号270頁）。なお、重婚的内縁も内縁の一類型であるから、婚姻意思をもって夫婦共同生活を営んでいることが必要であるが、これについては、通常の内縁よりも厳格に判断される傾向がある。

(2)　事実上の離婚状態の判断基準

　では、法律婚が「事実上の離婚状態」にあるかどうかはどのようにして判断されるのだろうか。遺族給付等の受給資格をめぐり法律上の配偶者と重婚的内縁の配偶者が競合する場合には、法律婚の破綻の認定につき慎重な態度が取られていると指摘されている。すなわち、法律婚の夫婦が別居しているだけではなく、離婚意思があること、配偶者や子との交流等がまったくないことまでもが必要とされる場合がある。法律婚の配偶者に対して金銭給付を行っているような場合に法律婚の破綻を認定しない判例の傾向に対しては、法律婚の配偶者に対して誠意を尽くすほど重婚的内縁が保護されなくなり、不合理な結果が生じるとの批判が見られる。

第5章

実　子

　親子とは何だろうか。血縁で結ばれる者どうし、親であるという意思と子であるという意思が一致する者どうし、親子として共に生活する者どうしなど、親子の定義はさまざまである。

　民法は、親子の定義について明らかにしていないが、民法の規定に基づいて成立する親子関係を法律上の親子関係という。つまり、民法が定める要件と合致しなければ、血縁があろうと、意思があろうと、生活実体があろうと、法律上の親子関係は成立しない。

　法律上の親子関係が成立すると、親子関係の効果として、親は子に対する扶養義務を負う。子は親の財産を相続する権利を有し、親の氏を名乗る。法律上の親子関係は、生まれてきた子が適切な養育環境を与えられ、健全に成長発達する基盤となることから、重要な概念であることがわかる。

I　親子関係の基本的枠組み

　法律上の親子関係は、実親子関係と養親子関係の二本立てとなっている。実親子関係とは、血縁に基づいて成立する親子関係である。もっとも、血縁に基づいて成立する親子関係といっても、AとBとの間で、遺伝学的あるいは生物学的なつながりが存在するのかを逐一検討するのではない。「一方（B）から他方（A）が生まれた」と考えられる一定の事実が存在する場合に、A・B間に実親子関係の成立が認められるのである。それゆえ、A・B間に、生物学的には血縁がないにもかかわらず、民法の規定に基づいて実親子関係が認められ

る場合がある。反対に、A・B間に、生物学的には血縁があるにもかかわら
ず、民法の規定に基づいて実親子関係が認められない場合がある。他方、養親
子関係とは、養子縁組により人為的に成立する親子関係である。次章で扱う。

　次に、実親子関係は、嫡出親子関係と非嫡出親子関係とに分かれる。民法
は、子の身分（法的地位）の概念を、嫡出子と嫡出でない子（以下では、「非嫡出
子」と表記する場合もある）とに分ける。両者において、法的効果の差異はほと
んどなく、父子関係の定め方（772条、779条）や子の氏の定め方（790条）、子の
親権者の定め方（818条、819条）が異なる程度である。

「嫡出」という用語

　民法772条は、生まれた子を、その母の夫の子であると推定する父性推定の
規定であるとともに、同条の推定を受ける子に「嫡出子」という身分を付与す
る嫡出性の付与の規定でもある。

　では、この「嫡出」にはどのような意味があるのだろうか。最高裁は、出生
届に「嫡出子又は嫡出でない子の別」を記載すべきことを規定する戸籍法49条
2項1号の合憲性が問題となった事案で、「『嫡出でない子』という用語は法律
上の婚姻関係にない男女の間に出生した子を意味する」とした（最判平成25・
9・26民集67巻6号1384頁）。すなわち、民法または戸籍法その他の関連規定に
おいて、「嫡出」とは「法律上の婚姻関係にある男女の間に出生した」ことを
意味するものとして用いられている。他方で、歴史的に見ると、「嫡出」とい
う語は「公的に認められた妻・正妻から生まれたこと」すなわち「正統な」
（英語では legitimate と表現される）という意味で用いられてきた。そのため、
「嫡出」・「嫡出でない」という用語法は差別的な意味合いを含むものである。

　そこで、「嫡出」という用語を見直すべきではないかと指摘されている。従
前より、嫡出子と嫡出でない子に代えて、それぞれ「婚内子」と「婚外子」と
の語が用いられてきたことから、これらの語に置き換えるべきではないかとの
指摘もある。しかし、新たな用語が、婚姻中の夫婦の間の子とそうでない子を
指すのであれば、差別的な意味合いが残ることになる。また、現行法上、「嫡
出」という用語は、婚姻により子の父を推定する場面（772条）だけでなく、
準正や養子縁組により子を嫡出子とする場面（789条、809条）にも用いられて
いることから、「嫡出」という用語の見直しは、家族に関する様々な制度にま

たがる諸規定の見直しを伴うものである。そのため、令和4年民法改正では見直しが見送られた。

1 母子関係

　生まれてきた子の母は誰か。民法は、嫡出でない子の母子関係は認知により成立するとしている（779条）。しかし、判例は、「母とその非嫡出子との間の親子関係は、原則として、母の認知を俟たず、分娩の事実により当然に発生する」として、母による認知は不要であるとの判断を示している（最判昭和37・4・27民集16巻7号1247頁）。そして、嫡出子か嫡出でない子かを問わず、母子関係は分娩という客観的事実に基づいて成立するとの解釈（分娩者＝母ルール）が学説・判例により確立している（代理懐胎に関する最決平成19・3・23→101頁参照）。

2 父子関係

　生まれてきた子の父は誰か。母子関係と異なり、生物学的なつながりを直接的に示す客観的事実に基づいて父子関係を成立させることは困難である。そこで、民法は、嫡出子の父子関係は嫡出推定によるとし（→本章Ⅱ1）、嫡出でない子の父子関係は認知により成立する（→本章Ⅲ1、2）としている。

Ⅱ 嫡出子

　嫡出子の父子関係は、772条に定める要件のもとで成立する。嫡出子身分の取得およびその父子関係の成立に関する民法上の唯一のルールである（嫡出推定）。そして、同条により成立した父子関係を否定するには、774条以下の方法によらなければならない（嫡出否認）。

　無戸籍者問題と令和4年民法改正

令和 4 年改正前の772条は、妻が婚姻中に懐胎した子は、夫の子と推定し（改正前772条 1 項）、婚姻の成立の日から200日を経過した後または婚姻の解消もしくは取消しの日から300日以内に生まれた子は、婚姻中に懐胎したものと推定した（同条 2 項）。さらに、令和 4 年改正前の嫡出否認は、否認権者を夫のみとし（改正前774条）、出訴期間を「子の出生を知った時から 1 年以内」（改正前777条）とする厳格な制限が設けられていた。そのため、改正前の嫡出否認では、否認権を行使するかどうかは夫の意思次第であること、また、出訴期間の 1 年が短すぎることが問題視されていた。

　この問題が顕在化したのが無戸籍者問題である。嫡出推定により推定された父子関係を覆すには、嫡出否認の訴えによらなければならない（最判昭和29・1・21民集 8 巻 1 号87頁）。令和 4 年改正前の民法下において固有の否認権を認められていない母は、夫の協力を得られなければ嫡出否認をすることができず、また、夫の子として出生の届出をしたくないと考える母が出生届を提出しないため、子が戸籍に記載されないという事態が生じていた。その結果、嫡出推定制度は、無戸籍者問題を生じさせる一因になっているとの指摘がされるようになった。

　このような経緯から、無戸籍者問題を解消するために、嫡出推定制度を中心とする改正が行われた（令和 4 年法律第102号）。

1　嫡出推定

　嫡出推定とは、婚姻関係を基礎として、父子関係を推定するしくみである。すなわち、子の懐胎時から子の出生までの間に、母が婚姻していたならば、その婚姻における夫が子の父である蓋然性が高いことから、夫の子と推定する。嫡出推定により、生まれた子について逐一父との遺伝的なつながりの有無を確認することなく、嫡出子としての地位を付与することで、子の地位の安定を図ることができる。

　①妻が婚姻中に懐胎した子は当該婚姻における夫の子と推定する（772条 1 項前段）。また、②妻が婚姻前に懐胎し、婚姻が成立した後に生まれた子は当該婚姻における夫の子と推定する（同項後段）。そして、①が適用されるのか②が適用されるのかを明確なものとしておくために、婚姻の成立の日から200日以

内に生まれた子は婚姻前に懐胎したものと推定して、②を適用し、他方、婚姻成立の日から200日を経過した後または婚姻の解消もしくは取消しの日から300日以内に生まれた子は婚姻中に懐胎したものと推定して、①を適用する（同条2項）。したがって、母Aとその夫Bとの婚姻の成立の日から200日が経過した後、婚姻の解消・取消しの日から300日以内に生まれた子は、772条2項により①が適用され、Bの子と推定される。

　しかし、女性が子を懐胎した時から出産した時までの間に複数の婚姻をしていた場合には、上記①②に従うと、嫡出推定により父と推定される者が複数存在することになる。たとえば、母AがBと離婚した後にCと再婚し、Bとの婚姻解消の日から300日以内に子を出産した場合には、前夫Bの子とする推定と再婚後の夫Cの子とする推定が重複し、子の父が直ちには定まらないことになる。そこで、このような場合には、③子の出生の直近の婚姻における夫の子と推定する（同条3項）。つまり、重複する嫡出推定のうち、再婚後の夫Cの子とする推定が優先する。ただし、④③の推定が否定された場合には、劣後していた前夫Bの子とする推定が顕在化し、前夫Bの子と推定する（同条4項）。

772条1項の場合

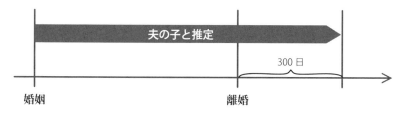

772条3項の場合

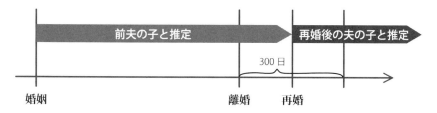

2　嫡出否認

　嫡出推定により、父子関係は一応成立する。しかし、夫の子ではないという場合には、子が嫡出であることを否認すること（嫡出推定を覆^{くつがえ}すこと）が認められている。これを嫡出否認といい、子が嫡出であることを否認する権利を否認権という（774条）。ただし、父子関係を早期に確定させるため、嫡出否認の方法は限定されている。

(1)　否認権者

　否認することができる者（否認権者、嫡出否認の訴えの提訴権者）は、父、子、母、前夫である（774条1項、3項本文、4項本文）。ただし、子の否認権の行使期間は子の出生の時から3年間であり、意思能力を有しない子がその否認権を自ら行使することは事実上困難である。そこで、親権を行う母、親権を行う養親または未成年後見人が、子を代理して、否認権を行使することができる（同条2項）。子の利益を保護するため、母の否認権の行使が子の利益を害することが明らかなとき、母は否認権を行使することができない（同条3項ただし書）。また、母の再婚後の夫の子と推定する（772条3項）場合には、前夫に否認権が認められる（774条4項本文）ところ、前夫の否認権の行使が子の利益を害することが明らかなとき、あるいは、子が成年に達した後は、前夫は否認権を行使することができない（774条4項ただし書、778条の2第4項）。

　なお、否認権者である父または母が、子の出生後に、子が嫡出であることを承認したときは、それぞれの否認権を失う（776条）。

(2)　出訴期間

　否認権の行使は、嫡出否認の訴えによって行う（775条）。また、否認権はいつまでも行使できるわけではなく、行使期間（嫡出否認の訴えの出訴期間）が制限されている。この期間内に否認権が行使されなければ、法律上の父子関係は確定する。

　嫡出否認の訴えの出訴期間は、原則として3年である。その起算点は、母および子については子の出生時であり、父および前夫については子の出生を知っ

た時である（777条）。なお、子の否認権については、原則的な出訴期間である子の出生の時から3年以内に、自ら行使することは事実上困難であり、また、子を代理して否認権を行使すべき者がその行使をしないことも想定される。そこで、一定の要件を充足する場合、子は、その出生の時から3年を経過した後であっても、21歳に達するまでの間は、自らの判断で否認権を行使することができる（778条の2第2項本文。この場合、774条2項は適用されない〔778条の2第3項〕）。すなわち、子と父とが継続して同居した期間が3年を下回るときに限り、子は自ら否認権を行使することができる。ただし、子がその父と継続して同居した期間が3年を下回るときであっても、父による養育の状況に照らして（例えば、父が3年以上の期間継続的に養育費の支払をしていたときや定期的に面会交流をしていたとき）、社会的な実態としての親子関係が存在するといえる場合がある。そのような場合は、子による「否認権の行使が父による養育の状況に照らして父の利益を著しく害するとき」にあたり、子は否認権を行使することができない（778条の2第2項ただし書）。

(3) 嫡出推定が覆された場合の効果

　嫡出推定が覆された場合には、子は出生の時から夫の子ではなかったことが確定する。では、女性が子を懐胎した時から出産した時までの間に複数の婚姻をしていた場合はどうなるだろうか。例えば、母がA・B・Cとの婚姻および離婚を繰り返し、Aとの離婚の日から300日以内に子を出産したとする。このとき、子の父は「その出生の直近の婚姻における夫」であるCと推定される（772条3項）。しかし、母が提起した嫡出否認の訴えにより、Cの子とする推定が覆されたとき、Cとの婚姻を除いた子の出生の直近の婚姻（Bとの婚姻）における夫（B）の子と推定されることになる（同条4項）。Bの子とする推定に対して、新たに子の父と推定されたB、子、母、子の懐胎の時から出生の時までに母と婚姻していた（前夫）Aは否認権を行使することができる。この場合の出訴期間は、各否認権者がCの子とする推定を否認する裁判が確定したことを知った時から1年である（778条）。

　なお、上の例で、Cが、子の出生後しばらくの間、養育費を支払っていたとする。Cとしては、嫡出否認により、子の出生の時から父子関係は存在しなか

った、つまり子に対する扶養義務は存在しなかったことになる。しかし、その場合でも、子は、Ｃが支出した養育費を償還する義務を負わない（778条の３）。

3　推定の及ばない子

(1)　推定の及ばない子とは

妻が婚姻中に懐胎した子を夫の子と推定する根拠は、夫婦間には同居義務および貞操義務があるから、事実として、妻が婚姻中に懐胎した子は夫の子である蓋然性が高いことにある。したがって、推定の根拠となる夫婦間の性的関係が存在しないことが明らかな場合には、嫡出推定が及ばない（772条は適用されない）のだから、父子関係を否定するには嫡出否認の訴えによる必要はないのではないか。最高裁はこの考え方を認めた。

夫と事実上の離婚状態にあった妻が、婚姻解消後300日以内に出産した子について、最高裁は、「妻がその子を懐胎すべき時期に、既に夫婦が事実上の離婚をして夫婦の実態が失われ、または遠隔地に居住して、夫婦間に性的関係を持つ機会がなかったことが明らかであるなどの事情が存在する場合」には、当該子は「実質的には民法772条の推定を受けない嫡出子に当たる」とした（最判昭和44・5・29民集23巻6号1064頁、最判平成26・7・17民集68巻6号547頁）。学説は、このような子を「推定の及ばない子」と呼んでいる。

「推定の及ばない子」とされると、その子について、嫡出否認の訴えによることなく、親子関係不存在確認の訴え（人訴2条2号）により母の夫と子との間の父子関係を否定することができる。また、嫡出否認を待つまでもなく、生物学上の父と思われる男性に対して認知を請求することができる（前掲最判昭和44・5・29）。

> **親子関係不存在確認の訴え（人訴2条2号）**
> 　法律上の親子関係について、民法は、嫡出推定と認知によると定め、それを否定するには、嫡出否認と認知無効の訴えによると定める。つまり、この枠組みの中で法律上の親子関係は安定したものとなるはずであるが、現実はそうで

はない。

　親子関係不存在確認の訴えは、民法が定めるものではなく、人事訴訟法に規定されている訴訟類型である。戸籍の正確性を担保するため、確認の利益を有する者なら誰でもいつでも訴えを提起することができる。親子の一方が訴えを提起するときは、他方が被告となり、第三者が訴えを提起するときは、親子双方が被告となる。親子関係不存在確認の訴えが提起されると、法律上の親子関係は覆る可能性がある。そこで判例は、親子関係不存在確認の訴えを権利濫用として制限する途を認めている（最判平成18・7・7民集60巻6号2307頁→97頁）。

(2)　推定の及ばない子とされる事情

　では、どのような場合に推定の及ばない子とされるのだろうか。嫡出推定が及ぶ範囲が問題となる。

　判例は、夫による妻の懐胎でないことが外観上明白な場合であるとする（前掲最判昭和44・5・29）。これを外観説という。具体的には、妻が子を懐胎すべき時期に、夫と別居、夫の海外赴任、夫の収監、夫の出征など夫婦間に性的関係を持つ機会がなかったことが明らかな場合が該当する。

　他方、外観説よりもさらに範囲を拡張させて、夫による妻の懐胎でないことが外観上明白な場合だけでなく、夫による妻の懐胎でないことが科学的・客観的に立証された場合も含むと解釈する学説もある。これを血縁説という。具体的には、血液型の背馳、夫の生殖不能、人種の相違などの場合が該当する。

　さらに、既に夫婦の離婚や別居によって家庭が破綻しているときには、推定の及ばない子として、父子関係を否定することを認めるべきだとする説（家庭破綻説）や、子と母と血縁上の父との間に新たな家庭が形成されているときには、推定の及ばない子として、父子関係を否定することを認めるべきだとする説（新家庭形成説）もある。

　推定の及ばない子をめぐっては、DNA鑑定技術の進歩により、生物学上の父子関係の存在・不存在を科学的かつ客観的に明らかにすることができるようになった現在において、嫡出推定が及ぶ範囲について再検討をすべきかどうかが問われた。DNA鑑定により、推定される父（母の元夫）と子との間の生物学

上の親子関係の不存在が証明され、また、父母は既に離婚して別居し、子は母および生物学上の父と共に生活しているという事情があり、子（子を代理して母）が親子関係不存在確認の訴えにより父子関係を争った事案で、最高裁は、上記のような事情があっても、子の身分関係の法的安定を保持する必要が当然になくなるものではないとした上で、本件においては、母が子を懐胎した時期に、夫婦間に性的関係を持つ機会がなかったことが明らかであるなどの事情は存在しないとして、親子関係不存在確認の訴えを却下した（前掲最判平成26・7・17）。このように、判例は一貫して外観説を支持している。また、夫のみならず、子が父子関係の不存在を主張する場合にも、外観説に基づいて判断することを明らかにしている。

現行法の下での推定の及ばない子

　令和4年改正は、妻が婚姻中に懐胎した子は夫の子と推定する考え方を維持していることから（772条1項前段）、現行法の下でも推定の及ばない子に関する上記判例法理は維持されると考えられている。しかし、令和4年改正は、嫡出否認について、否認権者を拡大するとともに、出訴期間を伸長した。したがって、妻が婚姻中に懐胎した子について、外観説の下でも、親子関係不存在確認の訴えが許される場合を制限する必要があるとの考え方もありうる。また、令和4年改正により、婚姻前に懐胎され、婚姻成立後に出生した子についても嫡出推定されることとなった（772条1項後段）。婚姻成立の日から200日以内に生まれた子について、推定の及ばない子とされる事情の存否については、今後の解釈に委ねられる。

III　嫡出でない子

　嫡出でない子とは、婚姻関係にない男女の間に生まれた子のことである。

　嫡出でない子の父子関係は、父の認知によって成立する。認知は父が任意にするものであるが（任意認知：779条）、父が任意に認知しない場合には、子の側から父に対して認知の訴えを提起することができる（強制認知：787条）。認知の

法的性質を、法律上の親子関係の成立を欲する意思表示であると理解する立場（意思主義）と、生物学的な血縁の存在を確認する手続であると理解する立場（事実主義）とがある。学説は、従来、認知を意思主義的に解していた。しかし、1942（昭和17）年、父の死後に認知の訴えを提起することが認められたことで（死後認知：787条ただし書→93頁）、認知は事実主義的に解されている。

　他方、嫡出でない子の母子関係は、分娩の事実により当然に発生し、原則として母の認知は不要であると理解されている（→本章 I 1）。母の認知が必要となるのは、棄児（父母不明の子）のように、誰が分娩したのか明らかでない場合であると考えられている。

1　任意認知

(1)　方式と要件

　任意認知は次のルールに従って行われる。

　意思能力を有する者であれば、未成年者や成年被後見人でも、法定代理人の同意なくして単独で認知をすることができる（認知能力：780条）。

　このような認知には2種の方式が定められている。認知は、戸籍法の定める届出によってする（781条1項）。または、遺言による認知も可能であり（遺言認知：同条2項）、この場合は遺言執行者が届出をする（戸籍64条）。届出の時に、父子関係の証明は不要である。

　父はいつでも自由に認知をすることができ、認知される子の年齢は問わない。ただし、例外として、①認知される子が成年である場合には、その子の承諾が必要となる（782条）。②胎児を認知するときには、母の承諾を得なければならない（胎児認知：783条1項）。③子が既に死亡している場合、その子に直系卑属があるときに限り、認知することができる。その直系卑属が成年であるときはその承諾を得なければならない（同条2項）。

(2)　認知の取消し・無効

(a)　認知の取消し

　民法は、認知をした者はその認知を「取り消すことができない」と規定する

（785条）。認知の法的性質を、意思主義の立場で考えるか事実主義の立場で考えるかによって（→91頁）、「取り消す」の理解も異なる。意思主義の立場で考えると、「取り消す」は「撤回する」の意味であり、認知者が届出（認知の意思表示）をした以上、その撤回を認めない趣旨であると説明される。他方、事実主義の立場で考えると、「取り消す」は総則編における取消しと同じ意味であり、認知者と認知された子との間に生物学的な血縁が存在する以上、詐欺や強迫を理由として認知を取り消すことは認めない趣旨であると説明される。

(b) 認知の無効

　認知がなされたとしても、認知について反対の事実があることを理由として、認知の無効の訴えを提起することができる（786条）。「認知について反対の事実がある」場合とは、認知が真実に反する（生物学上の父子関係がない）場合や、生物学上の父子関係があるとしても、認知者の意思に基づかないで（例えば、第三者が認知者になりすまして）認知届が提出された場合である。これらの場合には、認知無効を宣言する判決が確定して初めて認知が無効となる。

　認知無効の訴えは誰でもいつでも提訴ができるわけではなく、その提訴権者および出訴期間は制限されている。提訴権者は、子またはその法定代理人、認知をした者、子の母である（786条1項本文）。ただし、子の母による認知の無効の主張が子の利益を害することが明らかなときは、母は認知の無効の訴えを提起することができない（同項ただし書）。

　認知の無効の訴えの出訴期間は、原則として7年である。その起算点は、子またはその法定代理人および子の母については認知を知った時であり、認知をした者については認知の時である（786条1項）。なお、未成年の子の認知は子の同意なく行われるものであり、子自身が、認知後の父子関係の実態に鑑みて、血縁関係がない父子関係から離脱することができるようにすることが相当である。そこで、一定の要件を充足する場合、子は、認知を知った時から7年が経過した後であっても、21歳に達するまでの間は、自らの判断で認知無効の訴えを提起することができる（786条2項。この場合、子の法定代理人は訴えを提起することができない〔同条3項〕）。すなわち、子と父とが継続して同居した期間が3年を下回るときに限り、子は自らの判断で認知の無効の訴えを提起することができる（同条2項本文）。ただし、子による認知の無効の主張が認知をした

者による養育の状況に照らして認知をした者の利益を著しく害するときは、子による認知無効の訴えの提起は認められない（同項ただし書）。

2　強制認知

(1)　方式と要件

　父が任意に認知しない場合に、子（その直系卑属または法定代理人）は認知の訴えを提起することができる（787条本文、人訴2条2号）。これを強制認知または裁判認知という。被告は父である（人訴42条1項）。認知の訴えは、父の生存中は子の年齢を問わず、いつでも提起することができる。

　ただし、訴えを提起できるのは父の死後3年以内に制限される（787条ただし書）。父の死後に認知を求めることを死後認知という。この場合、検察官を被告として認知の訴えを提起する（人訴42条1項）。

　嫡出でない子の父子関係は、認知により生じることから、認知の訴えによらず、親子関係存在確認の訴えによることは認められない（最判平成2・7・19家月43巻4号33頁）。

　なお、推定の及ばない子は、戸籍上の父に対する親子関係不存在確認の訴えを経ずに、父とされる男性に対して認知の訴えを提起することができる（最判昭和44・5・29民集23巻6号1064頁）。

(2)　死後認知と出訴期間の制限

　父の死後3年を経過すると、血縁上の父子関係の存在が明らかであったとしても、法律上の親子関係は認められない（最判昭和44・11・27民集23巻11号2290頁）。判例は、父の死後3年の期間制限について厳格に運用する（出訴期間の制限を合憲とする最判昭和30・7・20民集9巻9号1122頁）。ただし、例外的に、出訴期間の徒過がやむを得ない場合には、父の死亡が客観的に明らかになった時から起算することが許されるとした（最判昭和57・3・19民集36巻3号432頁）。

　なお、父の死亡後に生殖補助医療により懐胎された子（死後懐胎子）は、父の死後3年以内であったとしても、死後認知を求めることはできない（最決平成18・9・4→本章Ⅴ3参照）。

(3) 証明の対象

　認知の訴えでは、原告は、子と被告男性との間の父子関係の存在を立証しなければならない。従来は、①子の懐胎可能時期に、母と被告男性との間に継続的な性的関係があること、かつ、②被告以外の男性との間に性的関係がないこと、③血液型の背馳がないこと等の間接事実に基づいて、父子関係の存在を推認していた（最判昭和31・9・13民集10巻9号1135頁）。現在の実務では、①の事実の立証と④DNA鑑定により、認知の訴えは認容される。

　　DNA鑑定

　父子関係の証明方法について、1990年代以降、DNA鑑定が利用されるようになった。DNA鑑定により、父子関係の存否を科学的に立証することができる。現在、DNA鑑定の精度は飛躍的に向上し、父子関係を99.999％で肯定することができ、100％で否定することができるという。しかし、わが国には、DNA鑑定の実施に係る法律は存在しない。DNAという究極の個人情報を扱うに際して、いつ、誰が、どのような場合に、どのような手続の下で認められるのか、当事者の意思に反して強制することができるのか等の議論がないなかで、個人の私的な利用が拡大しているという問題点を指摘することができる。また、当事者の同意を得ずにあるいは知らない間に、不適切に採取された試料（毛髪や唾液など）に基づいてDNA鑑定が実施されるかもしれない。また、父の死後であっても、遺骨や遺髪等の試料があれば、または父の血族が存在すれば、父の同意がなくとも、DNA鑑定を利用することができる。

　将来的には、DNA鑑定よりもさらに精度の高い科学技術が誕生するかもしれない。科学技術の進歩を、親子関係の立証方法としていかに評価するか。「法律上の親子関係とは何か」という原点に回帰する重要な問題である。

---

(4) 認知請求権の放棄

　父が、子や母に金銭を与え、その代わりに認知の訴えを提起させないことを約束する場合がある。これを認知請求権の放棄という。しかし、判例は、認知請求権は、身分法上の権利たる性質およびこれを認めた民法の法意に照らし、放棄することができないとする（最判昭和37・4・10民集16巻4号693頁）。

3　認知の効果

　父の認知は、子の出生時に遡ってその効力を生ずる（784条）。したがって、出生の時から、子と父との間に親子関係（扶養義務、相続権）が存在していたことになる。子は、父に対して、扶養請求できる。子の母や親族は、立て替えた過去の扶養料の支払いを請求することができる。

　認知後、子の親権者および氏は母のままであるが、父母の協議で親権者を父に変更したり（819条4項）、家裁の許可を得て父の氏に変更することもできる（791条）。

　相続開始後の遺言認知や死後認知の場合に、子が父の既分割の相続について遺産分割を請求しようとするときには、自己の相続分について価額の支払いを請求することができる（910条）。

4　準　正

　嫡出でない子に嫡出子の身分を付与する制度を準正という（789条）。準正の要件は、父母の婚姻と父の認知である。

Ⅳ　藁の上からの養子

　日本では、他人が産んだ子を貰い受けて、自分たち夫婦の嫡出子として出生届をし、養育する慣行があった。他人が産んだ子を貰い受けて養育する制度として養子縁組がある。しかし、夫婦は他人の子であることを隠すため、養子縁組によらず、自分たちの子として出生の届出をする。養子ではなく実子（嫡出子）とする点が特殊である。

　このような子を「藁の上からの養子」という。諸説あるが、かつて出産の床に藁が敷かれており、藁の付着した生まれたばかりの赤ちゃんを貰い受けたことに由来する。

1　不安定な法的身分

　藁の上からの養子は、戸籍上は、出生を届け出た夫婦の嫡出子として記載されている。しかし、戸籍上の母は子を出産していないから、そもそも母子関係は発生せず、戸籍上の父の妻が懐胎した子ではないから、嫡出推定は働かず、戸籍上の父との父子関係も生じない。他人の子を自分の子として出生を届け出ても、そのような虚偽の出生届は無効である。

　藁の上からの養子に対して、出生から数十年も経過した後に、戸籍上の父母や第三者から、親子関係不存在確認の訴えが提起される事例がある。長い間親子として生活し、事実上の親子関係を形成したにもかかわらず、後になって出生届の無効を理由に法的親子関係を否定され、その結果、相続等の親子関係から生じる法的効果を失うのは妥当でない。

2　無効行為の転換

　藁の上からの養子を救済するため、まず、嫡出子出生届は無効であるとしても、有効な養子縁組届として扱い、養親子関係の成立を認めることができないかが問題となった。しかし、判例は一貫して養子縁組届としての効力を否定してきた（大判昭和11・11・4民集15巻1946頁、最判昭和25・12・28民集4巻13号701頁、最判昭和50・4・8民集29巻4号401頁→106頁）。その理由として、養子縁組は要式行為であること（799条・739条）、養子となる者が15歳未満または未成年である場合の養子縁組の要件（代諾縁組（797条）、家庭裁判所の許可（798条））を潜脱してしまうこと等がある。

3　権利濫用法理

　次に、親子関係不存在確認の訴えを権利濫用法理や信義則により制限することができないかが問題となった。Aは、B・Cの嫡出子として虚偽の出生届がなされた後、約55年間にわたり、戸籍上の父母B・Cおよびその実子D・Eと生活してきたが、B・Cが死亡し、その後Dが死亡した後に、EがB・CとA

との間の親子関係不存在確認の訴えを提起したという事案で、判例は、「真実の実親子関係と戸籍の記載が異なる場合には、実親子関係が存在しないことの確認を求めることができるのが原則である」としたうえで、Eによる親子関係不存在確認の訴えが権利濫用に当たり許されない場合がありうるとした。そして、権利濫用の判断基準を示し、Eによる親子関係不存在確認の訴えが権利濫用に当たるかどうかについて更に審理を尽くさせるため、事件を原審に差し戻した（最判平成18・7・7民集60巻6号2307頁）。権利の濫用に当たる場合には、親子関係不存在確認の訴えは認められず、その結果AはB・Cの嫡出子（実子）として扱われる。

V 生殖補助医療により出生した子の親子関係

　生殖補助医療とは、人工授精、体外受精、代理懐胎に代表される医療行為であり、人為的に精子と卵子を受精させて、妊娠・出産を実現させることを目的とする。その技術の進歩はめざましく、生殖補助医療による出生児数は年々増加傾向にある。日本産科婦人科学会の報告によると、2020年に体外受精により出生した子は、約6万人であり、これは、総出生児（約84万人、2020年）の約14人に1人の割合である。

　このような現状にありながら、日本では生殖補助医療に関する法整備が追いついていない。生殖補助医療に関する法律については、生殖補助医療の実施（どのような生殖補助医療行為をどのような要件の下で許容するか）に関する行為規制を定める法律と、それにより出生した子の親子関係に関する親子法制を検討する必要がある。従前は、まず、行為規制を定め、次に、それを前提として親子法制を定めるという流れで議論されていた。

　2020年12月、「生殖補助医療の提供等及びこれにより出生した子の親子関係に関する民法の特例に関する法律」（以下、「特例法」という）が成立した。特例法の成立により、第三者から提供された精子や卵子を用いた生殖補助医療により出生した子の母子関係および父子関係が明確になった。しかし、特例法は、行為規制や出生した子への提供者に関する情報開示（子の出自を知る権利）などについて規定していないため、今後の法整備が必要である。

1 問題の所在

特例法の成立まで、生殖補助医療により出生した子の親子関係に関する明文規定がなかったため、自然生殖を前提とする民法の規定の解釈に委ねられていた。最高裁は、行為規制および親子法制に関する立法の必要性を指摘していた（→父子関係について102頁、母子関係について101頁）。

特例法は、生殖補助医療の定義として人工授精および体外受精を用いた医療をいうとする（特例法2条）。

特例法は、母子関係について、「女性が自己以外の女性の卵子…を用いた生殖補助医療により子を懐胎し、出産したときは、その出産をした女性をその子の母とする」（特例法9条）と規定する。卵子提供があった場合、子を懐胎・出産した女性が母である。父子関係について、「妻が、夫の同意を得て、夫以外の男性の精子…を用いた生殖補助医療により懐胎した子については、夫、子または母は、…その子が嫡出であることを否認することができない」（同法10条）と規定する。精子提供があった場合、生殖補助医療に同意した夫は子の父と推定され（嫡出推定、民法772条）、子が嫡出であることを否認すること（嫡出否認、同法774条）ができない。これらの者による否認権の行使を認めないことで、子の母の夫が父として確定する（出生子は嫡出子である→84頁）。

(1) 人工授精

人工授精とは、精子を妻の胎内に注入し、受精を可能とする技術である。夫の精子による配偶者間人工授精（AIH）と夫以外の男性（提供者）の精子による非配偶者間人工授精（AID）とがある。人工授精により出生した子の母子関係は、分娩者（妻）を母と解することに問題はない。

AIHにより出生した子（AIH子）の父子関係について、学説は、民法（嫡出推定、772条）が適用されると解する（特例法の対象外）。

AIDにより出生した子（AID子）の父子関係について、特例法により、AIDに同意した夫が父として確定する。

(2) 体外受精

体外受精とは、人為的に妻の卵巣から採取した卵子を母体外で夫の精子と受精させ、その受精卵や胚を妻の子宮内に移植し、着床・妊娠を可能とする技術である。

体外受精により出生した子について、妻の卵子と夫の精子を用いた場合はAIHと同様に解する。提供精子および提供卵子を用いた場合は、特例法により、子を懐胎・出産した女性（妻）が母、提供精子による体外受精に同意した夫が父である。

(3) 代理懐胎

先天的に子宮が機能しない女性や、子宮がんなどで子宮を摘出した女性が、自分以外の女性（代理母）に子を産んでもらうことがある。代理懐胎とは、依頼者夫の精子を代理母の胎内に注入する方法（人工生殖型、サロゲート・マザー）、または、依頼者夫婦の受精卵を代理母の胎内に着床させる方法（体外受精型、ホスト・マザー）により、代理母が産んだ子を、依頼者が引き取り養育するものである。日本産科婦人科学会のガイドラインによると、代理懐胎の実施は禁止されている。

代理懐胎により出生した子の母子関係について、特例法9条が適用されると解されている。特例法以前の学説は、分娩者＝母ルール（→83頁）により、子を分娩した代理母を法律上の母と解した。依頼者夫婦との親子関係について、代理母による代諾縁組あるいは特別養子縁組により、依頼者夫婦を養親として法律上の親子関係を成立させる余地がある。国内で実施されたケースでは、代理母は依頼者妻の実母や実姉妹であることが公表されている。裁判例は、母が娘夫婦の受精卵により懐胎・出産した事案で、特別養子縁組の成立を認めた（神戸家姫路支審平成20・12・26家月61巻10号72頁）。

しかし、代理懐胎を合法とする外国で代理懐胎が実施された場合、自治体において代理懐胎であることを把握できなければ、依頼者夫婦の嫡出子とする出生届が受理され、戸籍に記載される。代理懐胎であることを隠して届け出るケースは多いとされているが、その実数は明らかでない。裁判例は、アメリカでの代理懐胎により出生した子を嫡出子とする出生届について、妻が50歳以上で

あったため代理懐胎であることが判明した事案で、不受理とする市長の処分を適法とした（大阪高決平成17・5・20判時1919号107頁）。現在の戸籍実務は、50歳以上の母が出産した子に係る出生届については、添付されている出生証明書によって、子が出生した施設が診療所や外国の病院である場合には、その受否について法務局に照会のうえで受理する取扱いとなっている（平成26年7月3日付民事局長通達）。

2　母子関係に関する最高裁判例

　日本人夫婦B・Cは、アメリカでの代理懐胎の実施を公表し、渡米した。アメリカ・ネバダ州法によると、代理懐胎契約の締結は適法に行うことができ、ネバダ州裁判所判決により依頼者夫婦の子として親子関係が認められ、夫婦を父母とする証明書が発行される。B・CとDおよびその夫Eとの間の代理懐胎契約に基づいて、Cの精子とBの卵子を用いた受精卵を、ネバダ州在住の女性Dに移植し、Dは双子 A_1・A_2 を出産した。その後、ネバダ州裁判所判決に基づいて、Aらについて父をC、母をBとする出生証明書が発行された。

　B・Cは、帰国後、F区長に対し、AらについてB・Cを父母とする嫡出子の出生届を提出したところ、FがBによる分娩の事実が認められないことを理由として、これを受理しなかった。そこで、B・Cは、本件不受理処分を不服として、Fに本件出生届の受理を命じることを求める申立てをした。

　議論の前提として、ネバダ州裁判所で認められたB・CとAらとの間の親子関係について、外国判決の効力が日本国内で承認されるかという問題があるが、これは民事訴訟法の外国判決の承認（民訴118条）の問題である。

　不受理を不服とする申立てを受けた原々審は、Bによる分娩の事実が認められず、AらとBとの間に親子関係を認めることができないから出生届の不受理処分は適法であるとして、申立てを却下した。

　原審は、ネバダ州裁判所によるB・Cを法律上の実父母と確認する旨の裁判は民訴法118条の要件をみたしており、我が国において公序良俗に実質的に反しないとして承認し、その結果、AらはB・Cの嫡出子となるとして、第一審の決定を取り消した（東京高決平成18・9・29家月59巻7号89頁）。

最高裁は、「民法が実親子関係を認めていない者の間にその成立を認める内容の外国裁判所の裁判は、我が国の法秩序の基本原則ないし基本理念と相いれないものであり、民訴法118条3号にいう公の秩序に反する」といわなければならず、母子関係は「一義的に明確な基準によって一律に決せられるべきであることにかんがみると、現行民法の解釈としては、出生した子を懐胎し出産した女性をその子の母と解さざるを得ず、その子を懐胎、出産していない女性との間には、その女性が卵子を提供した場合であっても、母子関係の成立を認めることはできない」として、原決定を破棄し、第一審の決定に対するB・Cらの抗告を棄却した（最決平成19・3・23民集61巻2号619頁）。この最高裁の考え方は、特例法と整合的である。

　その後、B・CはAらと特別養子縁組をした。

3　父子関係に関する最高裁判例

　夫Cは、放射線治療を受けるため、精子を凍結保存した。Cは生前、妻Bに対して、自分が死んでもBが再婚しないならば、凍結保存精子を用いて自分の子を産んでほしいと告げており、Cの親族にもその子に家を継いでほしいと伝えていた。Cは治療の甲斐なく病死した。BはC死亡の事実を医師に伝えないまま、Cの凍結保存精子を用いて体外受精を行った。Bは、C死亡の2年後に、子Aを出産した。

　Bは、AをB・Cの嫡出子として出生届をしたが受理されなかった。そこで、BはAの法定代理人として、検察官に対し、死後認知の訴えを提起した。

　原々審は、このような方法は、自然的な受精・懐胎という過程からの乖離が大きく、社会的な通念という点からみても、このような方法により生まれた子の父を、当然に、精子提供者（死者）とする社会的な認識はなお乏しいとして、請求を棄却した（松山地判平成15・11・12家月56巻7号140頁）。

　原審は、AとCとの間に自然血縁的な親子関係が存すること、Cが自己の死後、凍結保存精子を利用してBが懐胎し子を出産することについて同意していたこと等を挙げ、認知請求を認容した（高松高判平成16・7・16家月56巻11号41頁）。

最高裁は、民法の実親子に関する法制は「少なくとも死後懐胎子と死亡した
父との間の親子関係を想定していないことは、明らかである」とし、死後懐胎
子と死亡した父との関係は、親権、扶養、相続、代襲相続等の「上記法制が定
める法律上の親子関係における基本的な法律関係が生ずる余地のないもの」で
あるから、死後懐胎子の親子関係の形成の問題は立法によって解決されるべき
問題であり、立法がない以上、法律上の親子関係の形成は認められないとし
て、原判決を破棄した（最判平成18・9・4民集60巻7号2563頁）。

第6章

養　子

　養子縁組は、人為的に親子関係を成立させる制度である。養子縁組により、親となる者を養親（養父・養母）、子となる者を養子という。

I　養子制度の概観

　養子縁組には、普通養子縁組と特別養子縁組がある。

　普通養子縁組は、民法制定当初から設けられていた制度である。普通養子縁組は、養親と養子との間の縁組の合意およびその届出により成立する。ただし、未成年者が養子となる場合には原則として家庭裁判所の許可を要する（→本章II）。

　特別養子縁組は、1987（昭和62）年に新設された制度である。原則として15歳未満の未成年者を対象とし、家裁の審判により成立する（→本章III）。

1　養子縁組の目的

　養子縁組は、従来より、家（家系・家業）の承継を目的とする「家のための養子」あるいは老後の扶養・介護や労働力の確保を目的とする「親のための養子」として利用されてきた。現代では、実親の養育に恵まれない子に親と家庭環境を与えることを目的とする「子のための養子」として利用されることが強く望まれている。

2　利用実態

　養子縁組の利用実態については、戸籍統計によって養子縁組および離縁に関する届出数が把握できるのみである。戸籍統計によると、2021（令和３）年、養子縁組（普通養子縁組および特別養子縁組）の届出件数は60,229件である。このうち、未成年者を養子とする縁組については、その成立件数すら分からないのが実情である。司法統計によると、同年、「養子をするについての許可」の認容件数は515件（ただし、未成年者を養子とする縁組の許可（798条）だけでなく、後見人と被後見人との間の縁組についての許可（794条）を含む）であり、「特別養子縁組の成立およびその離縁に関する処分」の認容件数は683件（うち、「離縁に関する処分」の認容件数は不明）である。

　2021（令和３）年、法務省が行った普通養子制度の利用実態調査（同年10月に提出された縁組届および離縁届のうち、法務局に保管される縁組届1601通、離縁届709通を対象とする）によると、養子縁組について、成年養子760件・未成年養子841件（うち、15歳未満783件。代諾者として実母662件、実父41件、父母20件、その他）、養親が単身で養子縁組1305件・夫婦共同縁組296件、未成年養子について許可審判がない事例826件（うち、配偶者の直系卑属を養子とするもの683件、自己の直系卑属を養子とするもの40件、自己および配偶者の直系卑属を養子とするもの85件、理由不明18件）であった。離縁について、成年の養子についての離縁375件、未成年の養子についての離縁334件（うち、15歳未満の養子についての離縁213件）であった。離縁の方式は、協議離縁625件、調停21件、判決９件、死後離縁29件、その他であった（15歳未満の養子についての離縁について、方式として協議離縁が最も多く204件、法定代理人となるべき者（811条２項）として母親が最も多く160件であった）。

　日本では、普通養子縁組については成年養子が多いこと、未成年養子縁組については配偶者の直系卑属を養子とする縁組が多いことが従前より指摘されていたが、上記の調査結果でも同様であった。未成年養子縁組の趣旨は未成年者の最善の利益を図ることにある。これまで上記のような調査は実施されていなかったため、普通養子縁組の利用実態は明らかでなかった。実態を把握することで、より子の利益に資する制度設計が構築されなければならない。

> **児童福祉、里親制度との連続性**
>
> 虐待された子、育児放棄された子、遺棄された子（孤児）など、保護者のいない児童または保護者に監護させることが不適当であると認められる児童を要保護児童という。
>
> 要保護児童について、家庭に代わって社会が公的に養育する仕組みを社会的養護という。社会的養護には、家庭的な環境下で養育する家庭的養護と児童福祉施設（乳児院や児童養護施設など）で養育する施設養護がある。
>
> 里親には、要保護児童を養育する養育里親、要保護児童について将来的に養子縁組を希望する里親、児童の祖父母や兄姉が養育する親族里親がある。
>
> 子ども家庭庁が公表した『社会的養育の推進に向けて（令和5年4月）』によると、2021（令和3）年度末で、要保護児童は約42,000人いる。うち、1歳未満の乳児らを対象とする乳児院に入所する児童は約2,300人、また、原則1〜18歳の児童らを対象とする児童養護施設に入所する児童は約23,000人である。対して、里親・ファミリーホームへ委託される児童は増加しているが、約7,800人（全体の約18.5％）にすぎない。社会的養護を必要とする児童の多くが施設に入所していることがわかる。

Ⅱ　普通養子

普通養子縁組は、養親となる者と養子となる者との間の合意およびその届出により成立する。契約型の養子縁組である。

1　縁組の成立

(1)　縁組の届出

普通養子縁組は、届出によって成立する（799条・739条1項、戸籍66条）。家裁の許可が必要となる場合（→106頁、107頁）も同様である。

では、他人の子を実子とする虚偽の届出（嫡出子出生届、認知届）を、縁組の届出として扱い、養子縁組の成立を認めることができるだろうか。藁の上からの養子について、判例は、一貫して虚偽の嫡出子出生届による養子縁組の成立

を認めない。養子縁組は、民法及び戸籍法所定の届出により法律上効力を有する要式行為であり、かつ、それらの規定は強行法規である。したがって、所定の要件を具備しない嫡出子の出生届をもって養子縁組の届出とみなすことは許されない（最判昭和50・4・8民集29巻4号401頁→95頁参照）。また、後に配偶者となる者の嫡出でない子について認知の届出をした後婚姻した場合（不実認知＋準正）、判例は、認知届による養子縁組の成立を認めない。養子縁組は合意により成立するのに反して、認知は認知者の単独行為であり、その要件・方式を異にするからである（最判昭和54・11・2判時955号56頁）。

(2)　縁組意思の合致

　養子縁組が有効に成立するには、当事者間に縁組意思の合致を必要とする。明文規定はないが、縁組意思を欠く場合、縁組は無効（802条1号）であることから理解される。

　15歳以上であれば、自ら、単独で、有効な縁組をすることができる。15歳未満の者が養子となる場合には、その法定代理人が子に代わって、縁組の承諾をする（797条1項→106頁）。成年被後見人も成年後見人の同意を要せず（799条・738条）、意思能力があれば足りる。届書作成時に縁組意思を有していれば、届出時に当事者が意識を失っていたとしても、受理前に意思を翻すなど特段の事情がない限り、有効である（最判昭和45・11・24民集24巻12号1931頁）。

　判例は、専ら相続税の節税のためにする縁組（節税養子）について、「節税の動機と縁組をする意思とは併存し得る」として、直ちに無効になるとはいえないとした（最判平成29・1・31民集71巻1号48頁）。また、近時では、認知症高齢者のした縁組について、意思能力または縁組意思が問題となる事例も多い（名古屋家判平成22・9・3判タ1339号188頁、東京高判平成21・8・6判タ1311号241頁）。判例は、縁組の有効性について、縁組意思の存否だけでなく、個別具体的な事案のもとで、縁組によりもたらされる当事者間の実質的な状況から判断している。

2 縁組固有の要件

(1) 年　齢

養親は20歳に達した者でなければならない（792条）。養親となることは、他人の子を法律上自己の子として育てるという重い責任を伴うものであることから、養親年齢は成年年齢（18歳）よりも高く設定されている。

養子の年齢要件はない。成年者を養子とすることもできる。また、親子としての年齢差（たとえば、25歳以上の差）も設けられていない。

(2) 尊属養子・年長者養子の禁止

尊属を養子とすることはできない（793条）。たとえば、子が父母、祖父母、おじ・おばを養子とすることはできない。反対に、卑属を養子とすることは可能である。祖父母が孫を養子とすることや、兄が弟を養子とすることができる。また、年長者を養子とすることはできない（同条）。たとえば、1日でも後に生まれた者（1990年4月2日生）は先の者（同年4月1日生）を養子とすることができない。

(3) 後見人と被後見人との間の縁組

後見人が被後見人（成年被後見人、未成年被後見人）を養子とするには、家裁の許可が必要である（794条前段）。後見人の任務が終了した後、まだその管理の計算が終わらない間も同様である（同条後段）。後見人は被後見人の財産管理や監護教育を行う職務を負っているのであり、不正な目的で行われる縁組を未然に防ぎ、被後見人を保護するためである。

たとえば、後見人であるおじが未成年被後見人であるおいを養子とする場合には、未成年者を養子とする場合の家裁の許可（798条）と後見人が被後見人を養子とする場合の許可（794条）が必要であり、判断基準も異なる。

(4) 配偶者のある者の縁組

配偶者のある者が養子縁組をするとき、養子となる者が未成年者である場合を除いて、夫婦が共同で縁組をする必要はない。夫婦の一方は、単独で、養親

または養子となることができる。ただし、一方の単独縁組は、姻族関係、氏、相続等に影響を及ぼすから、配偶者の同意を得なければならない（796条）。

3　未成年養子縁組の特則

(1)　代諾縁組

15歳未満の者が養子となる場合には、その法定代理人（親権者、未成年後見人）が子に代わって承諾をする（797条1項）。この承諾を「代諾」という。児童福祉施設入所中の児童で親権者または未成年後見人がいない場合は、親権を行う施設長が縁組の承諾をする（児福47条1項）。本来代諾する権利のない者がした代諾は、明文規定はないが、無効であると解される。判例は、代諾権のない者の代諾による養子縁組について、養子が満15歳に達した後は無効な代諾縁組を追認することができ、養子本人の追認により縁組は最初から有効になるとした（最判昭和27・10・3民集6巻9号753頁、最判昭和39・9・8民集18巻7号1423頁）。

また、法定代理人の代諾に加えて、たとえば、養子となる者の父母の離婚に際し、親権者とは別に監護者を定めた場合には、その監護者の同意を得なければならない（797条2項前段）。養子となる者の父母が親権停止中の場合には、その親権停止中の父母の同意を得なければならない（同項後段）。同意権者の同意のない縁組は、縁組の同意をしていない者から、その取消しを家裁に請求することができる（806条の3）。

(2)　家裁の許可

未成年者を養子とする場合は、家裁の許可を必要とする（798条本文）。家裁は、養子縁組が子の福祉に適うものであるかを後見的な立場から判断する。子の福祉に反するとして不許可となった裁判例として、もっぱら家名および家の祭祀（墓地管理）、財産の一部の各承継を目的とする縁組（東京高決昭和51年4月12日判時817号71頁）、神職を世襲する社家の後継ぎとすることを目的とする縁組（佐賀家審平成21・8・14家月62巻2号142頁）がある。

ただし、自己または配偶者の直系卑属を養子とする場合には、家庭裁判所の

許可は不要である（同条ただし書）。たとえば、祖父が孫を養子とする場合や自分の嫡出でない子を養子とする場合、婚姻に際して相手方の連れ子と縁組をする場合、子の福祉が害される恐れがないことが理由とされている。しかし、学説は、家裁が子の福祉との合致を審査することの重要性を指摘し、許可に例外を設けるべきではないと批判する。

(3)　夫婦共同縁組

　配偶者のある者が未成年者を養子とするには、原則として、配偶者とともに夫婦が共同で縁組をしなければならない（夫婦共同縁組：795条本文）。例外として、配偶者の嫡出子を養子とする場合や配偶者がその意思を表示することができない場合は、単独で縁組をすることができる（同条ただし書）。

　配偶者のない者（単身者）が未成年者を養子とすることも認められる。

4　縁組の効果

(1)　嫡出子の身分取得

　養子は、縁組成立の日から、養親の嫡出子の身分を取得する（809条）。養親・養子双方とも相続権を有し（887条1項、889条1項1号）、扶養義務を負う（877条）。

　また、養子は、養親の氏を称する（810条）。未成年者が養子となった場合には、養親の親権に服する（818条2項）。

(2)　法定血族関係の発生

　養子は、縁組成立の日から、養親および養親の血族との間に法定血族関係が発生する（727条）。したがって、縁組成立後に生まれた養子の子は養親の直系卑属（孫）となり、代襲相続権を有する（887条2項→160頁）。

(3)　実親子関係の継続

　実親子関係は継続する。したがって、養子となった者には、実親子関係と養親子関係が二重に存在することとなり、養親との間だけでなく実親との間にも

相続・扶養が生じる。

5　離　縁

　親子の関係が悪化したとき、実親子関係は解消することができないが、養親子関係は以下の手続により解消することができる。養子縁組の解消を離縁という。

　普通養子縁組の場合には、協議離縁（811条）、調停離縁（家事268条）、審判離縁（家事284条）、裁判離縁（814条）がある。

　なお、夫婦共同縁組（→109頁）は、離縁の場合も共同でしなければならない（811条の2）。

(1)　協議離縁

　縁組は、養親と養子との合意により解消することができる（811条1項）。離縁は届出によって成立する（812条・739条）。

　ただし、養子が15歳未満の場合には、代諾離縁となり、離縁後に法定代理人となるべき者と養親とが協議する（811条2項）。離縁後に法定代理人となるべき者とは、①実父母、②実父母が離婚している場合には、実父母の協議で定められた単独親権者（同条3項）、③実父母の協議が調わないときは家裁の審判で定められた単独親権者（同条4項）、④実父母双方が死亡している場合のように法定代理人となるべき者がいない場合には、家裁の審判で選任された離縁後に未成年後見人となるべき者（同条5項）である。

　また、夫婦共同縁組の場合において、養子が未成年の間に離縁するときは、養親の婚姻中は夫婦がともに離縁しなければならない（811条の2）。

(2)　裁判離縁

　縁組の当事者間で協議離縁が成立しなかった場合、裁判で離縁を請求することになるが、離縁の訴えを提起しようとする者は、まず家裁に調停の申立てをしなければならない（調停前置主義：家事244条、家事257条1項）。調停が成立すれば、離縁の効果が生じる（調停離縁：家事268条）。調停が成立しない場合で

も、家裁は、相当と認めるときは、調停に代わる審判をすることができる（審判離縁：家事284条）。審判が確定すれば、離縁の効果が生じる（家事287条）。

　調停離縁が成立せず、また、審判もされないかあるいは審判が異議申立てにより失効した場合、離縁を求める当事者は離縁の訴えを提起することができる（814条）。養子が15歳未満の場合には、養親と離縁の協議をすることができる者が、またはこの者に対して、離縁の訴えを提起する（815条）。

　離縁原因は、①悪意の遺棄、②3年以上の生死不明、③その他縁組を継続しがたい重大な事由である（814条1項）。

(3)　死後離縁

　縁組の一方当事者が死亡した場合、養親子関係は消滅するが、縁組によって生じた養子と養親の親族との間の法定血族関係は当然には消滅しない。そこで、法定血族関係を消滅させるには、死後離縁の手続が必要となる。

　縁組の当事者の一方が死亡した後、生存当事者は、家裁の許可を得て離縁することができる（811条6項）。

(4)　離縁の効果

　離縁によって縁組は解消する。その結果、養親子関係は終了する。養子と養親の親族との間の法定血族関係や、縁組後に生じた親族関係も消滅する（729条）。

　離縁により、原則として、養子は縁組前の氏に復するが（離縁復氏：816条1項）、縁組時の氏（養親の氏）を称することもできる（同条2項）。

Ⅲ　特別養子

　特別養子縁組は、実親の養育に恵まれない子に、新たな養親子関係を成立させ、その健全な養育を図ることを目的とする養子制度である。

1 特別養子縁組制度の沿革

日本では長年にわたり、いわゆる「藁の上からの養子」の慣行があった（→
5章Ⅳ）。なぜ、他人が産んだ子を、養子縁組によらず、自分たちの子として
出生を届け出たのだろうか。

さまざまな要因があるが、その一つに、従来型の普通養子縁組の問題点を指
摘することができる。たとえば、縁組後もなお実親子関係が存続すること、そ
のため実親から不当な干渉のおそれがあること、また、戸籍に「養子」と記載
されることが挙げられる。法的に唯一の親になりたいと願う者たちは、意図し
て虚偽の届出を行っていた。

1973（昭和48）年に、ある産科医が、中絶を希望する女性が産んだ乳児を、
子を欲する夫婦に斡旋していた事実が新聞等で報じられた。この事件をきっか
けに議論が高まり、1987（昭和62）年、特別養子縁組制度が創設された。

特別養子縁組が成立すると、実親子関係は終了し、養親子関係のみが唯一の
親子関係となる。また、原則として離縁は認められない。

特別養子縁組は子の利益を図るための制度である。しかし、保護者がいない
ことや虐待を受けていることを理由に、児童養護施設等に入所している子が多
数いる中で（→コラム104頁参照）、特別養子縁組の成立は年間600件前後にとど
まっていた。児童福祉の現場からは、特別養子縁組の成立要件（養子となる者
の上限年齢、実父母の同意）が厳格であること、養親となる者の手続負担等、特
別養子制度が利用しづらいことが指摘されていた。そこで、特別養子制度の利
用を促進するために、特別養子縁組の成立要件を緩和するとともに、特別養子
縁組の成立の手続を二段階に分けて養親となる者の負担を軽減するなどの改正
が行われた（令和元年法律第34号）。

2 特別養子縁組の成立

特別養子縁組の成立は、実方の血族との親族関係の終了という重大な効果が
生じることをふまえて、家庭裁判所の審判を必要とする（817条の2第1項）。

(1) 家裁の審判

特別養子縁組は二段階の審判により成立する（家事164条、164条の2）。二段階とはいっても、養親となる者は、第一の審判と第二の審判を同時に申し立てなければならない（家事164条の2第3項）。また、手続の長期化を防止するため、第一の審判と第二の審判を同時にすることもできる（家事164条11項）。

(i) 特別養子適格の確認の審判　第一段階の手続では、父母による養育状況（特別の事情要件の該当性、817条の7）および父母の同意の有無（同意要件の該当性、817条の6）等を判断する。具体的には、養子となる者にとって特別養子縁組が適切であり必要であるか否かを判断する手続である。第一段階の手続の中で父母がした同意は、2週間を経過した後は撤回できない（家事164条の2第5項）。

(ii) 特別養子縁組の成立の審判　第二段階の手続では、養子となる者と養親となる者との適合性を判断する。具体的には、試験養育期間（817条の8）を考慮して、養親となる者について、養子となる者の養親とするのに適しているか否かを判断する手続である。

(iii) 児童相談所長の関与　児童相談所長は、第一段階の審判手続の申立人となることができる（家事164条2項、児福33条の6の2第1項）。さらに、参加人として審理で父母の養育状況等を主張・立証することができる（児福33条の6の3）。

(2) 養子についての要件

養子となる者は、原則として、特別養子縁組の成立の審判の申立時に15歳未満でなければならない（817条の5第1項前段）。15歳以上の者は自ら普通養子縁組をすることができることを考慮して（797条1項）、養子となる者の上限年齢は、15歳とされている。例外として、審判申立て時点で15歳以上であっても、15歳に達する前から養親となる者が引き続き養育している場合で、かつ、やむを得ない事由により15歳までに申立てができなかった場合には、特別養子縁組が認められる（817条の5第2項）。

ただし、審判申立時の上限年齢要件を満たしていても、その審判の確定時に18歳に達している者を養子とする特別養子縁組は認められない（817条の5第1

項後段）。

　また、養子となる者が審判時に15歳に達している場合には、その者の意思を尊重するため、その者の同意が必要である（817条の5第3項）。なお、15歳未満の者についても、その意思を十分に考慮しなければならない。

(3)　養親についての要件

　養親は配偶者のある者でなければならない（817条の3第1項）。したがって、夫婦共同縁組が前提となる。さらに、養親は25歳以上の者に限られる（817条の4本文）。ただし、夫婦の一方が25歳に達している場合には、他方は20歳に達していればよい（同条ただし書）。特別養子縁組では親子としてある一定程度の年齢差が要求されている。

(4)　父母の同意

　特別養子縁組は実親子関係を切断するため、原則として、養子となる者の父母の同意が必要となる（817条の6本文）。父母とは、実父母および養父母である。父母の親権の有無は問われていないから、たとえば、親権を喪失した父母も同意権を有する。嫡出でない子の場合、認知した父の同意が必要である。なお、いったんなされた同意については、撤回が制限されている（家事164条の2第5項→113頁）。

　①父母がその意思を表示することができない場合、または、②父母による虐待、悪意の遺棄その他養子となる者の利益を著しく害する事由がある場合には、父母の同意は不要である（817条の6ただし書）。実務上問題となるのは、②の場合であり、父母に虐待、悪意の遺棄に比肩（ひけん）するような不当な事情がある場合、つまり、父母の存在自体が子の利益を著しく害する場合であると理解されている（東京高決平成14・12・16家月55巻6号112頁）。

(5)　要保護性

　家裁は、①父母による養子となる者の監護が著しく困難または不適当であることその他特別の事情があり、かつ、②子の利益のために特に必要がある場合に、特別養子縁組を成立させる（817条の7）。特別養子縁組の成否の判断基準

である①②を要保護性という。

(6) 試験養育期間

家裁は、養親となる者が養子となる者を 6 か月以上の期間監護した状況を考慮する（817条の 8 ）。養親の適格性や親子としての安定性等を判断する資料として、試験的な養育期間を設けている。

3 特別養子縁組の効果

(1) 普通養子縁組と共通の効果

養子は、特別養子縁組成立の日から、養親の嫡出子の身分を取得する。養親の氏を称し、養親の親権に服する。また、養子と養親および養親の血族との間に法定血族関係が発生する。

(2) 実親子関係の終了

養子は、特別養子縁組成立の日から、実父母およびその血族との親族関係が終了する（817条の 9 ）。ただし、親族関係が終了した後も、近親婚の禁止は適用される（734条 2 項、735条後段）。

4 特別養子縁組の離縁

特別養子縁組は、原則として、離縁は認められない。例外として、①養親による虐待、悪意の遺棄その他養子の利益を著しく害する事由があること、②実父母が相当の監護をすることができること、③養子の利益のために特に必要があることのいずれをも満たす場合に、離縁が認められる（817条の10）。

離縁は、養子、実父母、検察官の請求により、家裁の審判によって成立する。養親は離縁を請求することができない。

離縁により、養親子関係は消滅し、実親子関係が復活する（817条の11）。

第7章
親 権

親権は、「親」の「権利」と記す。歴史的にみると、父は家長として家族や家産（家の財産）を支配していた。そのため、父は子を支配する権限を有すると考えられた。しかし、20世紀以降、子の利益の保護の観点から、親権はその権利性よりも義務性が強調されるようになった。

I 親 権

親権とは、未成年の子（4条）を保護するため、その父母に与えられた身分上および財産上の権利・義務をいう。2011（平成23）年法改正で、親権は、「子の利益のために」のみ行使することができる権利であり、かつ、義務であることが明記されている（820条）。

1 親権の帰属

(1) 親権者
親権を行使する者を親権者という。誰が親権者となるかは、子が置かれている具体的な状況により異なる。

(a) 嫡出子の親権者
嫡出子については、父母が共同して親権を行使するのが原則である（共同親権：818条3項本文）。ただし、父母の一方が死亡・行方不明・親権の喪失等により親権を行うことができないときは、他の一方が単独で親権を行使する（同条

同項ただし書)。

父母が離婚をしようとする場合は、父母のいずれか一方を親権者と定めなければならない（819条1項、2項）。離婚の届書には、親権者と定めた者の氏名を記載しなければならない（戸籍76条1号、同77条2項1号）。父母の離婚後は、親権者と定めた者が単独で親権を行使する（単独親権）。父母の離婚後の子の養育のあり方をめぐって、父母が離婚後に子を共同養育するための共同親権を認める方向での法改正が議論されている（後述コラム参照）。

(b) 嫡出でない子の親権者

嫡出でない子については、母が単独で親権を行使する。子を認知した父は、父子関係の成立により当然に親権者となるのではない。父母の協議により親権者を父と定めたとき、父の単独親権となる（819条4項）。

(c) 養子の親権者

養子は、養親の親権に服する（818条2項）。養父母は、婚姻中は共同して親権を行使する（同条3項）。養父母が離婚した場合や養父母の一方が親権を行うことができない場合には、いずれか一方の単独親権となる。養子が養父母と離縁した場合には、実父母の親権が回復する（811条2項、同条3項）。

(2) 親権者の変更

単独親権の場合、親権者の変更は認められるか。事情に変更が生じた場合などには、子の利益のために必要があると認めるときは、家庭裁判所は、子の親族の請求により、親権者を他の一方に変更することができる（819条6項）。父母の離婚時の親権者の決定と異なり、親権者の変更は、当事者の協議のみでは認められず、家庭裁判所の調停または審判によらなければならない。

2 親権の行使

親権の内容は、親権者が未成年者の健やかな成長・発達のためになすべき事項であり、身上監護と財産管理とに大別される。

(1) 身上監護

　親権者は、子の利益のために、子を監護および教育をする権利を有し、義務を負う（監護・教育：820条）。監護・教育の具体的な内容として、民法は、親権者に対し、①子が住む居所を指定する権限（居所指定：822条）、②アルバイト等の職業を営むことへの許可を与えたり取り消したりする権限（職業許可：823条）を付与している。③身分行為に関する代理権について、民法は、明文規定を設けて個別に認めている。たとえば、認知の訴え（787条）、15歳未満の子の縁組の代諾（797条1項）、相続の承認・放棄（917条、915条1項）等がある。その他、④明文規定はないが、監護・教育の一態様と考えられるものもある。たとえば、子の命名（悪魔という名の命名について問われた東京家八王子支審平成6・1・31判時1486号56頁）や、医療行為への同意（医療ネグレクトに関する津家審平成20・1・25家月62巻8号83頁）がある。

　親権者は監護・教育に関する広範な権限を有するが、これらの権限は「子の利益のために（820条）」行使されなければならない。したがって、親権者は、監護・教育権を行使するにあたっては、子の人格を尊重する義務ならびに子の年齢および発達の程度に配慮する義務を負う。また、体罰を含む「子の心身の健全な発達に有害な影響を及ぼす言動」は、監護・教育権の範囲外の行為として許容されないことは明らかである（821条）。このような子の利益を害する不適切な監護・教育を行った場合には、親権行使を制限する原因となる（→121頁）。

(2) 財産管理

　親権者は、子の財産を管理する（管理権：824条本文）。具体的には、子の財産を保存、利用、改良する行為である。なお、子の財産管理は、目的の範囲内に限られ、処分する行為を含む。親権者は財産管理に際し、「自己のためにするのと同一の注意」義務を負う（827条）。親権者が注意義務に違反し、子の財産を害する不適切な財産管理を行った場合には、親権行使を制限する原因となる。

　親権者は、財産管理権の一環として、子の財産に関する法律行為について子を代表する（代理権：824条本文）。「代表」とは、「代理」と同義と解されてお

り、ここでは法定代理を指す。他方、親権者は、子が財産に関する法律行為を自ら行うことに同意することができる（同意権：5条）。また、未成年者が営業を行うことを許可することができる（6条）。

ただし、親権者は包括的な代理権を有するとしても、子の行為を目的とする債務を生じさせる場合（824条ただし書）や利益相反行為（826条）については、親権者の代理権は制限される。とくに重要なのは、利益相反行為の禁止である。

(3) 親子間の利益相反行為

(a) 利益相反行為の禁止

親権者と子との間で（826条1項）、あるいは、同一の親権者の親権に服する複数の子の間で（同条2項）、利益が相反する法律行為については、親権者は特別代理人の選任を家庭裁判所に請求しなければならない。親権者に適正な親権の行使を期待することができないことから、子の利益を保護するため、親権者の代理権を制限し、特別代理人が親権者に代わって子を代理する。

父母の一方についてのみ利益相反の関係が生ずる場合には、その一方について特別代理人を選任し、他方との共同代理となる（最判昭和35・2・25民集14巻2号279頁）。また、子と特別代理人の間で利益相反の関係が生ずる場合には、新たな特別代理人の選任を必要とする（最判昭57・11・18民集36巻11号2274頁）。

(b) 利益相反行為の効果

利益相反行為に該当するにもかかわらず、特別代理人を選任せずに親権者が行った代理行為は無権代理行為となる（108条2項）。本人（＝未成年の子）が成年に達した後、親権者が行った無権代理行為を追認（113条）しない限り本人にその行為の効果は及ばない。本人が追認しない場合には無権代理人の責任（117条）の問題となる。他方、利益相反行為に該当しない行為であるならば、親権者が行った代理行為は有効な代理行為である。

(c) 「利益が相反する行為」

利益相反行為とはどのような行為だろうか。民法826条は「利益が相反する行為」とのみ規定するにすぎず、具体的には示されていない。

たとえば、①親権者が子から子の不動産を買い受ける行為や、②親権者が子

に自己の不動産を売却する行為は利益相反行為に当たるだろうか。親権者と子との間の売買契約では、①買主である親権者は相場よりも安い価格で、②売主である親権者は相場よりも高い価格で、売買代金を設定するであろう。このように、親権者にとって利益となるが子にとって不利益となる行為は利益相反行為に当たる。したがって、子に不利益が及ばないように、特別代理人の選任を家庭裁判所に申し立てる必要がある（なお、①②の行為は自己契約にも該当する〔108条1項〕）。では、③親権者が子に自己所有の不動産を贈与する行為はどうか。贈与という無償行為は、親権者にとって不利益となるが子にとって不利益とならないから、利益相反行為には当たらない。

(d) 利益相反行為の判断基準

利益相反行為に該当するか否かは、どのような判断基準によるか。対立する2つの考え方がある。判例は、取引の安全を重視し、もっぱら行為の外形から客観的に判断する外形説（形式的判断説）を採る。他方、学説は、子の利益保護を重視し、行為の動機や目的、実質的な結果などを考慮して判断する実質説（実質的判断説）が有力である。では、外形説と実質説とでは、結論にどのような違いがあるのだろうか。

たとえば、④親権者が、子の学費のために自己の名義で借金をして、その債務の担保として子所有の不動産に抵当権を設定する行為は利益相反行為に当たるか。外形説によれば、主債務者である親権者と物上保証人である子とは利益相反の関係に立つから、利益相反行為に当たる（最判昭和37・10・2民集16巻10号2059頁）。では、⑤親権者が、自己の遊興費に充てる目的で子の名義で借金し、その債務の担保として子所有の不動産に抵当権を設定する行為はどうか。外形説によれば、親権者は子を代理して法律行為を行ったにすぎない。したがって、その法律行為の効果は子に帰属するのであり、親権者は直接的に何ら利益を得ているのではないから、利益相反行為には当たらない。確かに、外形説の場合、法律行為の相手方に不測の損害を及ぼすことがなく、取引の安全を保護することができる。しかし、外形説では子の利益の保護には不十分である。そこで、外形的には利益相反行為には当たらなくとも、具体的事情を考慮すれば、⑤は親権者の利益を図る目的で行われた代理行為であり、実質的な利益相反の関係に立つから、利益相反行為に当たるとするのが実質説である。ただ

し、実質説の場合、その判断基準は明確であるとはいえない。

(e) 利益相反行為の態様

判例は、親権者が子を代理して、子の財産を処分したり、子に債務や義務を負担させる行為について、外形説を基準として利益相反の有無を判断している。

まず、①や②のように、親権者と子との間における売買その他財産の譲渡契約は、自己契約であり、常に利益相反行為となる。

次に、親権者が子を代理して第三者との間で、⑥自己の債務の担保として子が所有する不動産に抵当権を設定する行為（前掲最判昭和37・10・2）や、⑦自己の債務の代物弁済として子所有の不動産を提供する行為（最判昭和35・2・25民集14巻2号279頁）等は、利益相反行為となる。

他方、⑧第三者の債務の担保として、子が所有する不動産に抵当権を設定する行為は、親権者と子との間で利益相反の関係に立たないから、利益相反行為には当たらない（最判平成4・12・10民集46巻9号2727頁）。ただし、⑨親権者が自ら連帯保証人になると共に、同一債務について、子を連帯保証人とする行為、あわせて、子が所有する不動産に抵当権を設定する行為は、利益相反行為となる（最判昭和43・10・8民集22巻10号2172頁）。

また、相続の場面でも利益相反行為が問題となる。ある相続について、⑩親権者と1名の子または複数の子が共同相続人である場合に、親権者が子各人を代理して行う遺産分割協議は利益相反行為に当たる（最判昭和48・4・24家月25巻9号80頁）。⑪親権者が自ら相続人ではない場合でも、その親権に服する2名の子双方を代理して遺産分割協議を行うことは826条2項の利益相反行為に当たる（最判昭和49・7・22家月27巻2号69頁）。1人の子についてのみ代理することができ、他の子については特別代理人を選任しなければならない。⑫親権者がその親権に服する子の相続放棄をする場合も利益相反行為に当たる。ただし、親権者が子に先だってあるいは子と同時に相続放棄した場合には利益相反行為に当たらない（最判昭和53・2・24民集32巻1号98頁、後見人の事例）。

(f) 代理権の濫用

外形説を前提とする場合、⑤や⑧のように、利益相反行為に当たらなくとも、実質的には、子の利益を犠牲にして、親権者や第三者の利益を図る目的で

行われた代理行為について、これを親権者による代理権濫用行為（親権の濫用行為）として子の利益を保護することはできないか。

判例は、「親権者に子を代理する権限を授与した法の趣旨に著しく反すると認められる特段の事情」がなければ親権者による代理権濫用に当たらないとした（前掲最判平成4・12・10）。そして、親権者による代理権濫用に該当する場合の効力は、「代理人が自己又は第三者の利益を図る目的で代理権の範囲内の行為をした場合において、相手方がその目的を知り、又は知ることができたときは、その行為は、代理権を有しない者がした行為とみなす」(107条)。したがって、親権者による代理権濫用行為は無権代理行為となり、本人（子）を保護することができる。さらに、本人（子）による追認（113条）や、無権代理人への責任追及（117条）が可能である（→ NBS民法総則［第2版］第5章125頁以下参照）。

3　親権に対する制限

(1)　親権の不適切行使

父または母が、「子の利益のために（820条）」、親権を適切に行使しない場合、その親権を制限することができる。近年社会問題化している児童虐待は、親権の不適切な行使の典型例である。親権制限の方法として、親権（身上監護権および財産管理権）の全部の行使を制限する親権喪失、2年を上限として親権の全部の行使を制限する親権停止、親権のうち財産管理権の行使を制限する管理権喪失がある。

(2)　親権喪失（834条）

請求権者は、子、その親族、未成年後見人、未成年後見監督人、検察官または児童相談所長（児福33条の7、大阪高決令元・5・27家判24号86頁）である。親権喪失の原因は、父または母による虐待または悪意の遺棄があるとき、その他父または母による親権行使が著しく困難または不適当であることにより子の利益を著しく害するときで、かつ、2年以内にその原因が消滅する見込みがない場合である。これらの原因が存在するとき、請求権者からの請求により、家庭

裁判所は親権喪失の審判をすることができる。

　親権喪失の審判がなされた裁判例として、実母とその再婚相手である養父が子に身体的虐待を加えていた事案（名古屋家岡崎支審平成16・12・9家月57巻12号82頁）や、父が養女および実子（長男、長女）に身体的虐待および性的虐待を加えていた事案（長崎家佐世保支審平成12・2・23家月52巻8号55頁）がある。

　親権喪失の審判により、父または母は、親権を行使することができなくなる。父母が共同して親権を行使していた場合に、その一方について親権喪失の審判がされると、他方が単独で親権を行使することになり、双方について親権喪失の審判がされると、未成年後見が開始する（838条1号）。

(3)　親権停止（834条の2）

　請求権者は、親権喪失の審判の請求権者と同じである。親権停止の原因は、父または母による親権行使が困難または不適当であることにより子の利益を害するときで、かつ、2年以内にその原因が消滅すると見込まれる場合である。これらの原因が存在するとき、請求権者からの請求により、家庭裁判所は親権停止の審判をすることができる。親権停止の審判では、その原因が消滅するまでに要すると見込まれる期間、子の心身の状態および生活の状況その他一切の事情を考慮して、2年を超えない範囲内で、親権を停止する期間を定める。

　親権停止の期間が満了すると、親権を停止されていた父または母は、親権を行使することができるようになる。ただし、親権停止の期間満了後もなおお父または母による親権行使が子の利益を害するときには、請求により、家庭裁判所は改めて親権停止の審判をすることができる。

　親権停止の制度は、親権喪失の要件を満たすまでには至らない比較的程度の軽い事案や、親権者が子に必要な医療行為について合理的理由なく同意を拒否する医療ネグレクトのように、一定期間親権の行使を制限すれば足りる事案で活用される。

(4)　管理権喪失（835条）

　請求権者は、親権喪失の審判の請求権者と同じである。管理権喪失の原因は、父または母による管理権の行使が困難または不適当であることにより子の

利益を害する場合である。この原因が存在するとき、請求権者からの請求により、家庭裁判所は管理権喪失の審判をすることができる。父または母による管理が不適切であったことにより子の財産を危うくした場合だけでなく、児童養護施設を退所した年長未成年子が、アパートを借りたり就職したりするために第三者と契約を締結する際に、親権者が合理的理由なく同意を拒否する場合には、親権者の管理権を喪失させることができる。

　管理権喪失の審判により、父または母は、親権のうち財産管理権を行使することができなくなる。管理権者でなくなった親権者は、引き続き身上監護権を行使することができる。

4　親権の終了

　未成年者は、成年到達（4条）により、親権に服さないこととなる。未成年者が死亡すると、親権は当然に終了する。

II　離婚後の親子——子の親権・監護をめぐる紛争

　厚生労働省人口動態統計によると、2021（令和3）年の離婚件数約18.4万組のうち、未成年の子がいる離婚は約10.5万組（全体の57.1%）である。親が離婚した未成年の子の数は約18.3万人（未成年者約10人に1人の割合）である。

　近時では、父母の離婚の局面で、子の親権や子の監護に関する事項（766条）をめぐる紛争が増加している。離婚後の親子の関係性の維持は、子の成長発達において大きな影響を及ぼす。

　なお、父母の別居中（父母の共同親権行使）においても、子の監護に関する事項について、父母の離婚の場合と同様に扱われる（766条類推適用）。

1　親権者・監護者の指定

(1)　親権者・監護者の指定手続

婚姻中の父母は共同して親権を行使する（818条3項）が、離婚後は単独親権

となる。したがって、離婚時に必ず父母のどちらか一方を親権者と定めなければならない。その結果、他方は親権を行使することができなくなる。

　協議離婚または調停離婚では父母の協議により（819条1項）、協議が調わないときまたは協議をすることができないときは審判により（同条5項）、親権者を決定する。裁判上の離婚（審判離婚または判決離婚）では、裁判所が、離婚の認容とともに、職権で親権者を指定する（同条2項）。

　離婚後の親権者の指定をめぐり、父母が互いに譲歩せず紛争が激化するケースが増加している。

父母の離婚後の子の共同養育

　現行民法は、父母の離婚後は父母の一方が単独で親権を行うこととして、父母双方が共同して親権を行うことを認めていない。ただし、離婚後も、父母は親権を有するかどうかにかかわらず、親としての責任を負っているのであるから、父母双方が子に関する事項、特に子の進学や医療等の重要な事項については、共同で決定することが望ましい場合もあることが指摘されている。

　父母の離婚に伴う子の養育への深刻な影響や子の養育の在り方の多様化等の社会情勢に鑑み、2021（令和3）年2月、法務大臣による諮問を受けて、法制審議会民法（家族法制）部会で、離婚およびこれに関連する制度に関する規定の見直しに関する審議が始まった。

　父母の離婚後における子の養育のあり方をめぐっては、離婚をめぐる事情はそれぞれの家庭によって多種多様であることを踏また上で、①父母の離婚後にその双方を親権者とすることを可能とするか、②これを可能とする場合には、父母の双方を親権者とすることを原則とするか、その一方のみを親権者とすることを原則とするか、③離婚後の父母の双方が親権者となった場合の親権行使の方法や意見対立が生じた場合の調整方法をどのように定めるかなど、様々な論点について子の利益の確保等の観点から検討されている。

　また、離婚時に養育費や面会交流（親子交流）について取決めがされない場合が多く、された場合であっても、その後、養育費が不払いとなることが相当あり、その取立ても困難であることや、面会交流の安全・安心な実施が困難な場合があることが指摘されている。そこで、養育費および面会交流のそれぞれについて、離婚時における取決めの促進・確保を図ることや、取り決められた

内容の履行を確保するための方策が検討されている。

(2) 判断基準

　紛争が裁判所に持ち込まれた場合、裁判所は、父母のいずれが親権者にふさわしいか（親権者の適格性）を判断しなければならない。では、どのような要素が考慮されるのだろうか。実体的な判断基準は「子の利益」であり、子が継続的かつ安定的な養育環境のもとにあることが望ましいとされる。具体的には、子の意思（家事65条）、現在までの監護実績や父母と子との心理的結び付き、離婚後の父母の監護能力、面会交流の許容性（フレンドリー・ペアレント・ルール）から総合的に判断する。実際には、未成年の子のいる離婚のうち、約80％が親権者を母と定めている。

子の意思

　離婚のように父母が紛争の渦中にある場合には、親に子の利益を代弁することを期待しがたい。そこで、家事事件手続法は、子の心情や子の置かれている状況を把握するため、子の利害関係参加（家事42条）、手続代理人の選任（家事23条）、子の意思の把握（家事65条、同258条1項）についての規定を設けている。

　子の意思を尊重するため、一般に、未成年の子に影響する家事事件手続（調停および審判）において、子の陳述の聴取、家庭裁判所調査官による調査その他の適切な方法により、子の意思を把握するように努め、子の年齢および発達の程度に応じて、その意思を考慮しなければならない（家事65条、同258条1項）。また、家事審判においては、15歳以上の子の陳述を聴取しなければならない場合が具体的に規定されている（家事169条、同178条）。たとえば、養子縁組の許可、親権者・監護者の指定、未成年後見人の選任、児童福祉法に定める施設入所措置の承認、子の監護（面接交流）等の事件である。

　子の意思の把握方法は、言語的表現（たとえば、「お母さんと暮らしたい」）だけでなく、自分が置かれている状況に対する認識や心情、非言語的表現（子の表情やしぐさ、行動）等による。把握された子の意思は、手続において、子の年齢・発達の程度に応じて考慮される。

2　面会交流および養育費

(1)　取り決めの現状

　厚生労働省「2021（令和3）年度全国ひとり親世帯等調査結果報告」によると、離婚後の母子世帯のうち、面会交流の取り決めをしているのは33.7%である。面会交流の取り決めをしていない（66.6%）理由として、「相手と関わり合いたくない」が最も多く、次いで「取り決めをしなくても交流できる」となっている。また、離婚した父との面会交流の実施頻度は、現在も行っている母は32.7%で、最も多いのは「月1回以上2回未満」（24.2%）である。さらに、養育費の状況について、離婚後の母子世帯のうち、養育費の取り決めをしている世帯は51.2%である。養育費の取り決めをしていない（51.2%）理由として、「相手と関わりたくない」が最も多く、次いで「相手に支払う意思がないと思った」となっている。また、離婚した父からの養育費の受給状況は、現在も受給している母30.8%・受給したことがある母15.4%・受給したことがない母53.0%となっている。養育費を現在も受けているまたは受けたことがある母子世帯の養育費の平均額（1世帯平均）は、月額50,485円である。

　特に、協議離婚が全体の9割を占める状況下では、他の離婚と比較して、父母間で面会交流や養育費に関する取り決めをしている割合が低い。母子家庭の経済的困窮の一因とも指摘される。このような社会実態から、2011（平成23）年の法改正では、民法766条に、協議離婚において定めるべき「子の監護について必要な事項」の具体例として、「父又は母と子との面会及びその他の交流（面会交流）」および「子の監護に必要な費用（養育費）の分担」を明示した。そして、これらの事項を協議で定める際には、「子の利益」を最も優先して考えなければならないことも明記されている。

　法務省は、2012（平成24）年4月から、離婚届の様式に「面会交流」および「養育費の分担」の取り決めの有無を記載する欄を設けた。ただし、記載は任意であり、届出受理要件ではないため、実効性に乏しいと批判されている。さらに、面会交流や養育費について周知させるため、リーフレットを作成し、自治体の窓口や裁判所で配布している。

　今後は、取り決めの促進と継続的な履行の確保のために、国や地方自治体が

どのような支援や措置を講ずるべきかが課題となる。また、民間の交流支援団体の活動も盛んになってきている。

(2) 面会交流

面会交流とは、別居して暮らす親と子が、訪問・宿泊・電話・手紙などにより親子の関係性を維持することをいう。従来より、家裁実務では民法旧766条の解釈により認められ、面接交渉とも呼ばれていた。

原則として、別居親は子と面会交流ができるが、別居親による虐待や連れ去りの恐れ、子の拒絶等、子の利益に反する場合には否定される。離婚後だけでなく、別居中の父母についても面会交流は認められる（民法旧766条を類推適用した最決平成12・5・1民集54巻5号1607頁）。

面会交流の具体的な内容として、たとえば、「毎月1回、第2土曜日、12時から15時まで、同居親は○○駅改札に子を連れて来て別居親と面会させる」といった形で取り決めることがある。

実務では、面会交流は子の健全な成長発達に資するものであるとして、面会交流の実現に向けて積極的な運用を行っている。面会交流の円滑な実施に向けて、当事者にその意義や必要性を理解してもらうこと、当事者間で信頼関係を構築すること等が重要である。

面会交流の履行確保の方法として、家庭裁判所は、監護親（義務者）に対して履行勧告（家事289条）や履行命令（家事290条）、間接強制（民執172条、たとえば、「不履行1回につき5万円支払え」）を行う。判例は、調停や審判において定められた、面会交流の日時または頻度、各回の面会交流時間の長さ、子の引渡しの方法等の具体的な条項に基づいて、監護親に対して、間接強制決定をすることができるとしている（最決平成25・3・28民集67巻3号864頁）。

(3) 養育費

父母は、離婚後も、親権・監護権の有無にかかわらず、子に対する扶養義務を負う（877条1項）。したがって、子は非監護親に対して扶養請求をすることができる。また、子を監護する親が非監護親に対して、子の監護に関する費用の分担請求をすることもできる（766条1項）。別居中の場合は、監護親が、婚

姻費用の分担として請求する（760条）。

ただし、判例は、法律上の親子関係は存するが、父子間に血縁が存在しない事案で、離婚した妻の元夫に対する子の監護費用の分担請求は権利濫用にあたるとした（最判平成23・3・18家月63巻9号58頁）。

養育費の金額の算定について、実務では、2019（令和元）年に公表された最高裁判所司法研修所による算定表（司法研修所編・養育費、婚姻費用の算定に関する実証的研究（法曹会、2019））が活用されている。たとえば、子が10歳、子と同居する母（権利者）の年収が200万円、子と別居する父（義務者）の年収が800万円の場合、父が負担すべき標準的な月額は8～10万円となる。調停または審判では、算定表の標準的月額を基に、当事者の個別具体的な事情を考慮して養育費を算出する。

養育費の始期は、調停または審判が申し立てられた時（当該月または翌月）である。ただし、それ以前に権利者から義務者に対して請求したことが明確であれば、請求した月から認められる。養育費の終期は、原則として、子が成年（18歳）に達する月までである。子が大学に進学した場合には、当事者双方の合意の下で、大学を卒業する月までと定めることもある。

協議・調停・審判・判決で定められた養育費は、その後の権利者および義務者に経済状況等の事情の変更があった場合には、その金額を変更（増額または減額）することができる。

養育費の履行確保の方法として、家庭裁判所は、支払い義務者に対して、債務名義に基づいて、履行勧告（家事289条）および履行命令（同290条）を行う。それでもなお実現しない場合には、権利者は、地方裁判所による強制執行（給与や預貯金等の債権、動産、不動産の差押え）を選択する。とくに、給与の差押えに関して、期限の到来した分（過去の分）が不履行となっている場合に、期限未到来の分（将来の分）についても含めて、支払い義務者の給与等の債権を差し押さえることが可能である（民執151条の2、同152条3項）。さらに、強制執行について、直接強制の方法だけでなく間接強制の方法（間接強制金の支払命令）によっても行うことが可能である（民執167条の15、同172条1項）。

3　子の引渡し

(1)　子の引渡しの手続

　夫婦間に未成年の子がいるケースでは、子の奪い合いが生じることがある。たとえば、親権者を母と定めて離婚した後、親権者とならなかった父が母の元から子を連れ去り、手元に留めたまま母に引き渡そうとしない。このとき、親権者である母が、子どもを取り戻す方法は3つある。①人身保護法に基づく子の引渡し請求（人身保護手続）、②民法（親権行使に対する妨害排除請求）に基づく子の引渡し請求（民事訴訟手続）、③家事事件手続法（766条の子の監護に関する処分として）に基づく子の引渡を求める審判の申立て（家事事件手続）である。

　同様に、別居中の父母間のケースでも、たとえば、監護者である母が、子どもを手元に留めている父から子どもを取り戻すには、①または③（766条類推、併せて監護者の指定の審判の申立て）による。

　かつては、手続の迅速性・即効性の点から①が多用されていた。しかし、判例は、別居中の夫婦間で①が行われた事案で、人身保護請求は、拘束者による子の監護が「子の福祉に反することが明白」である場合に限り認められるとした（明白性の要件）（最判平成5・10・19民集47巻8号5099頁）。①の認容要件が厳格に解されて以降、③により解決を図るケースが増えている。

　また、判例の補足意見で、「監護権を巡る紛争は、本来、家庭裁判所の専属的守備範囲に属し、家事審判の制度、家庭裁判所の人的・物的の機構・設備は、このような問題の調査・審判のためにこそ存在する」との指摘がある（前掲最判平成5・10・19）。子の引渡しは、その結果が子どもの成長発達に影響を及ぼすことになる。そのため、子どもの年齢、性別、性格、就学の有無、生活環境等に配慮し、子どもの意思を尊重して、子の利益に資する解決であることが望ましい。③であれば、審判または調停での解決を目指すことができ、さらに、家庭裁判所調査官の調査により子どもの状況を把握した上で、慎重な判断を期待することができる。

　実務では③が一般的である。まず、離婚後の夫婦間（離婚後の親権者A・親権者とならなかったB）の場合、Aは、子どもを手元に留めているBに対して、子の引渡しを求める審判を申し立てる。あるいは、別居中の夫婦間（別居後の監

護者C・監護者とならなかったD）の場合、Cは、子どもを手元に留めているD
に対して、子の引渡しを求める審判と監護者の指定の審判を申し立てる。C・
Dは共同親権を有しているものの、実際に子どもを監護できるのはどちらか一
方であるから、監護者の指定が必要となるからである。

次に、子の引渡しの審判の申立てを本案として、審判前の保全処分を申し立
てる（家事105条1項、同157条1項）。審判前の保全処分とは、A（またはC）の
申立が認められると、家庭裁判所が、本案の審判に先行して、B（またはD）
に対し、A（またはC）に子どもを仮に引き渡すように命じること（保全処分）
である。子の引渡しの審判前の保全処分を申し立てるには、「強制執行を保全
し、又は子その他の利害関係人の急迫の危険を防止するため必要があるとき」
でなければならない（家事157条1項3号）。具体的には、B（またはD）が子ど
もを虐待または育児放棄している場合、B（またはD）の監護が原因で、子ど
もが発達遅滞や情緒不安を起こしている場合などが該当する。

(2) 執行方法

子の引渡しを求める審判（本案）あるいは審判前の保全処分（仮処分）が確定
した後も、B（またはD）がこれに応じない場合にはどうすればよいのか。

まず、家庭裁判所は、調停または審判により定められた義務を履行しない義
務者に対して、権利者からの申出に基づいて履行勧告を行う（家事289条1項）。
履行勧告は義務者の自主的な履行を促す制度であり、強制力を伴うものではな
い。

履行勧告が有効でない場合には、次に、子の引渡しを命ずる裁判所の決定を
強制的に執行する手続を採る。強制執行の方法には、間接強制と直接強制の二
つがある。間接強制（民執172条）とは、裁判所が相手方に対して、たとえば
「引渡しの日まで1日3万円支払え」と命令する方法であり、従来、子の引渡
しの強制執行の方法は間接強制のみ認められるとする見解が多数であった。で
は、間接強制のみでは実効性を欠くとき、直接強制が認められるかが問題とな
った。直接強制とは、裁判所の命令を受けた執行官が子のいる場所に赴いて、
相手方からの引渡しを実現する方法である。これまで、民事執行法に子の引渡
しの強制執行に関する明文規定はなかった。そのため、動産の引渡しに関する

規定（民執169条）の類推適用により運用されていた。しかし、子どもと物と同様に扱うのは適当ではく、子の福祉に配慮しなければならない。また、子の引渡しを命じる裁判所の審判の実効性を確保する必要がある。そこで、民事執行法が改正され、子の引渡しの強制執行に関する規律が明確化された（令和元年法律第2号）。これにより、子の引渡しの強制執行の方法として、一定の要件を満たせば、間接強制の手続を経ずに直接強制の執行を申し立てることができるようになった。また、直接強制を行う執行場所に、子の引渡しを命じられた親（債務者）の立会いを不要とし、その代わりに、子の引渡しを申し立てた親（債権者）が出頭することを原則とした。

ハーグ条約

近年、父母が国境を越えて子を奪い合うケースが増加している。たとえば、外国人親が他方親に無断で子を日本から国外に連れ去るケースや、日本人親が他方親に無断で子を国外から日本に連れ去るケースである。父母が国境を越えて子を奪い合う状況下では、子の福祉を最重要に考えなければならない。したがって、子の親権（監護）は、子がそれまで居住していた国で決定することが望ましく、そのためには、先ず、子をそれまで居住していた国に戻すことが望ましい。この考え方を実現したのがハーグ条約である。

ハーグ条約（「国際的な子の奪取の民事上の側面に関する条約」）は、国境を越えた子の連れ去りの発生を防止し、迅速に子を元の居住国に返還するための国際協力の仕組みや国境を越えた親子の面会交流の実現のための協力を定めている。日本は2014（平成26）年1月に同条約を締結した。「国際的な子の奪取の民事上の側面に関する条約の実施に関する法律」（以下「実施法」という）は、ハーグ条約の内容を日本国内で実施するために、国際的な子の返還の執行手続に関する民事執行法の特則を定めている。

ハーグ条約は、16歳未満の子を親の一方が他方に無断で国外に連れ去った場合には、原則として、子を元の居住国に返還しなければならないとする。例外として、実施法が定める返還拒否事由に該当する場合は、子をそれまで在住していた国に返還を拒否できる。返還拒否事由に該当するか否かの判断は、子が現に在住する国の裁判所が行う。国外から日本へ子を連れ去った事案では、日本の裁判所が返還拒否事由の有無を判断する。裁判所は、返還拒否事由がない

限り、子の返還を命じる。裁判所の返還命令の後、子の返還を命じられた親が任意に子を返還しない場合、子の返還を命ずる裁判所の決定を強制的に執行する手続を採る。しかし、これまで、強制執行の際、子の返還を命じられた親の抵抗・妨害により執行ができない等、裁判所の決定に実効性を欠くとして実施法の問題点が指摘されていました。そこで、国内の子の引渡しの実効性を確保するための民事執行法の改正とともに、国際的な子の返還の実効性を確保するため、実施法も改正された（令和元年法律第2号）。

Ⅲ　未成年後見

　未成年者の保護は、原則として、親権者が行う。しかし、親権者による保護を受けることができない場合には、未成年後見人が行う。

　未成年後見は、単独親権者の死亡や親権喪失・管理権喪失により、未成年者について、親権を行う者がいないとき、または、親権を行う者が管理権を有しないとき、当然に開始する（838条1号）。

　未成年後見人は、法定代理人として、親権者に代わる役割を果たす。未成年者が当事者となる預金契約や携帯電話の利用契約では、未成年後見人の同意を得て本人が行うか、未成年後見人が本人を代理してそれを行う必要がある。

　未成年後見人は、未成年者に対して最後に親権を行う者が遺言により指定する（839条）。指定がないときには、未成年者本人もしくはその親族その他の利害関係人または児童相談所長（児福33条の8）の請求により、家庭裁判所が選任する（840条）。1名でも複数でも、自然人でも法人でもよい。また、未成年後見人の事務の監督等を職務とする未成年後見監督人を指定または選任することができる（848条、849条、851条）。現実には、未成年後見が開始されたとしても、未成年後見人が選任されないまま、未成年者の親族（祖父母・おじおば）が事実上の監護・教育を行っている例も少なくない。

　未成年後見人は、未成年者の身上監護（監護・教育、居所指定、職業許可など）について、親権者と同一の権利義務を有する（857条）。財産管理（財産管理・代理）についても、親権者と同一の権限を有する（859条）。ただし、親権者と異なり、善良な管理者としての注意義務を負うとして注意義務が加重されている

（善管注意義務：869条・644条）。また、未成年後見人と未成年者との間で利益が相反する法律行為については、親権者の場合と同様に、特別代理人の選任が必要である（860条本文・826条）。ただし、未成年後見監督人がある場合には、未成年後見監督人が未成年者を代理する（860条ただし書）。

　未成年後見人の事務の監督は、家庭裁判所と未成年後見監督人が行う（863条）。

　近時問題となっているのは、未成年後見人による横領である。未成年後見人が、財産管理をするにあたり、自己のために未成年者の財産を消費した場合には、業務上横領罪が成立する（刑253条）。未成年後見人が親族の場合でも、刑罰を免除する親族相盗例（刑255条・同244条）の適用はないと解されている。判例として、未成年後見人である祖母と他の親族とが、孫の財産を消費した事例がある（最決平成20・2・18刑集62巻2号37頁）。

第8章

後　見

　私たちの日常生活は多くの法律行為で成り立っている。衣食住、医療、保険を得るために必要な契約を締結しなければならない。自分の財産（不動産、預貯金等）は自分で管理しなければならない。相続人として遺産分割に参加しなければならない。

　しかし、精神上の障害（認知症、知的障害、精神障害等）により、自己の行為の結果を正しく判断する能力が不十分になると、生活に必要な契約を締結できなかったり、悪徳商法に騙されて不利益な契約を締結してしまったり、遺産分割協議に参加することができなくなる。このような判断能力を持たない者が不利益を被らないように、保護し支援するための制度が成年後見制度である。

1　成年後見制度の現状と課題

　成年後見制度は、2000（平成12）年に、自己決定の尊重、残存能力の活用、ノーマライゼーションを理念として新設された。成年後見制度には、民法に基づく法定後見と特別法（任意後見契約に関する法律）に基づく任意後見がある。法定後見は、成年後見・保佐・補助の3類型で構成される。厚生労働省「成年後見制度の現状」によると、成年後見制度全体の利用者数は約24.5万人で、各類型別の利用者数の割合は、成年後見約72.8％、保佐約20.0％、補助約6.1％、任意後見約1.1％である（令和4年12月末日時点）。

　制度発足以降、成年後見制度の利用者数は増加している。しかし、成年後見制度の課題も指摘されている。利用者数は増加しているものの潜在的なニーズ

（成年後見制度の対象となり得る者）を満たしていないこと、高齢化により需要増が見込まれることから、成年後見制度の普及および利用促進を図る必要がある。また、後見人による横領や背任が多発したことから、不正行為の防止および財産の適正管理を徹底する必要がある。

2　法定後見

(1)　3類型

　法定後見は、事理弁識能力を欠く者（本人）を保護するための制度であり、成年後見・保佐・補助の3類型に分けられる。家庭裁判所によって選任された成年後見人・保佐人・補助人が、本人を代理して法律行為を行ったり、本人が法律行為を行うときに同意を与えたり、同意なく本人が行った法律行為を取り消したりすることで、本人を保護し支援する。

　法定後見は、親権者の死亡等により未成年者に対して親権を行う者がいない場合に開始される未成年後見（838条1号）と区別される。ただし、未成年者も成年後見・保佐・補助の対象となる。未成年者で精神上の障害を持つ者が、成年に達して未成年後見が終了し、法定代理人がいなくなってしまうことを回避するため、未成年後見人および未成年後見監督人は、成年後見開始の審判・保佐開始の審判・補助開始の審判を請求することができる（7条、11条、15条1項）。

(2)　成年後見

(a)　成年後見の開始

　家庭裁判所は、「精神上の障害により事理を弁識する能力を欠く常況にある者」について、本人、配偶者、4親等内の親族、未成年後見人、未成年後見監督人、保佐人、保佐監督人、補助人、補助監督人または検察官の請求により、後見開始の審判をすることができる（7条）。身寄りのない高齢者等については、市町村長が後見開始の審判を請求できる（老福32条、知的障害28条、精神51条の11の2）。審判では、明らかにその必要がないと認められるときを除き、本人の精神状況について鑑定をしなければならず（家事119条1項）、本人の陳述

を聴取しなければならない（家事120条1項1号）。

　成年後見は、後見開始の審判により開始される（838条2号）。成年後見が開始すると、成年被後見人の行為能力は制限され、成年被後見人が行った法律行為は、原則として取り消すことができる（9条本文）。

　ただし、成年被後見人は、日用品の購入その他日常生活に関する法律行為は単独でできる（同条ただし書）。それ以外の法律行為は、成年後見人が代理する。また、成年被後見人が、婚姻（738条）、協議離婚（764条・738条）、認知（780条）、縁組（799条・738条）、協議離縁（812条・738条）、遺言（962条、963条）を自ら行うことができ、成年後見人はこれらの行為を代理することができず、同意も必要ない。

(b)　成年後見人の選任

　後見開始の審判と同時に、家庭裁判所は、職権で、審判により、成年後見人を選任する（8条、843条1項）。成年後見人は1人に限定されず、複数の成年後見人を選任することもできる（859条の2）。また、法人（社会福祉協議会、社会福祉法人、成年後見センター・リーガルサポート等）を成年後見人とすることも認められる（843条4項）。

　近時、親族後見人の選任件数は年々減少している。親族がいない場合だけでなく、親族がいたとしても、無縁であるとか横領の恐れがある場合や、相続争いの前哨戦として親族間の対立が激しい場合等さまざまな要因が考えられる。そのため、後見の社会化が唱えられており、弁護士や司法書士、社会福祉法人等を後見人として選任する件数が増えている。また、新たな後見人として、市民後見人の育成も重要課題となっている。

　2012（平成24）年、最高裁判所は、後見制度支援信託を導入した。成年後見制度の対象となっている本人の財産のうち、日常的な支払を必要とする金銭を後見人が管理し、それ以外の金銭を信託銀行の信託財産において管理する仕組みをいう。そして、後見人が信託財産を払い戻したり、信託契約を解約する際には家庭裁判所の指示書を必要とする。後見人は家庭裁判所の指示書なくして勝手に払い戻しや解約をすることはできない。後見制度支援信託は、後見人による不正行為防止のための方法の一つである。

(c) 成年後見人の職務

　成年後見人の職務は、成年被後見人の財産を管理し、本人を代理して、本人の生活、療養看護に関する法律行為を行うことである。成年後見人自らが家事・介護・洗濯等の事実行為を行うことではない。財産管理や療養看護に関する事務を行うにあたり、成年被後見人の意思を尊重し、かつ、その心身の状態および生活の状況に配慮しなければならない（身上配慮義務：858条）。

　成年後見人が複数いる場合には、家庭裁判所は、各成年後見人が共同してまたは事務を分掌して、権限を行使することを定める（859条の2）。

(d) 成年後見監督人

　家庭裁判所は、必要があると認めるときは、成年被後見人、その親族もしくは成年後見人の請求によって、または職権で、審判により、成年後見監督人を選任することができる（849条）。複数の成年後見監督人を選任することも、法人を成年後見監督人とすることも認められる（852条・843条4項、859条の2）。成年後見監督人は、家庭裁判所とともに、成年後見人の事務を監督する（863条）。

(e) 成年後見の終了

　成年後見は、成年被後見人が死亡したとき、あるいは、成年被後見人について後見開始の審判の取消しがあったとき（10条）に終了する。また、成年後見人の死亡や辞任（844条）、解任（846条）や欠格事由の発生（847条）により、成年後見人の任務は終了する。

(3) 保　佐

(a) 保佐の開始

　家庭裁判所は、「精神上の障害により事理を弁識する能力が著しく不十分な者」について、保佐開始の審判をすることができる（11条）。審判では、本人の精神鑑定（家事133条）および本人の陳述聴取（家事130条1項1号）を要する。保佐は、保佐開始の審判により開始される（876条）。同時に、保佐人選任の審判が行われる（12条、876条の2第1項）。

(b) 保佐人の職務

　保佐人は、被保佐人が行う借財、保証、不動産の売買、訴訟行為等、民法13

条1項所掲の重要な法律行為および同条2項の審判によって指定された法律行為について同意を与えることができる。必要な同意を得ないで被保佐人が行った法律行為は、保佐人のみならず、被保佐人からも取り消すことができる（13条4項、120条1項）。ただし、保佐人の同意を要する行為につき、被保佐人の利益を害する恐れがないにもかかわらず、保佐人が同意をしないときは、家庭裁判所は、被保佐人の請求により、保佐人の同意に代わる許可を与えることができる（13条3項）。

また、保佐人は、家庭裁判所の審判により、被保佐人のために特定の法律行為について代理権を付与される（876条の4第1項）。ただし、本人以外の者が請求する場合には本人の同意が必要である（同条2項）。

(4) 補　助

(a) 補助の開始

家庭裁判所は、「精神上の障害により事理を弁識する能力が不十分な者」について、補助開始の審判をすることができる（15条1項）。ただし、本人以外の者の請求の場合には本人の同意を要する（同条2項）。審判では、本人の精神状況に関する医師の診断書等（家事138条）および本人の陳述聴取（家事139条1項1号）を要する。

補助は、補助開始の審判により開始される（876条の6）。同時に補助人選任の審判（16条、876条の7第1項）および、同意権付与の審判や代理権付与の審判が行われる。

(b) 補助人の職務

補助人は、家庭裁判所の審判により、被補助人のために民法13条1項所掲の特定の法律行為の一部について同意権を付与される（17条1項）。ただし、本人以外の者の請求の場合には本人の同意を要する（同条2項）。必要な同意を得ないで被補助人が行った法律行為は、補助人のみならず被補助人からも、取り消すことができる（17条4項、120条1項）。

また、補助人は、家庭裁判所の審判により、被補助人のために特定の法律行為について代理権を付与される（876条の9第1項）。ただし、本人以外の者の請求の場合には本人の同意を要する（876条の9第2項・876条の4第2項）。

3 　任意後見

　任意後見は、本人が、将来に備えて、自らが選んだ者に対して、契約で、財産管理や身上監護に関する事務についての代理権を付与しておく制度である。特殊な委任契約である任意後見契約を、本人（委任者）と任意後見受任者（将来の任意後見人）の間で、法務省令で定める様式の公正証書により締結する（任意後見2条1号、同3条）。公正証書が作成されると、公証人からの嘱託により、任意後見契約が登記される。後日、本人の事理弁識能力が不十分な状況になったとき、本人、配偶者、4親等内の親族または任意後見受任者の請求により、家庭裁判所が、任意後見監督人を選任する（任意後見4条1項）。ただし、本人が意思表明できない場合を除き、本人以外の請求の場合には本人の同意を要する（任意後見4条3項）。

　任意後見契約は、任意後見監督人が選任された時からその効力を生ずる（任意後見2条1号）。任意後見人は、任意後見契約により委託された事務について、本人のために代理権を行使し（任意後見2条4号）、事務を行うに際し、身上配慮義務を負う（任意後見6条）。

　任意後見監督人は、任意後見人の事務を監督し、その事務に関し、家庭裁判所に定期的に報告する（任意後見7条1項）。家庭裁判所は、必要があると認めるときは、任意後見監督人に必要な処分を命じることができる（任意後見7条3項）。

任意後見と法定後見の関係

　任意後見契約に関する法律は、任意後見と法定後見の関係の調整に関する規定を設け、両制度の併存や兼務を認めない（任意後見4条2項、同10条3項）。任意後見による保護を選択した本人の自己決定を尊重する観点から、原則として、任意後見が法定後見に優先する。

　すでに任意後見契約を締結し登記された後、本人について法定後見開始の審判が申し立てられた場合、家庭裁判所は、法定後見を開始することが「本人の利益のため特に必要があると認めるとき」に限り、法定後見開始の審判をすることができる（任意後見10条1項、任意後見と法定後見の優劣に関する大阪高決

平成24・9・6家月65巻5号84頁、福岡高決平成29・3・17判時2372号47頁)。

　他方、任意後見契約の効力が発生した後であっても、家庭裁判所は、「本人の利益のためとくに必要があると認めるとき」に限り、法定後見開始の審判をし、任意後見契約を終了させることもできる（任意後見10条2項、3項）。

4　成年後見の登記

　成年後見の公示制度として、「後見等の登記」（後見登記4条）と「任意後見契約の登記」（後見登記5条）とがある。後見等の登記では、後見・保佐・補助の審判が確定すると、家庭裁判所の嘱託により、法務局で登記される。審判の種別、成年被後見人・被保佐人・被補助人の氏名、成年後見人・保佐人・補助人の氏名および権限その他の法定事項を登記する。任意後見契約の登記では、任意後見契約が締結されると、公証人の嘱託により、法務局で登記される。委任者の氏名、受任者の氏名、任意後見人の代理権の範囲、任意後見監督人の氏名その他の法定事項を登記する。

　登記事項について、登記事項証明書（後見登記10条、登記事項の証明書又は登記されていないことの証明書）の交付を受けることができる。本人保護のため、証明書の交付を請求することができる者は、本人、配偶者、4親等内の親族、後見人、後見監督人に限定されている。

第9章

扶 養

前章では、法律行為をするうえで十分な判断能力を持たない人を支える制度について説明した。本章では、経済的に困窮する人を支える制度である扶養について説明する。

1 扶養の意義

(1) 扶養とは

わたしたちは、自らの生活を自らの責任において維持していかなければならない（自己責任の原則）。しかし、病気やけが、失業等の理由により、自らの資産や収入、その他の能力では生活を維持することができない状態に陥ってしまうことがある。このような場合に、その者と一定の親族関係にある者が無償で必要な経済的援助を行う制度が民法には設けられている。これが扶養である。

扶養をする義務を負う者を扶養義務者、扶養を受ける権利を有する者を扶養権利者という。

(2) 扶養義務の二分論──生活保持義務と生活扶助義務

扶養義務者と扶養権利者は、一定の親族関係で結ばれてはいるものの、互いに自己責任の原則のもとに生活する独立した存在である。したがって、一定の要件を満たす場合にしか扶養義務は認められず、援助の内容も必要最小限のものとなる。しかし、夫婦は、人格と財産の両面において終生にわたる協力関係を築くことを求められており、互いに相手方に自己と同一程度の生活を保障す

る義務を負う（→38頁）。また、親は、子の生存を支える責任を第一に負うべき存在であり、子が経済的に自立するまでは子に自らと同一程度の生活を保障する義務を負う。

このように、夫婦間の扶助義務および経済的に自立していない子に対する親の扶養義務は、それぞれの関係における本質的な義務であり、自らと同一程度の生活を相手方に保障することがその内容となる。そのため、他の親族間における扶養義務とはその性質や内容が異なるものと理解されており、この違いを明確にするために、前者の義務を生活保持義務、後者の一般親族間における扶養義務を生活扶助義務と呼ぶのが一般的である。

この二分論は、明治民法が配偶者や子に対する扶養よりも父母に対する扶養を優先させていたのに対して、現実に共同生活を営んでいる配偶者や子に対する扶養を保障することを目的として提唱されたものである。戦後においても、家族法改正の際に夫婦とその間の子からなる婚姻家族が家族の典型として想定されたこと（→4頁）を受けて、通説となっている。

(3) 私的扶養と生活保護

憲法25条は「健康で文化的な最低限度の生活を営む権利」を国民に保障しており、この権利を具体化するために生活保護法が制定されている。生活保護は、国民の税金を財源として実施されるものであり、公的扶助とも呼ばれる。この生活保護（公的扶助）と親族による扶養（私的扶養）は、どのような関係に立つのだろうか。生活保護法は、生活困窮者が自己の資産、能力その他あらゆるものを自己の最低限度の生活の維持のために活用するべきこと（同法4条1項）、民法の扶養義務者による扶養、その他の法律による扶助が生活保護よりも優先して行われること（同条2項）を定めている。したがって、自助努力と私的扶養が生活保護よりも優先することになる（公的扶助の補足性）。もっとも、申請者に扶養能力のある親族があるときであっても、急迫した事由がある場合には、必要な保護を行うことは妨げられないとされており（同条3項）、実際には保護費が支弁されうる。そして、保護費を支弁した保護の実施機関は、被保護者の扶養義務者から、その費用の全部または一部を徴収することができる（同法77条1項）。

2　扶養の権利義務

(1)　生活保持義務の場合

(a)　扶養の当事者

夫婦は、互いに生活保持義務を負う。また、親は経済的に自立していない子に対して生活保持義務を負う。

では、子はいつまで親による生活保持義務の対象となるのだろうか。経済的な自立を抽象的に考えるならば、子が行為能力を獲得するまで、すなわち、成年に達する時までということになる。これに対して、経済的な自立を具体的に考えるならば、子が独立して生計を営むまで、たとえば、大学を卒業する時までということになる。基準としては前者の方が明確であるが、後者とする方が柔軟な解決が可能となる。裁判実務や学説においては、後者の立場が優勢であり、独立して生計を営んでいない子（未成熟子）が親による生活保持義務の対象となると考えられている。

(b)　扶養の程度

生活保持義務は、相手方に自己と同一程度の生活を保障することを内容とする義務である。そのため、この義務を負う者は、自らの生活を切りつめてでも相手方を援助しなければならないかのように説かれることがある。そうすると、義務者が十分な収入を得ていない場合には、義務者自身が憲法の保障する最低限度の生活水準を確保できなくなるおそれがある。配偶者や経済的に自立していない子の生活を保障するためであるからといって、私人である義務者にそのような状態を強いるべきではない。したがって、生活保護における最低生活費をまかなうだけの収入を義務者が得ていない場合には、生活保持義務（具体的には、婚姻費用や養育費の分担義務）を免れると考えるべきである。

(2)　生活扶助義務の場合

(a)　扶養の当事者

民法は、どのような場合に扶養の権利義務が生じるのかについて明確な規定を設けていないが、一般的には次のように理解されている。

(ⅰ)　権利者側の要件　　まず、ある者が自らの資産や収入、その他の能力に

よっては必要な生活費をまかなうことができない状態（要扶養状態）にあることが必要である。必要な生活費の範囲については、生活保護における最低生活費が基準となる。

　要扶養状態となった原因や責任は問われないが、879条にいう「一切の事情」として、扶養の程度や方法を決定する際にこれらの要素が考慮されうる。

　(ii)　義務者側の要件①　　次に、要扶養者と一定の親族関係にあることが必要である。第一次の候補となるのは、要扶養者の直系血族および兄弟姉妹である（877条1項）。そして、これらの者を除く3親等内の親族（おじおば、おいめい、兄弟姉妹の配偶者など）も、特別の事情がある場合には、家庭裁判所の審判によって扶養義務者になる（同条2項）。

　(iii)　義務者側の要件②　　最後に、要扶養者を扶養できるだけの余力（扶養能力）が必要である。すなわち、扶養義務者がその社会的地位にふさわしい生活をするのに必要な費用をまかなってなお余力のあることが必要である。

(b)　扶養の程度

　義務者の余力の範囲で権利者が生活保護における最低生活費をまかなえる程度の援助をおこなうことになる。ただし、具体的事情に応じて、より高い程度の扶養が義務者に命じられることもある。

3　扶養の順位

　ある者に対して複数の扶養義務者が存在する場合や、反対に、ある者が複数の親族を扶養しなければならない場合、扶養の順位はどのようにして決定されるのだろうか。明治民法は詳細に順位を定めていたが、現行法は扶養の順位を画一的に定めることはせず、当事者間の協議または家庭裁判所の審判により決定することとしている（878条）。

　もっとも、①生活保持義務関係が生活扶助義務関係に優先するということについては異論がない。配偶者や親による扶養が他の親族（兄弟姉妹など）による扶養に優先し、配偶者や経済的に自立していない子に対する扶養が他の親族に対する扶養に優先するのである。他には、②877条1項による扶養義務は同条2項による扶養義務に優先する、③養子に対する養親の扶養義務は実親の扶

養義務に優先する、④直系かつ近親の親族が他の親族に優先されるといった基準が家裁実務において確立している。

4　扶養の方法

(1)　金銭扶養の原則

　明文の規定はないが、義務者が権利者に対して金銭給付をおこなうことが扶養の原則的な方法であると考えられている（金銭扶養の原則）。義務者が権利者と同居して世話にあたるという方法（引取扶養）によることも可能であり、権利者が高齢の場合には、義務者の一人が権利者を引き取り、他の義務者がその生活費の一部を負担するという方法がとられる場合が多い。もっとも、引取扶養は、義務者のみならず権利者にとっても負担となるおそれが強い。それゆえ、義務者と権利者の間で明確な合意がある場合にのみ引取扶養によることを認めるべきである。

(2)　扶養料の算定

　金銭扶養の場合、当事者の協議または家庭裁判所の審判に際して、扶養料の額をどのようにして算定するかが問題となる。当事者それぞれの生活の実情を考慮して金額を定めるべきであろうが（実費方式）、実態が明らかにならないことが多く、時間もかかる。そこで、家裁実務においては、客観的な指標を用いることで、算定の画一化とともに簡易迅速化が図られている（生活保護基準方式や標準家計費方式などがある）。

　裁判官らの研究グループが発表した婚姻費用と養育費の「標準算定方式・算定表」は、生活保持義務として適正妥当な金額を算定することを目的として考案されたものであり、家裁実務において広く活用されている（→44頁、129頁）。

5　扶養義務の変更・消滅

　扶養の権利義務は、本来、当事者の生活状況に応じて変動すべきものであるが、それを当事者の協議または家庭裁判所の審判によって、一定期間不動のも

のとして固定させることになる。これにより迅速で確実な扶養の実現が可能となる。しかし、協議や審判において判断の基礎とされた事情が大きく変動した場合には、扶養義務の変更または消滅が図られなければならない。そこで、協議または審判によって定められた扶養内容であっても、後に事情の変更が生じたときは、家庭裁判所は、扶養内容を定めた協議または審判の変更または取消しをすることができる（880条）。

6 扶養を受ける権利の保護

扶養を受ける権利は、処分することができない（881条）。扶養は、扶養権利者の生存を確保するための制度だからである。また、扶養を受ける権利は、差押えが制限されており（民執152条1項1号）、相殺の受働債権とすることができない（510条）。

7 過去の扶養料の請求・立替扶養料の求償請求

扶養は、現に生じている要扶養状態の解消を図るための制度であるから、過去の扶養料の請求は、本来問題とはなり得ない。しかしそれでは、保障されるべき生活水準を下回る生活を耐えてきた要扶養者や、要扶養者を義務なく援助してきた者を犠牲にして、義務の履行を怠った者を利することになってしまいかねない。そこで、当事者間の衡平を図るという観点から、権利者による過去の扶養料の請求や実際に援助を行った者による求償請求が認められている。

では、いつの時点まで遡っての請求が認められるのだろうか。すべての関係者にとって過度の負担とならないように配慮しなければならないことから、見解は区々に分かれている。原則として扶養要件（扶養権利者の要扶養状態および扶養義務者の扶養能力）が満たされた時点からの請求が可能であるが、生活扶助義務の場合には、これに加えて権利者が扶養の請求をしたり、扶養を受ける意思を表明したりした時点からの請求が認められるとする見解が有力である。

第10章

相続概観

相続法を学ぶ前提として、まず相続にはどのような意義があるかを考えてみよう。次に、遺言と法定相続の関係、相続法の特徴、相続の開始原因を確認する。

1　相続の意義

(1)　基本的な意義

　人が死亡するとその人に帰属していた財産は誰に承継されるのか。遺言が残されていれば、遺言に表明された死者の意思にしたがって財産が承継される（遺言による財産承継）。遺言の意義は、死後の財産承継について本人の意思を実現することである。これに対して、遺言がなされない場合についての民法のルールに従った相続（法定相続）では、死者の財産は、その家族に受け継がれることになっている。この法定相続の意義を考えてみよう。多くの場合に共通する法定相続の意義は、死者の財産が無主物になるのを防ぐことである。その他の意義が妥当するかどうかは、被相続人がどのような財産状況、家族関係の中で死亡したかによる。被相続人が扶養を必要とする家族を残して死亡した場合には、法定相続は、残された家族の生活を保障する意義をもつ。被相続人が自己名義の財産を残して死亡したが、その財産には残された家族が家事や共同事業などへの寄与により潜在的な持分を有していると評価できる場合には、法定相続は、家族に潜在的な持分を取り戻させる意義をもつ。被相続人が債務を負って死亡した場合には、法定相続は、相続人が債務を承継することにより被相

続人の債権者（相続債権者）を保護する意義をもつ。

(2) 相続の意義への疑問

　このように、法定相続の意義は多様である。死者の財産の無主物化を回避する意義は否定できないが、その他の意義については社会の構造や家族関係が変化した現代において疑問が投げかけられるようになっている。第1に、家族の生活を保障する意義については、子が親の財産を相続する場合の多くには当てはまらない。なぜなら、平均寿命の高い現代の社会においては、相続時に子は既に親からの扶養を必要とせず独立した生活を築いていることが多く、親の財産を相続することで子の生活を保障する必要性は低いからである。それに加えて、親の財産の多少で子の生活の貧富が左右されることにも批判が提起されている。

　第2に、潜在的な持分を取り戻す意義についても、子が親の財産を相続する場合の多くには当てはまらない。農業・工業などを親子で営んでいる家族の割合が減少し、サラリーマンの親が築いた財産を子が相続するケースが圧倒的に多くなっている。このような状況で子が親の財産に潜在的な持分を有し、これを相続によって取り戻すという見方には違和感が生ずる。このことに加えて、核家族化や家族に対する意識の変化により、子による老病親の世話は以前に比べると当たり前ではなくなっている。親の世話をしたことのない子が親の財産に当然に潜在的な持分を有すると捉えることにも疑いの目が向けられている。

　なお、相続債権者を保護する意義については、家族とはいえ他人の債務を相続人が承継することは民法の自己責任の原則に調和しにくい面があると指摘され、これを法定相続の中心的な意義とみることはできない。

(3) 現代における相続の意義

(a) 高齢の生存配偶者の生活保障

　以上のことから、現代の家族関係において法定相続の意義として最も多くの家族に妥当し重要であるのは、高齢の生存配偶者の生活保障および潜在的持分の取戻しである。長く連れ添った夫婦であれば、家事・育児をはじめとする貢献により互いに潜在的持分を有すると考えるのが自然である。また、高齢化が

今後も進行することが予想され、配偶者の一方が死亡した後に他方がさらに長い老後を過ごし、年を重ねるごとに医療や介護に多額の費用を要する事態も多く生じるとみられる。年金制度や医療・介護保険制度などの社会保障制度が少子高齢化により十分に機能しなくなることが危惧されているなかで、法定相続は生存配偶者の生活保障にとって大きな意義をもつ。2018年相続法改正では、高齢の生存配偶者の生活保障および潜在的持分の取戻しを図る観点から、婚姻期間20年以上の夫婦間での居住用不動産の遺贈や贈与を具体的相続分の算定において優遇すると同時に（903条4項）、生存配偶者が居住と生活資金を確保しやすくするための制度が導入された（1028—1041条）。

(b) 子の相続について

子にとっての法定相続の意義は、上に述べたように、疑問視されている。しかし、高齢化のさらなる進行により、親の死亡時に子がもうすぐ退職する、またはすでに退職しているケースも多くなりうる。そのような場合には、社会保障制度の不備を補うために子の退職後の生活を保障する法定相続の意義が重要となる。また、社会保障制度が完全ではない限り、親の扶養とくに介護を家族が引き受ける場合があり続けるであろう。子が老親の介護を負担するのが当たり前という意識が薄れているなかで、特別に介護を担った子は、その対価として親の財産を相続できるとみることは常識に沿う。介護等により親の財産の維持・増加に寄与をした子にとっての法定相続は、潜在的持分を取り戻す意義をもつ。

(c) 家族の多様化と法定相続

家族関係が多様化してくると、法定相続における画一的なルールが実際の家族関係に対応しない事例も増えてくる。たとえば、法律上の婚姻関係にない夫婦は、現行の法定相続のルールによると互いに相続権をもたない。しかし、長年連れ添って互いに財産の維持・増加に寄与した夫婦の一方が死亡した後に他方の生活保障が必要な場合には、法律上の婚姻関係になくても一方の財産を他方が承継してよいはずであるという見方が生じている。多様化した家族関係に財産承継を対応させるためには、画一的な法定相続ではなく、遺言が有意義である。現在の日本で遺言書を作成する人はまだ多くないが（2021年には死者145万2,289人のところ、遺言の検認件数は1万9,576件、遺言公正証書の作成件数は約10万

6,028件、遺言書保管所での保管件数は1万6,954件）、死後の財産のあり方について
は自分の意思で決めたいとの考えが広がっている。近年一般化している「終
活」は、人生の終わりに向けて葬儀や財産について自らの意思で決める風潮を
示す。今後は、法定相続に加えて遺言の意義が重要性を増すと予想される。

2 遺言と法定相続の関係

(1) 法定相続と異なる内容の遺言

　被相続人は、遺言によって、法定相続の規定に従わずに財産を承継させるこ
とができる。たとえば、法定された相続人である家族ではなく、友人に全財産
を承継させる遺言をすることも民法上可能である。遺言の自由は、民法の基本
原則である自己の財産を処分する自由に基づく。ここで、遺言と法定相続の関
係が問題となる。遺言の自由が制限なく認められるのであれば、法定相続の規
定は、遺言が存在しない場合にのみ妥当する任意規定ということになる。しか
し、遺言の自由は制限なく認められるのではない。遺言によっても、兄弟姉妹
以外の法定相続人に保障された最低限の金銭的な取り分（遺留分）を奪うこと
はできない（→第17章）。つまり、遺言は、原則として法定相続に優先するが遺
留分の範囲で制限を受けるため、法定相続の規定は完全な任意規定とはいえな
い。

(2) 遺言の自由と遺留分

　遺言の自由が財産処分の自由という民法の基本原則に基づいているのに対し
て、遺言の自由を制限する遺留分がどのような原則に基づいているのかを説明
するのは簡単ではない。遺留分の意義は、法定相続の意義である家族の生活保
障や潜在的持分の取戻しなどの意義を遺言の自由から最低限度守ることであ
る。したがって、遺留分の意義は、法定相続の意義が変化するのに応じて変わ
っていく。しかし、法定相続の意義は、上に述べたように近年疑問視されてい
る。それに対して遺言の自由の意義は、財産の死後のあり方について自ら決め
ておきたいという意識の高まりとともに、重要視される傾向にある。2018年相
続法改正では、自筆証書遺言を利用しやすくするために、方式の要件を緩和す

ると同時に（968条2項）、遺言書を保管する制度が導入された（法務局における遺言書の保管等に関する法律→第16章）。遺言の重要性が増す一方で、遺留分の意義が疑わしいものとなれば、なぜ遺言の自由が遺留分によって制限されるのかについて疑問が生じる。2018年相続法改正は、遺留分権利者は遺言の効力を否定することができず、単に金銭債権を取得できるのみとすることで、遺言の自由を強化している。遺言の自由を制限する遺留分をどのように正当化するかということは遺留分法の規定を解釈したり、今後の遺留分制度のあり方を考えたりするうえで重要な視点である。

3　相続法の特徴

(1)　財産承継の原則

　現行相続法の特徴として挙げられるのは、相続の対象を財産に限っているということである。つまり、財産的価値をもたない形見（たとえば取引価値のない親の古いアルバム）や観念的・精神的な家訓などは、相続法上の相続の対象とはならない。1898（明治31）年から1947（昭和22）年までの明治民法のもとでは、相続は家督相続を中心とし、家の長である戸主の地位を承継させることが重要とされ、戸主以外の財産についての相続（遺産相続）は副次的な意味しかもたなかった。1947（昭和22）年には戸主は民法から姿を消して戸主の地位の承継が生じることはなくなり、現行民法では相続の対象は財産のみであるということが明文化されている（896条）。

(2)　均分相続の原則

　明治民法のもとでは、家督相続において、男女では男が、年齢では年長の者を優遇する長男子単独相続が原則とされていた。現行民法の下では、年齢や男女の別によって相続上優遇されることはなく、同順位に属する血族相続人が複数あれば、複数の相続人が平等に相続することができる（900条4号）。この法則は均分相続の原則とよばれ、憲法上の法の下の平等の原則に基づく。たとえば被相続人にとって第1順位の相続人である子が3人あれば、3人の子は男女や年齢を問わずに平等に相続することができる。婚内子（嫡出子）と婚外子

（嫡出でない子）の相続分も平等である。

なお、明治民法のもとでは、配偶者は相続において不利な立場にあったが、現行民法のもとでは、配偶者にとっての法定相続の意義が重視され、配偶者は常に相続人となり（890条）、相続分についても他の相続人の中で別格の扱いを受けている（900条）。2018年相続法改正では、配偶者の法定相続分は引き上げられなかったものの、具体的相続分については、一定の場合に配偶者の具体的相続分を有利に算定する規定が設けられている（903条4項→第13章Ⅱ1）。

(3) 当然承継主義

相続が開始すると同時に、相続人は当然に相続財産を承継するのが原則とされている。たとえば、相続財産である土地の所有権は相続開始と同時に被相続人から相続人に移転し、相続人が所有権移転のために何らかの手続をとる必要はない。このような原則を当然承継主義という。もっとも、所有権が当然に移転するといっても、観念的に権利が相続人に移転するというだけであり、移転登記などの実際上の手続は必要である。当然承継主義により、相続財産は清算されないまま相続人に承継される。これによると、各相続人は、債務を弁済する前に相続財産を処分することも可能ということになる。しかし、相続財産の性質からみると、債権者にまず債務を弁済し、残りを相続人が取得するべきであり（このような考え方を清算主義という）、当然承継主義は合理的ではないとの批判が提起されている。

(4) 法改正による社会的要請への対応

相続法には、その時代の家族関係や社会問題に対応することが特に求められている。そのため、これまで多くの法改正が行われてきた。最近では、高齢の生存配偶者の生活保障を図ったり、相続人ではない者による介護等の寄与に対価を保障したりすることなどを目的とした2018年相続法改正により、配偶者居住権（1028条以下）や特別の寄与の制度（1050条）などの新しい制度が導入され、高齢社会への相続法制度の対応が図られた。

また、土地の所有者が死亡した後に、相続人が承継した土地について遺産分割をせず、相続登記も行わず長期間放置し、管理を行わないといった事態が多

く生じ、このことが所有者不明土地の増加につながっていることが指摘されるようになった。所有者不明土地は、その土地を利用しようとする者が、所有者を探し出すのに苦労し、とくに遺産分割をしないまま相続が繰り返され多数の共同相続人が共有している場合には、その全員を探し出すのが難しく、結局その土地を有効に活用できないことから大きな社会問題となった。そこで、所有者不明土地の発生の防止の一環として対策が検討されることとなった。2021年民法等改正により、相続により所有権を取得したことを知った者に相続登記を義務付け（不登76条の2第1項）、財産の管理と清算についての規定が整備され（940条1項、952条、953条等）、所有者が死亡した後に相続人による早期の遺産分割を促すなど（904条の3）、所有者不明土地問題に対策が図られることとなった。

4　相続の開始

　現行相続法では、相続が開始する原因は、人の死亡のみである（882条）。出家、隠棲、収監などにより現実の生活から退いたとしても、相続が開始することはない（民法旧964条では戸主の隠居が家督相続の開始原因とされていた）。死亡は脳死を含まず心臓死の意味であるというのが一般的な理解である。もっとも、臓器の移植に関する法律6条1項では、脳死した者の身体が「死体」とされていることから、通説的見解によると、脳死判定された場合には、臓器が摘出された時点に相続開始の原因となる死亡があったとみる。失踪宣告（30条以下）により法律上死亡したものとみなされた場合にも相続が開始する。

　なお、相続開始前の相続人（推定相続人）は、将来相続することを期待できる立場にあるにすぎず、相続の対象となるべき財産について権利を主張することはできない（最判昭和30・12・26民集9巻14号2082頁）。

第11章

相続人・相続分

　まず、民法上相続人とされるのは誰か、複数の相続人は各自どのような割合で相続することができるか（法定相続分・指定相続分）についての基本的なルールを確認する。次に、生存配偶者の居住の確保等を目的とする制度（配偶者居住権・配偶者短期居住権）、相続人から相続権を奪う制度（相続欠格・相続人の廃除）、相続権を侵害された相続人が相続権の回復を請求する場合の期間制限について学ぶ。

I　相続人の範囲と順位、相続分

1　総　説

　被相続人が遺言をせずに死亡した場合には、民法上の相続人（法定相続人）が、法定された相続分の割合で相続するのが原則である。法定相続人は、配偶者、子（および孫などの代襲者・再代襲者）、直系尊属（親、祖父母など）、兄弟姉妹（および代襲者）である。それ以外の者が相続人になることはない。遺言等によって相続人を自由に定めることは認められない。以下では、相続人の中で誰がどのような割合で財産を相続できるかについてのルールを確認する。

(1)　相続人についてのルール

(a)　配偶者

配偶者は常に相続人となる（890条）。現行相続法は、配偶者にとっての相続

の意義を重視し、配偶者に相続法上の優位を与えている。相続人となる配偶者は、法律上の配偶者であり、内縁または事実婚の配偶者は法定相続人ではなく、相続人としての利益を得ることができない。

(b) 配偶者以外の相続人＝血族相続人

配偶者以外の相続人には順位がある。順位によってその者が相続できるかどうかが決まる。第1順位は子（および孫などの代襲者・再代襲者）、第2順位は直系尊属、第3順位は兄弟姉妹（および代襲者：甥、姪）である（887条、889条）。直系尊属は親、祖父母などの祖先のことであるが、親等の近い者のみが相続人となるので（889条1項1号ただし書）、多くの場合は親である。被相続人が、順位の高い血族相続人と順位の低い血族相続人の両者を残して死亡した場合、相続できるのは、順位の高い相続人のみである。たとえば、被相続人が子と親を残して死亡した場合には、第1順位の子が相続し、第2順位の親は相続できない。被相続人が親と兄を残して死亡した場合には、第2順位の親が相続し、第3順位の兄は相続できない。血族相続人であれば必ず相続できるというわけではないということに注意が必要である。

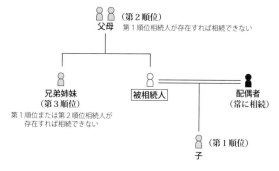

(c) 同時存在の原則

相続人は、相続開始時に生きていなくてはならない。相続開始時に生存していない者は、その時点では民法上権利能力を持たないから、相続により権利を承継することはない。これを同時存在の原則という。同時存在の原則の例外として、胎児は、相続については既に生まれたものとみなされ相続人となり（886条）、相続により権利を承継する。もっとも、胎児は、生まれるまではその権利能力が停止していると解される（停止条件説）。この立場によると、子は

生まれると同時に相続により権利を承継し、権利を（実際には法定代理人によって）行使できるようになる。

(2) 法定相続分についてのルール

相続人が 1 人であれば、その者がすべての財産を相続する。相続人が複数の場合に各自がどれだけ相続できるかについて法定された相続分の原則は次のようになっている。

(a) 順位が異なる血族相続人の相続分（900条 1 - 3 号）

順位付けのある相続人が被相続人の配偶者と共に相続するときは、順位が下がるほどその相続分は少なくなる。

配偶者と第 1 順位の子（および孫などの代襲者・再代襲者）が相続する場合には、配偶者が1/2、子（および代襲者・再代襲者）が1/2である。配偶者と第 2 順位の直系尊属が相続する場合には、配偶者が2/3、直系尊属が1/3である。配偶者と第 3 順位の兄弟姉妹（および代襲者：甥、姪）が相続する場合には、配偶者が3/4、兄弟姉妹（および代襲者）が1/4である。

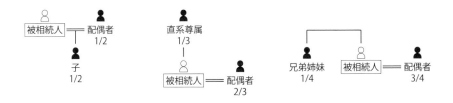

(b) 同順位の血族相続人の相続分（900条 4 号本文）

同順位の血族相続人が複数いる場合には、相続分は平等となる（均分相続の原則）。たとえば、被相続人が配偶者と子 3 人を残して死亡した場合には、相続分は、配偶者1/2、3 人の子各1/6（1/2×1/3）となる。子の相続分は、実子か養子かによらず平等である。

2013（平成25）年までは、婚外子（嫡出でない子）の相続分は、婚内子（嫡出子）の相続分の1/2であるとする規定があった（平成25年改正前の民法900条 4 号ただし書）。たとえば、被相続人が、相続人として法律上の妻、および妻との間にできた子A、妻ではない女性との間の子Bを残して死亡したとする。この場

【平成25年改正前の民法900条4号ただし書による法定相続分】

女性　[被相続人]＝＝妻1/2

婚外子B 1/6　婚内子A 1/3

※現行法によるとＡ・Ｂの法定相続分は各1/4である。

合、相続できるのは法律上の妻および婚内子Ａ、婚外子Ｂの３人であり、相続分は妻1/2、婚内子Ａ1/3（1/2×2/3）、婚外子Ｂ1/6（1/2×1/3）とされていた。婚内子と婚外子の相続分に差を設ける趣旨については、法律婚による妻とその子を優遇すると同時に婚外子にも相続分を認めることであると説明された（最大決平成７・７・５民集49巻７号1789頁）。しかし、この規定は、婚内子か婚外子かという子自身が選択できないことを理由として民法上差別をするものであり、憲法が保障する法の下の平等に反するとして学説において批判に晒された。

　2013年には最高裁が同規定を違憲と判断した（最大決平成25・９・４民集67巻６号1320頁）。この決定を受けて、平成25年の民法改正により婚内子と婚外子の法定相続分は平等となった。

(c)　父母の一方のみを同じくする兄弟姉妹の相続分（900条４号ただし書）

　父母の一方のみを同じくする兄弟姉妹の相続分は、父母の双方を同じくする兄弟姉妹の相続分の1/2とされている。

　たとえば、３人姉妹で、長女Ａについて相続が開始したとする。Ａには配偶者も子（第１順位の相続人）もおらず、親や祖父母（第２順位の相続人）もすでに死亡していたので、２人の妹Ｂ・Ｃ（第３順位の相続人）がＡを相続することになった。この事例では、Ａを２人の妹Ｂ・Ｃが均分に相続することになるはずである（均分相続の原則：900条４号本文）。

　しかしこの事例には続きがある。Ａの２人の妹Ｂ・ＣのうちＢは、Ａと同じ父母から生まれた。それに対してＣは、父がＡ・Ｂの母と離婚した後、父と再婚相手の女性との間に生まれた。つまり、Ａの２人の妹Ｂ・Ｃのうち、Ｂは

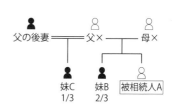

父の後妻＝＝父×──母×

妹C 1/3　妹B 2/3　[被相続人A]

Aと父母の両方を同じくする妹（全血の妹）であるのに対して、Cは、Aと父のみを同じくする妹（半血の妹）である。このような場合には、Cの相続分は、Bの相続分の2分の1となる（900条4号ただし書）。

これは以前の婚外子の相続分の規定と同様に法の下の平等に反するといえるだろうか。婚外子の場合とは異なり、父母の一方のみを同じくする兄弟姉妹の相続分の規定については、平成25年の民法改正において削除されていない。これは、兄弟姉妹相互の関係性の強弱によって相続分に差を設けることが相続制度において合理的であると捉えられるからであろう。しかし、離婚・再婚の増加により両親を同じくしない子を含む家族が一般的になれば、半血か全血かが必ずしも兄弟姉妹相互の関係性の強弱に影響を与えなくなり、現行900条4号ただし書も今後は合理性を失う可能性がある。

2　代襲相続

(1)　代襲相続の意義

被相続人が死亡した時に、第1順位の血族相続人である1人娘がすでに死亡していた場合には、誰が相続人となるか。この場合には、第2順位の血族相続人である被相続人の親が相続すると考える前に、第1順位の血族相続人をさらに検討する必要がある（図1参照）。被相続人の死亡した娘には子（被相続人からみると孫）がいて、その子が生存していたとしよう。その子は、被相続人の死亡した娘の代わりに、被相続人を相続する（887条2項）。これを代襲相続という。この場合には、第2順位以下の血族相続人が相続することはできない。

(2)　代襲原因

代襲相続が生じるのは、相続人が相続開始以前に死亡した場合の他、欠格（891条）や廃除（892、893条）によって相続権を失った場合である。これに対して相続人が相続を放棄した場合（939条）には代襲相続は生じない。

(3)　代襲相続人の範囲

第3順位の血族相続人である兄弟姉妹にも代襲相続の規定が準用されている

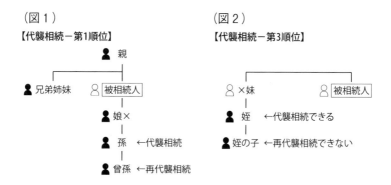

（図１）
【代襲相続－第1順位】

親

兄弟姉妹 ── 被相続人

娘×

孫　←代襲相続

曾孫　←再代襲相続

（図２）
【代襲相続－第3順位】

×妹 ── 被相続人

姪　←代襲相続できる

姪の子　←再代襲相続できない

（889条2項・887条2項）。したがって、相続開始以前に兄弟姉妹が死亡していれ
ばその子（被相続人にとっては甥・姪）が代襲相続する（図2参照）。

　被代襲者は第1順位および第3順位の血族相続人のみであり、代襲するのは
その子である。配偶者による代襲相続は認められていない。

　ところで、第1順位の血族相続人について、代襲相続人となるのは、被相続
人の子の子である。ここで注意するべきであるのは、代襲相続人となるために
は、その子が被相続人の直系卑属でなければならないということである（887
条2項ただし書）。被相続人の子の子が被相続人の直系卑属でないという状況
は、養子縁組の場合に生じる。被相続人がAを養子とする縁組をしたが、Aに
は縁組前から子がいたとする。この場合にはAの子と被相続人との間に法定血
族関係は生じず、Aの子は被相続人の直系卑属とはならないので（727条）、A
が被相続人の死亡以前に死亡した場合等に代襲相続することはできない。

(4)　再代襲相続

　被相続人が死亡した時に、第1順位の相続人である娘も、代襲相続人である
孫も既に死亡していたが、代襲相続人には子（被相続人にとっては曾孫）がいて、
その子が生存していた場合にはどうなるか（図1参照）。この場合には、代襲相
続人の子（再代襲相続人）が被相続人を相続する（887条3項）。これを再代襲相
続という。再代襲相続は、ありうる限り延々と続いていく。

　これに対して、第3順位の法定相続人については再代襲相続が認められてい
ない（図2参照）。たとえば、被相続人には唯一の法定相続人である妹がいた

が、妹は被相続人の死亡以前に死亡していたとする。妹に娘（被相続人にとっては姪）がいる場合には、妹に代わってその娘が代襲相続人として被相続人を相続する（889条2項）。ここで代襲相続人である被相続人の姪もすでに死亡していたという場合には、姪の子が再代襲相続することはできない。なぜなら、889条2項は、直系卑属の代襲相続を規定する887条2項を兄弟姉妹の相続に準用するとしながら、直系卑属の再代襲相続を規定する887条3項については兄弟姉妹の相続に準用するとは規定していないからである。つまり、889条2項は兄弟姉妹には再代襲相続を認めない趣旨であると解釈することができる（反対解釈）。

(5) 代襲相続人の相続分

　各代襲相続人は、被代襲者が受け取るべき相続分を受けることができる（901条）。たとえば、第1順位の法定相続人である息子1人、娘1人の相続分が各1/2であるところ、被相続人の死亡以前に息子と娘がともに死亡していたとする。息子には子A・Bが、娘には子Cがいた。この場合には、A・Bは親が受け取るべき相続分1/2を均分に1/4ずつ代襲相続する。Cは、親が受け取るべき相続分1/2を代襲相続する。A・B・Cが被相続人の財産を均分に1/3ずつ代襲相続するのではない（図3参照）。

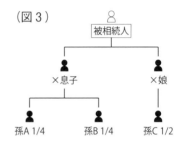

（図3）

3　被相続人による法定相続分の修正——指定相続分

　子A・Bが相続人である場合、法定相続分は各1/2である。しかし、被相続人が遺言により法定相続分とは異なる相続分の割合を指定していた場合には、法定相続分ではなく指定された相続分によって財産が承継される（902条1項）。相続分指定の効力は、債務にも及ぶ。したがって、子Aを1/4、子Bを3/4とする相続分指定があった場合には、1000万円の金銭債務を共同相続すると、Aは250万円、Bは750万円の金銭債務を承継することになる（可分債務の共同相続→

197頁）。もっとも、債務についての相続分指定の効力はＡ・Ｂにのみ及び、債権者には及ばない（最判平成21・3・24民集63巻3号427頁）。債務を誰がどれだけ承継するかについては債権者にとって利害の大きい事柄であり、被相続人による自由な指定に従うこととすれば、債権者に不測の不利益が生じうるからである（免責的債務引受についての472条と同じ趣旨）。したがって債権者は、相続分指定にかかわらず、法定相続分の割合に応じて、Ａ・Ｂそれぞれに対して500万円の金銭債務の履行を請求することができる（902条の2本文）。Ａがこれに応じて500万円の金銭債務を履行した場合には、Ａは指定相続分を超える250万円についてはＢに求償することができる（703条）。もっとも、債権者がＡまたはＢに対して指定相続分に応じた債務の承継を承認したときは、債権者は法定相続分に応じて権利行使することができない（902条の2ただし書）。

4　個別の事情による法定相続分の修正──具体的相続分

　共同相続人の個別の事情に応じて修正された法定相続分を具体的相続分という。具体的相続分には、共同相続人の中で被相続人から遺贈や生前贈与などの利益を受けた者を、相続分の前渡しを受けた特別受益者とみて、受けた利益の分だけ特別受益者の相続分が少なくなるように算定した相続分（903、904条）と、被相続人の事業の手伝いや介護などの相続人による貢献を、その者の相続分に加算すべき寄与分として考慮して算定した相続分（904条の2）がある（第13章Ⅱ1参照）。

Ⅱ　配偶者の居住の権利

　2018年相続法改正では、高齢の生存配偶者の生活保障および潜在的持分の取戻しを図る観点から、生存配偶者の居住の権利についての制度が導入された（1028─1041条）。これには、原則として生存配偶者の終身の居住を内容とする配偶者居住権と、原則として遺産分割終了時までの居住を内容とする配偶者短期居住権がある。

1 配偶者居住権 (1028—1036条)

(1) 目　的

　高齢社会において主に高齢の生存配偶者を想定して、被相続人が死亡した後に、生存配偶者が住み慣れていた建物に継続して住み続けることができるようにすると同時に、老後の生活資金として、遺産から十分な財産を確保できるようにすることが配偶者居住権の目的である。もちろん、生存配偶者が、遺産分割において被相続人が所有していた居住建物の所有権を取得できれば、建物に継続して住み続けることができる。しかし、建物の所有権は一般的に高い価値を持つので、生存配偶者はこれを取得すれば自らの相続分を超えて取得することになり、他の遺産とりわけ預金債権を遺産分割において取得できないということになりかねない。これでは生存配偶者の老後の資金の確保の要請を満たすことができない。そこで、配偶者居住権という、居住建物を無償で使用・収益することのできる法定債権（建物の所有権に比べて評価額は一般的に低い）を設けることで、生存配偶者が、建物に住み続けられると同時に、他の遺産を取得する可能性を拡げることが目指されている。

　たとえば、被相続人が、遺言をせずに妻と子1人を残して死亡し、遺産は被相続人が死亡するまで妻と共同生活を送った建物（評価額3000万円）および2000万円の預金債権の計5000万円であったとする。妻と子は法定相続分にしたがえば、各2500万円を相続することができる。この事例において、遺産分割において妻が建物の所有権を取得したとする。この場合には、妻は、自らの法定相続分を超える500万円を代償金として子に支払わなければならず、預金債権を取得することはできない。ここで、妻は、建物の所有権ではなく、配偶者居住権を取得することになったとする。居住権は所有権より低く評価されることとなるが、たとえば1000万円と評価されれば（評価方法について明文の規定はない）、居住権のほか、1500万円の預金債権を確保することができる。このようにして妻は、被相続人の死後も居住の場を確保すると同時に、老後の資金を確保することができる。妻が居住権を取得する場合には、子は、居住権の負担付の建物の所有権（2000万円と評価）と、預金債権500万円を取得することができる。

遺産（合計 5000 万円）
　・建物所有権 <u>3000 万円</u>
　　　　　　　←建物居住権 1000 万円＋居住権負担付の建物所有権 2000 万円
　・預金債権　2000 万円

被相続人 ──┬── 妻　2500 万円（建物居住権 1000 万円、預金債権 1500 万円）
　　　　　　└── 子　2500 万円（居住権負担付の建物所有権 2000 万円、預金債権 500 万円）

(2)　配偶者居住権の成立要件

　配偶者居住権を取得するためには、配偶者が被相続人の所有する建物に相続開始の時に居住していなくてはならない（1028条1項）。

　配偶者居住権は相続開始によって当然に生じるのではない。原則として、配偶者居住権を配偶者が取得することについて遺産分割の協議や調停において共同相続人の合意が成立した場合、または遺贈によって被相続人が配偶者居住権を与える意思を表示していた場合に、配偶者は配偶者居住権を取得する（1028条1項1・2号。明文の規定はないが死因贈与によることもできると解されている）。

　遺産分割における共同相続人の合意や被相続人による遺贈が存在しない場合であっても、例外的に、家庭裁判所が審判により配偶者に配偶者居住権の取得を認めることができる。それは、配偶者が家庭裁判所に申し出た場合において、配偶者居住権の成立により建物の所有者の受ける不利益の程度を考慮してもなお配偶者の生活を維持するためにとくに必要とされる場合である（1029条2号）。

(3)　配偶者居住権の特徴

　配偶者居住権は、居住建物を無償で使用・収益することのできる、賃借権に似た法定債権である。生存配偶者の居住の場を確保することを目的としているため、配偶者居住権の譲渡は禁止され（1032条2項）、生存配偶者の死亡により消滅し（1036条・597条3項）、相続されることはない。存続期間は原則として生存配偶者の終身であるが、遺産分割の協議等で別段の定めがある場合には、その定めに従う（1030条）。なお、配偶者居住権は、登記を備えることにより建物

の所有権を譲り受けた第三者に対抗しうる（1031条2項、605条）。

2　配偶者短期居住権（1037—1041条）

(1)　目　的

　生存配偶者が、被相続人の所有する建物に無償で居住していた場合に、被相続人が死亡すると即座に居住の場を奪われるとすれば不利益が大きい。このような事態を回避するために配偶者短期居住権の制度が導入された。被相続人が死亡した後にも、生存配偶者は一定の期間はそれまで住んでいた建物に無償で居住することができることとし、生存配偶者の居住を暫定的に確保するのが配偶者短期居住権の目的である。

　ところで、生存配偶者は、配偶者短期居住権によらなくても、被相続人の所有する建物を遺産分割が終了するまで無償で利用することができるとする黙示の使用貸借契約を根拠とすることにより、被相続人の死後も建物に住み続けられる可能性がある（最判平成8・12・17民集50巻10号2778頁）。もっとも、被相続人が異なる意思を明示していたなど、使用貸借契約の合意を推認するのが難しい場合もあり、安定的に生存配偶者の居住を確保するには、配偶者短期居住権によるのが確実である。

(2)　配偶者短期居住権の成立要件

　配偶者短期居住権は、被相続人の所有する建物に、配偶者が相続開始の時に無償で居住していたことにより当然に成立する（1037条1項）。配偶者が短期居住権を取得するために、被相続人の遺贈による意思表示や共同相続人の同意などは不要である。配偶者短期居住権は、建物が遺産分割の対象になっている場合だけではなく、建物が第三者に遺贈されたり、特定財産承継遺言により特定の相続人に承継されたりするなどして遺産分割の対象にならない場合でも成立する（1037条1項2号）。

(3)　配偶者短期居住権の特徴

　配偶者短期居住権を取得した生存配偶者は、建物の所有権を相続または遺贈

等により取得した相続人または第三者に対して、建物を一定期間無償で使用する権利を有する。生存配偶者による短期の建物の使用を目的としているので、譲渡は禁止され（1041条・1032条2項）、配偶者の死亡により消滅する（1041条・597条3項）。存続期間は、建物が配偶者を含む共同相続人間で遺産分割の対象になっているか否かで異なる。建物が遺産分割の対象になっている場合には、遺産分割により居住建物の帰属が確定した日、または相続開始の時から6か月を経過する日のいずれか遅い時点まで配偶者短期居住権が存続する（1037条1項1号）。建物が遺産分割の対象になっていない場合、たとえば、遺贈により第三者が建物の所有権を取得した場合などには、第三者による配偶者短期居住権の消滅の申入れがあった日から6か月間、配偶者短期居住権は存続する（1037条1項2号）。

　このように配偶者短期居住権は、短期間の暫定的な生存配偶者の居住を確保する権利であり、遺産分割において財産的価値がないものと扱われる。したがって、生存配偶者は、配偶者短期居住権の影響を受けずに、遺産の分割を受けることができる。この点は前述の配偶者居住権が財産的価値のあるものと評価され、遺産分割において考慮されるのとは異なる。

Ⅲ　相続欠格・相続人の廃除

　法定相続人であれば必ず相続できるというわけではない。相続欠格・相続人の廃除により法定相続人は相続権を失う。

1　相続欠格

(1)　相続欠格の意義

　891条に列挙された相続法秩序を乱す行為をした法定相続人は、欠格者として当然に相続権を失い、相続人ではないこととなる。相続欠格は、相続法秩序を乱した者に相続による利益を与えるべきではないという公益的な観点に基づいて法定相続人を制裁する意義を持つ。さらに相続欠格は、891条所定の行為をする法定相続人には財産を承継させたくないはずであるという推測された被

相続人の意思を実現する意義をも持つ。

(2) 相続欠格の事由
相続欠格とされる事由は以下のとおりである。

(a) 被相続人および法定相続人の殺害に関わる事由（891条1、2号）
　故意に被相続人または相続について先順位・同順位にある者を死亡するに至らせ、または至らせようとしたために刑に処せられた者は相続人となることができない（1号）。たとえば、第1順位である被相続人の子を第3順位である被相続人の兄が故意に殺害した場合には、被相続人の兄は相続人となることができない。故意とされているので、過失致死の場合などは欠格事由とならない。故意については、欠格事由にあたる行為についての故意だけではなく、それにより相続法上有利になろうとする故意（二重の故意）が必要であるとする見方がある。しかし、被相続人を故意に殺害した者が、相続法上有利になろうとする故意を欠くために相続権を失わないという結論は、相続欠格制度の相続人を制裁する意義からみて妥当ではないとの批判がある。二重の故意は、1号では要求されず、次に説明する遺言に関わる欠格事由の場合にのみ要求されるとみるのが一般的な見解である。なお、刑に処せられた者という限定があるので、責任能力がなく無罪とされた場合はもちろん、有罪とされたが執行猶予期間が付いてその期間が経過した場合は、その行為は相続欠格事由にあたらない。

　また、被相続人が殺害されたことを知ってこれを告発せず、または告訴しなかった者は、相続人となることができない（2号）。

(b) 被相続人の遺言に関わる欠格事由（3、4、5号）
　詐欺または強迫によって被相続人に遺言を作成させたり撤回させたりした場合、逆に作成や撤回を妨げた場合や、法定相続人が自ら遺言書を偽造・破棄した場合にも欠格事由が認められる。このような場合には、被相続人の自由意思に基づく遺言やその撤回を保障する相続法秩序を法定相続人が乱しているといえる。また、被相続人の多くは、強迫して遺言を作成させたり偽造したりする者に財産を承継させたくないであろうと推測される。そこでこのような事由も公益的観点および被相続人の意思の尊重という観点から欠格事由とされてい

る。

　なお、被相続人の遺言に関わる欠格事由には二重の故意が必要であると解されている。たとえば、法定相続人が被相続人の遺言書を破棄または隠匿したとしても、それが相続に関して不当な利益を得ることを目的としてなされたのではなければ、相続欠格には該当しない（最判平成9・1・28民集51巻1号184頁）。

(3) 被相続人による宥恕

　欠格者による相続を被相続人が望んでいた場合にも欠格の効果が継続するかが問題となる。たとえば、被相続人の子Aが「全財産をAに与える」という内容の遺言書を偽造したとする。遺言書の偽造が発覚した後Aが謝罪したので、被相続人はこれを許しAに財産を相続させたいという意思を表明した。被相続人の死後、被相続人のもう1人の子Bが、Aは欠格者にあたるから相続できないと主張したとする。この場合にはAの相続は認められるか。

　これについて民法には明文の規定はない。相続欠格の制度において制裁的意義を重視するか、被相続人の意思を重視するかによって結論が分かれる。制裁的意義を重視すると、被相続人の意思にかかわらず、相続法秩序を乱す者による相続を認めるべきではないということになる。これに対して被相続人の意思を重視すれば、被相続人本人が欠格者を許している限り、欠格者による相続を認めてもよいということになる。

2 相続人の廃除

(1) 相続人の廃除の意義

　相続欠格ほど著しい相続法秩序の侵害があったというわけではなくても、法定相続人が相続法秩序を乱し、被相続人がその者による相続を望んでいない場合には、被相続人の意思に基づいてその者から相続人の地位を奪うことができる。相続人の廃除は、被相続人による一種の民事的制裁の意味をもっている。

　廃除の制度によらなくても、被相続人は、遺言によって法定相続人に一切財産を与えないようにすることが可能である。もっとも、この場合には、遺留分を有する法定相続人（兄弟姉妹以外の法定相続人）は、遺留分を確保することが

できる（1042条1項）。これに対して廃除の制度によって相続人の地位を失った者は、相続権を失うだけではなく、遺留分をも失う。遺留分を有する者は、相続人であることを前提としているからである（1042条1項）。このように、廃除の制度の意義は、究極的には法定相続人から遺留分を奪うことにあるから、廃除の対象となる法定相続人は、遺留分を有する者に限られる（892条）。

　なお、相続欠格と異なり、廃除は、被相続人がいつでもその取消しを家庭裁判所に請求することができる（894条）。また、相続欠格では、一定の欠格事由にあたる行為をした者は、特別の手続を求められず、当然に相続人の地位を失う。したがって、欠格とされた者以外の法定相続人は、欠格者が相続人ではないことを前提に相続手続を進めることができる。それに対して、廃除では、被相続人が家庭裁判所に廃除の請求をし、家庭裁判所が審判によって廃除を認めなければ、法定相続人は相続人の地位を奪われない（892条）。遺言によって廃除の意思が表明されたときは、遺言者の死後に遺言執行者が家庭裁判所に廃除の請求をする（893条）。

(2)　廃除の事由

　廃除事由については、推定相続人（法定相続人とほぼ同じ意味であるが、廃除で相続人となれない可能性を考慮し、「推定相続人」の用語が使われる）が被相続人に対して虐待、重大な侮辱をした場合、またはその他の著しい非行があった場合と規定されている（892条）。しかし、何をもって廃除事由にあたるかについて画一的な判断基準はなく、その判断は家庭裁判所の裁量に任されている。廃除の認否に対する裁判所の立場は一般的に慎重といわれている。廃除を認めた事例をみると、推定相続人が親に暴行を加えたうえ、自らの借金を払わせ、印鑑を偽造して親名義の不動産を自己名義とした事例（東京家八王子支審昭和63・10・25家月41巻2号145頁）、推定相続人が親の財産を無断で消費し、多額の物品購入代金や会社の遣い込み金を親に負担させたうえ、暴力をふるって家出した事例（岡山家審平成2・8・10家月43巻1号138頁）など、明らかに推定相続人に責められるべき事由が存在する事例について廃除を認めている。

　問題になるのが、推定相続人が親の反対を無視して婚姻したことは廃除事由と評価されるかということである。親の反対を無視した婚姻だけでは被相続人

に対する虐待、重大な侮辱その他の著しい非行があったとはいえず、廃除事由としては不十分であるといえよう。婚姻の自由の尊重という観点からもこれを廃除事由として認めるべきではない（東京高決平成4・12・11判時1448号130頁：親が反対した婚姻の件だけではなく、娘の一連の非行を総合的にみて廃除を認めた）。これに対しては、婚姻の自由の尊重は当然であるが、親の反対を無視して婚姻する以上は、推定相続人は親の財産の相続も期待するべきではないとの見方も示されている。何をもって廃除事由である「著しい非行」とみるかについて、価値観の多様化により一律に判断することは難しくなっている。

IV 相続回復請求権

1 総説

　相続人ではないのに、相続人であるかのように相続財産を占有する者（これを表見相続人という）がいたとしよう。たとえば、婚姻の届出のない事実上の夫婦において、亡くなった夫名義の不動産上に、夫の死後も妻が居住を続けているとする。このような場合には、法律上の妻や子などの法定相続人（真正相続人）が、表見相続人（上の例では事実上の妻）に対して、相続権に基づいて不動産の返還を請求することができる。これを相続回復請求という。注意するべきであるのは、相続回復請求権には短期の期間制限があるということである（884条）。相続回復請求権は、相続人またはその法定代理人が相続権を侵害された事実を知った時から5年で時効により消滅する。相続開始の時から20年が経過した時にも請求権は消滅する。このように短い期間制限が設けられている主な理由は、相続紛争を早期に解決することである。

　相続回復請求権は、相続財産中の個々の財産についての権利の集合であるとするのが一般的な見方である。もっとも、訴訟を提起する段階では請求の対象となる個々の財産をすべて（甲不動産、車、絵画…など）挙げる必要はなく、訴訟手続の中で特定できればよいとされる。

2　相続回復請求の対象

(1)　遺産の再分割請求

　問題は、何が相続回復請求にあたるかである。まず、遺産の再分割請求が相続回復請求にあたるかどうかを考えてみよう。相続回復請求にあたるとすれば、5年の消滅時効という短期の期間制限に服するため、この問題は重要である。たとえば、長男、長女、二男の3人の相続人がいたが、二男を外して長男と長女だけで勝手に遺産分割協議を行い、相続財産である甲不動産の所有権を長男が取得することとされたとする。共同相続人の一部を除外して行った遺産分割協議は無効である。そこで、二男は、遺産分割協議のやり直しを求めることになる。このような二男の再分割請求は相続回復請求にあたるか。相続回復請求は表見相続人つまり相続人ではない者に対する請求に限られるとみれば、共同相続人である長男、長女に対する請求を相続回復請求とみるべきではない。もっとも、共同相続人が自己の相続分を超えて占有している部分については、表見相続人による占有とみることが可能であり、また、相続紛争を早期に解決する期間制限の趣旨を重視すれば、再分割請求も相続回復請求として短期の消滅時効に服するべきと考えられる。

　判例は、遺産の再分割請求を含めた共同相続人間の請求を相続回復請求とみることができるという立場を前提に、相続回復請求にあたる場合とあたらない場合について以下の基準を示している（最大判昭和53・12・20民集32巻9号1674頁）。

　①共同相続人が悪意または有過失で相続人の一部を除外して遺産分割を行った場合には、遺産の再分割請求は相続回復請求ではなく、除外された相続人は884条の期間制限を受けることなくいつまでも遺産の再分割を請求することができる。

　②それに対して、共同相続人が善意・無過失で共同相続人の一部を除外して遺産分割を行った場合には、遺産の再分割請求は相続回復請求であり、884条の期間制限を受ける。

　では、善意・無過失で共同相続人の一部を除外して行う遺産分割とはどのような場合か。たとえば、相続人の1人について、他人の子として出生届がさ

れ、他人の子として育てられたために、他の共同相続人が当該相続人の存在を知ることができなかった等、例外的な場合に限られる。

⑵ 第三者に対する請求

次に、表見相続人から財産を譲り受けた第三者に対する相続人からの請求を相続回復請求とみるべきかを考えてみよう。たとえば、内縁の妻が、相続人ではないにもかかわらず、死亡した内縁の夫名義の甲不動産を相続人であるかのように占有し、第三者に売却したとする。この場合には、真正相続人である被相続人の法律上の妻や子は、相続により承継した所有権に基づいて第三者に対して甲不動産の返還請求を行うことができる。この返還請求を、相続回復請求とみるべきか。

判例は、相続人からの第三者に対する請求は相続回復請求ではないとしている（大判昭和4・4・2民集8巻237頁）。これによると、第三者に対しては、短期の期間制限なく目的物の返還請求をすることができることになる。これに対しては、相続紛争を早期に回復させるという相続回復請求の制度の目的から、第三者に対する請求も相続回復請求とみるべきであるとの批判がある。

3　消滅時効の原則との関係

相続回復請求権について定められている短期の消滅時効と、民法一般に共通する消滅時効の原則との関係が問題になる。上の例で、表見相続人である内縁の妻が被相続人名義の甲不動産を占有している場合において、真正相続人である被相続人の法律上の妻や子は、相続により甲不動産の所有権を取得している。ここで、民法一般の原則によれば、真正相続人の所有権は時効により消滅することはない。しかし、884条に基づく5年の消滅時効により相続回復請求権が消滅すれば、甲不動産の所有権に基づく返還請求権や妨害排除請求権が消滅する。このように、所有権は時効によって消滅しないという民法の一般原則については、884条によって相続回復請求権が消滅すれば、それに伴って所有権に基づく権利も消滅するということに注意が必要である。

第12章

相続による財産承継の特徴・相続財産の範囲

　相続の対象となる財産は何かということを学ぶ。まず、相続による財産承継の特徴として、包括承継の原則を確認した上で、相続による不動産物権変動と登記の問題を検討する。次に、相続の対象となる権利義務と相続の対象とならない権利義務を判例の基準に従って分類する。最後に、祭祀財産についての特別のルールを確認する。

I　相続による財産承継の特徴

1　包括承継の原則

　相続によって承継されるのは、相続開始時に被相続人に属した一切の権利義務である（896条）。不動産や動産の所有権、抵当権などの物権、預金債権などの債権をはじめとするすべての財産権が相続の対象となる。また、債務も相続の対象となる。売買契約などの契約により意思表示に基づいて財産権が承継される場合には、契約の対象となった一定の財産権のみが承継されるのが原則であるのに対して（特定承継）、相続では一切の権利義務が包括的に承継される（包括承継）。ただし、年金請求権などの被相続人の一身に専属する権利義務は承継されない（896条ただし書）。

2　相続による不動産物権変動と登記

　相続による不動産物権変動と登記の問題では、①相続のように意思表示ではなく被相続人の死亡によって生じる不動産物権変動は、177条により登記がなければ第三者に対抗できない物権変動といえるかどうか、②法定相続分を超える物権変動か否かで対抗要件の要否が異なるかが問題となる。②については、2018年相続法改正により導入された899条の２第１項によると、相続による権利の承継は、遺産の分割によるものかどうかにかかわらず、法定相続分を超える部分については登記等の対抗要件がなければ第三者に対抗することができないとされることとなった。同条の意義を確認しながら、相続による不動産物権変動と登記の問題を概観することとする。

(1)　法定相続分での相続による不動産物権変動と登記

　まず、法定相続分での相続による不動産の承継を登記なくして第三者に対抗できるかの問題を考えてみよう。たとえば、被相続人が遺言をせずに死亡し、遺産は甲不動産のみ、相続人は妻Aと子Bであったとする。Bは、書類を偽造して甲につき単独相続の登記をした上で、甲をCに売却し、移転登記が経由された。Aは、法定相続分に基づく甲の1/2の持分の承継を登記なくしてCに対抗することができるか。

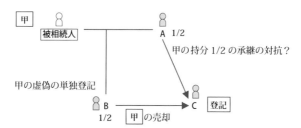

　この事例に177条を適用することができるのであれば、Aは登記がなければ甲の1/2の持分の承継を第三者に対抗することができないこととなる。もっとも、Aの相続による甲の1/2の持分の承継は、売買などのように意思表示に基づいて生じておらず、被相続人の死亡によって生じているため、177条が適用されないのではないかが問題となる。判例によると、意思表示による物権変動

だけではなく、相続による物権変動も登記がなければ第三者に対抗できない（変動原因無制限説。大連判明治41・12・15民録14輯1301頁）。したがって、Aは、甲の1/2の持分の承継について登記がなければCには主張できないということになりそうである。もっとも、判例によると、Bは、甲についてAの法定相続分の1/2については無権利であるから、無権利者から譲り受けたCも1/2については無権利であり、無権利者は登記なくして対抗できない第三者にあたらない（最判昭和38・2・22民集17巻1号235頁）。したがって、結論としてAは、甲の法定相続分である1/2の持分の相続による承継を、登記なくしてCに主張できる（無権利構成）。登記に公信力がないため、虚偽のBの単独登記を信じたCは保護されない。

(2) 法定相続分を超える部分の相続による不動産物権変動と登記

　次に、法定相続分を超える持分についての相続による承継を登記がなくても第三者に対抗できるかを考えてみる。たとえば、被相続人が、妻A（法定相続分1/2）の相続分を3/4、子B（法定相続分1/2）の相続分を1/4と指定する遺言をして死亡したが、Bは遺産である甲不動産について単独相続の登記をした上で、甲をCに売却し、移転登記が経由されたとする。Aは、指定相続分に基づく甲の3/4の持分の承継を登記なくしてCに対抗することができるか。

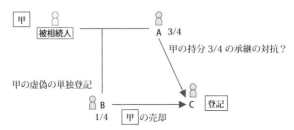

　上述(1)でみたように、判例によると、Aは甲の法定相続分1/2の持分の承継を登記なくしてCに主張できる。指定相続分についても同様に、Aは甲の指定相続分3/4の持分の承継を登記なくしてCに対抗できるとするのがかつての判例の立場であった（最判平成5・7・19家月46巻5号23頁）。しかし、2018年相続法改正により、判例の原則は変更され、Aは自己の法定相続分を超える1/4（3/4-1/2）の持分の相続による承継については、登記なくしてCに対抗できな

いこととなった（899条の2第1項）。同項によって、相続による不動産の物権変動では、法定相続分を超える部分については登記なくして第三者に対抗できないという原則が明らかにされた。法定相続分を超える部分についてのみ登記なくして対抗できないとする理由は、法定相続分を超える部分の承継は、それを指示する遺言の存在が知られにくいなど、第三者にとって確知しにくいためなどとされる。

　法定相続分を超える権利承継が相続によって生じる例としては、遺言による相続分指定の他、遺産中の特定の財産を特定の相続人に承継させる遺言（特定財産承継遺言）がされた場合がある。特定財産承継遺言により遺産中の特定の不動産を相続した相続人は、899条の2第1項により、自己の法定相続分を超える部分の承継については、登記がなければ第三者に対抗できない。特定財産承継遺言による不動産の承継は登記なくして第三者に対抗しうるとした先例（最判平成14・6・10家月55巻1号77頁）は同条により変更された。

(3)　遺産分割と登記

　たとえば、被相続人が遺言をせずに死亡し、遺産は甲不動産のみ、相続人は妻A（法定相続分1/2）と子B（法定相続分1/2）であったとする。A・Bの遺産分割協議により、甲につきAは持分2/3、Bは持分1/3を取得することとされた。しかし、Bは書類を偽造して甲について単独相続の登記をした上で、甲をCに売却し、移転登記が経由された。Aは2/3の持分の承継を登記なくしてCに対抗することができるか。

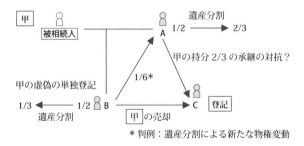

＊判例：遺産分割による新たな物権変動

　Aは、遺産分割によって自己の法定相続分である1/2を超える2/3の持分を取得することとなったが、遺産分割の効果は相続開始時に遡るとされていること

から（909条）、Aは相続開始時に2/3の持分を承継したとみることができる（このような見方を宣言主義という。208頁を参照）。しかし、899条の2第1項により、Aは、甲につき承継した2/3の持分のうち法定相続分を超える1/6（2/3−1/2）の持分の承継を、登記なくしてCに対抗できない。

　なお、899条の2第1項が新設される前の判例は、Aが登記なくして自己の持分を超える部分の承継を登記なくして第三者に対抗できないとする理由について、遺産分割は効果が遡るとしても、第三者Cとの関係では遺産分割により新たな物権変動があったとし、これを第三者に対抗するには登記が必要であるとの立場を示している（このような見方を移転主義という。最判昭和46・1・26民集25巻1号90頁）。同項が新設されたことで判例の理由付けが成り立たなくなったというわけではない。しかし、同項が新設されたことで、遺産分割により新たな物権変動があったとみるのではなく、遺産分割の効果が遡り、自己の持分を超える部分についてのみ第三者に対抗するには登記を要する、という見方がより説得的になったといえる。

II　相続の対象となる権利義務

　不動産や動産の所有権や抵当権などの物権、預金債権などの債権、著作権などの無体財産権は原則として相続によって承継される。解除権や取消権なども相続の対象となる。

　その他、判例において相続の対象になるとされている権利義務として、損害賠償請求権、賃借権、占有権、無権代理行為から生じる権利義務、特約がある場合における委任契約から生ずる権利義務などがある。これらの権利義務について、以下では個別的に検討する。

1　損害賠償請求権

　たとえば、Aが生きている間に交通事故で怪我をしたという不法行為の事例で、Aに300万円の損害賠償請求権が具体的に発生していたとする。Aが死亡した後には、300万円の損害賠償請求権は一般の金銭債権として相続の対象と

なるから、Aの相続人がこれを相続して行使しうる。ここで、損害賠償請求権の内容が具体化する前に、Aが不法行為により死亡した場合（とりわけ即死の場合）には、損害賠償請求権がA自身に帰属することがありうるか、またそれを相続人が承継するかが問題になる。これについては財産的損害、とりわけ逸失利益の損害と精神的損害（慰謝料）に分けて検討される。

　まず、逸失利益の損害について、たとえば、Aが不法行為により死亡していなければ得ていたはずの収入などの逸失利益がAの死後に2000万円と算定されたとしよう。この2000万円の損害賠償請求権は、死亡したA自身に一度帰属し、Aの死亡により相続人である遺族が相続して行使することができるとするのが判例の立場である（相続構成：大判大正9・4・20民録26輯553頁）。

　判例に対して、死亡による損害はAに生じるのではなく、相続人自身に生じるという見方もある。これによると、相続人は、死亡したAの損害賠償請求権を相続するのではなく、自身に生じた損害賠償請求権を行使することになる（固有損害説）。相続人自身に生じる損害とは、たとえば、扶養を受けている子が相続人である場合には、扶養義務を負う親が不法行為により死亡したことで親から扶養される利益が喪失したことにより生じる損害のことである。

　次に、精神的損害（慰謝料）について、たとえば、Aが不法行為によって死亡した場合には、Aの父母、配偶者、子には慰謝料請求権が生じる（711条）。これに加えて、死亡したA自身に慰謝料請求権が発生してそれを相続人である遺族が相続して行使することができるかが問題となる。判例によると、慰謝料請求権は行使上被害者の一身専属権であって、行使するかどうかを被害者自身が決定するべきであり、被害者の債権者が代位行使（423条1項）することはできない（最判昭和58・10・6民集37巻8号1041頁）。もっとも、被害者が死亡すると、慰謝料請求権は被害者の遺族に相続され帰属するとされる（最大判昭和42・11・1民集21巻9号2249頁）。つまり、慰謝料請求権は行使上の一身専属権であるが、帰属上の一身専属権ではなく、相続人に帰属し得る。

2　賃借権

　賃借権は財産権として相続の対象となる。とくに不動産の賃借権は、賃借人

である被相続人と共同生活を送ってきた相続人の居住を保護するという観点から重要な相続財産である。

　もっとも、被相続人Aと唯一の相続人である息子Bとが同居していなかったという場合には、BがAの賃借権を相続することによって居住の保護を受ける意義は必ずしも明らかではない。この事例で、Aは妻に先立たれ、内縁配偶者Cと借家に同居していたとする。このような場合には、Aの死後に居住を保護するべきであるのは、別居していた息子Bではなく、同居していたCであるとみられることが多いであろう。しかし、賃借権は相続されるため、相続人である息子BがAの賃借権を承継する。Aと同居してきた内縁配偶者Cは、相続人ではないため賃借権を承継せず、生活の根拠を奪われる危険にさらされ得る。

　そこで判例は、相続人が賃借権を承継する原則を維持しつつ、内縁配偶者の居住を個別的に保護する判断を示している。たとえば、賃貸人から明渡請求があった場合について、相続人の賃借権を援用することにより内縁配偶者の居住を保護する（最判昭和42・2・21民集21巻1号155頁）。相続人からの明渡請求については、権利の濫用として内縁配偶者の居住を保護することが考えられる。

　なお、被相続人が無償で不動産を借りていた場合には（使用貸借：593条）、特約がない限り、被相続人の死亡によって使用借権は消滅する（597条3項）。しかし、これについても賃借権と同様に、不動産の使用貸借では使用借主と一定の関係にある者の居住を保護する解決が図られている（東京地判昭和39・5・25下民集15巻5号1144頁。使用貸借がその目的からみて使用借主の死亡によっては消滅しないとされた）。

3　占　有

(1)　占有の相続の意義

　占有は、物を支配している事実である。被相続人が物を占有しているという事実は、被相続人が死亡すれば消滅するはずであり、これを相続人が承継することは考えにくい。民法上も相続の対象は権利義務とされ、事実は相続の対象とならない。しかし、判例は、占有の権利としての側面を重視し、占有は当然に相続人に承継されるとする（最判昭和44・10・30民集23巻10号1881頁）。

占有の相続は、主に取得時効の完成（162条）にとって有意義である。たとえば、Aが他人の土地を悪意で占有しはじめて15年が経過したところで死亡し、Aの相続人であるBがその土地を5年占有したとする。この場合にBは、自身による5年の占有のみでは土地の所有権を時効により取得することができない。このような場合でも、Bは、Aによる15年の占有を相続により承継し、自身による5年の占有と合わせて20年の占有を主張することによって、土地の所有権を時効により取得することができる（20年の占有：162条1項）。

(2)　占有承継における相続人の選択

　被相続人の占有を承継するかどうかを相続人において選択することができるか。相続の包括承継の原則からみると、相続人は、相続放棄をするなどして相続権を失わない限り、選択の余地なく当然に占有を承継することになる。しかし、取得時効の点からは、占有を相続により承継することが相続人にとって逆に不利になることがあるため問題になる。

　たとえば、Aが悪意で土地を占有し始めて5年が経過したところで死亡し、その後、相続人Bが同土地を善意かつ無過失で11年間占有し続けた場合を考えてみよう。この事例では、Bが時効取得を主張するのに、Aの占有を相続により承継することはかえって不利となる。つまり、Bは、Aの占有を承継しなくても、自らの11年の善意・無過失の占有のみですでに取得時効の占有期間の要件を満たしている（10年の占有：162条2項）。しかし、Aの占有を承継しているとみれば、Bは、Aの悪意の占有と合わせて占有開始時に悪意の16年の占有をしていることになる。この場合には、取得時効の完成のための占有期間が4年不足していることとなる（20年の占有：162条1項）。

　判例によると、Bは、Aの占有期間を合算せず自身の11年の善意・無過失の占有のみを主張することができる（最判昭和37・5・18民集16巻5号1073頁）。つまり相続による占有承継にも187条1項が適用され、自己の占有のみを主張するか、被相続人の占有を合わせて主張するかについて、相続人において選択できる。被相続人の占有を合わせて主張する場合には、相続人は被相続人の悪意の事情も承継する（187条2項）。占有承継における相続人の選択は、相続人は被相続人の財産に属した一切の権利義務を相続開始時に当然に承継することと

する原則（896条）の例外といえる。

(3) 相続における他主占有から自主占有への転換

上の例で、被相続人Aの占有が他主占有（賃借人による占有など所有の意思のない占有）である場合にも、相続人Bは、自身の自主占有（所有の意思のある占有）を主張することができるか。このことは、取得時効の完成のための占有は自主占有である必要があるため問題となる。

判例は、Aによる他主占有がBによる相続によって新たな権原（185条）として自主占有に変わることはないということを前提としつつ、Bによる占有が「外形的客観的にみて独自の所有の意思に基づく」場合にはBの自主占有による取得時効の完成を認める（最判平成8・11・12民集50巻10号2591頁）。同判例によると、たとえばAが他主占有していた土地をAの死後にBが管理し、同土地の登記済証を保管し、固定資産税を納付する等をしていた場合には、外形的客観的にみてBの独自の所有の意思に基づく占有があったとしてBの自主占有に基づく取得時効の完成が認められうる。

4　無権代理行為から生じる権利義務

(1) はじめに

無権代理が行われた後に、無権代理人や本人が死亡した場合には、無権代理行為から生じる権利義務は相続の対象になる。無権代理行為から生じる権利義務としては次のようなものがある。

本人には、無権代理行為の効果を引き受けることを追認する権利および追認を拒絶する権利が生じる（113条）。無権代理人には、相手方の選択に応じて損害賠償義務または履行義務が生じる（117条1項）。もっとも、相手方が無権代理行為について悪意または知らなかったことにつき有過失の場合には、無権代理人は義務を負わない（117条2項1・2号。なお、有過失の場合には、同項2号ただし書により、無権代理人は自己に代理権がないことを知っていたときは義務を負う）。無権代理人は、制限行為能力者であった場合にも義務を負わない（117条2項3号）。

(2) 無権代理人が本人を相続した場合

　たとえば、子Ａが、親Ｂの所有する甲土地を、無権代理によりＣに売却し、その後Ｂが死亡してＡが単独相続した場合を考える。Ｃは、この状況について、無権代理というよりは、親子Ａ・Ｂが、一体として、Ａ・Ｂのいずれかが所有する土地を売却したと捉える可能性がある。判例も、このような事例を、無権代理人であるＡと本人Ｂの資格が融合して、Ｃにとっては同一の者からその所有地を買い受けたものと扱う（最判昭和40・6・18民集19巻4号986頁）。したがって、Ｃは、Ａに対して売買契約に基づいて土地の引渡しを請求することができる。このような考え方を資格融合説と呼ぶ。

　たしかに、資格融合説は、相続の包括承継の原則からは理解しやすい。つまり、相続によって本人の一切の権利義務を無権代理人が包括的に承継するので、両者を同一人のようにみることができる。これにより、相手方は最初から本人と契約をしたことになり、本人と同一人とされる無権代理人に履行を請求することができる。

　しかし、相続によって包括承継されるのは、本人の資格ではなく、権利・義務である（896条）。相続により無権代理人と本人が同一人となり、無権代理行為がなかったことになるという捉え方は、被相続人と相続人それぞれが本来有していた権利・義務が消滅することを意味し、相続法の原則と相容れない面がある。

　さらに資格融合説によると、無権代理行為から生じる様々な効果が失われることが問題となる。たとえば、無権代理人は、相手方の悪意・有過失といった主観的事情により義務を免れることがある（117条2項）。また、相手方には本来、取消権のほか（115条）、無権代理人に損害賠償を請求する権利がある（117条1項）。しかし、資格が融合するという立場によると、相手方は履行を求めるしかなく、無権代理人は常に履行する義務を負うことになる。

　したがって、無権代理人Ａは、相続によって本人Ｂとその資格が融合して同一人とされるのではなく、本人Ｂの権利義務を包括的に承継するとともに、無権代理人の権利義務を併せ持っていると捉える立場が学説で一般的である（資格並存説）。これによるとＡは、常に履行義務を負うのではなく、Ｃの選択に応じて損害賠償義務を負うこともあるし、Ｃが取消権を行使することも可能であ

る。

資格融合説

同一人

契約
C ────────→ 本人B
履行請求   │
         無権代理人A

資格並存説

本人B
│
契約
C ────────→ 無権代理人A

・取消権（115条）
・履行請求権／
　損害賠償請求権（117条）

・追認拒絶権（113条）
・履行義務／
　損害賠償義務（117条）

　問題は、この場合に無権代理人Aは、本人Bから承継した追認拒絶権を行使することができるか否かである。無権代理行為をしたにもかかわらず、Aが追認を拒絶して履行を拒絶することは信義則に反するので許されないとの見解もある（資格並存説―信義則説）。しかし、追認の拒絶を認めても、Aは無権代理人の責任を負い、それには履行義務も含まれると解される。また、相手方や無権代理人の事情により無権代理人が責任を免れる余地を残しておくべきである（117条2項）。このようなことから、Aによる追認拒絶権の行使を認めてもよいという見方も有力である（資格並存説―貫徹説）。

(3)　本人が無権代理人を相続した場合

　たとえば、Aが、唯一の相続人である子Bの所有する甲土地を、権限がないのにBの代理人と称してCに売却した後に死亡した場合を考える。これは、本人Bが、無権代理人Aを相続した事例である。

　判例は、AとBの資格が融合するというのではなく、Bは、本人として無権代理行為の追認を拒絶することができるとしている（最判昭和37・4・20民集16巻4号955頁）。

　もっともBは、無権代理人Aの義務を相続により承継するため、相手方の選択に応じて、損害賠償または履行をする義務を負う（117条）。これによると、Bは、追認を拒絶しても、履行請求されれば甲土地をCに引き渡さなくてはならず（もっとも117条2項による例外がある）、結局追認したのと同じ結果を受け入れざるをえないことになる。これをCからみると、無権代理人Aの死亡により

偶然に甲土地を取得できることになる（最判昭和48・7・3民集27巻7号751頁は無権代理人に履行義務があるとする。もっとも、不動産の引渡しではなく金銭債務の履行義務を認めた事例である）。

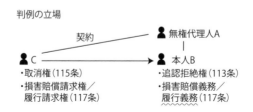

判例の立場

契約　　無権代理人A
｜
C　　　　　　　　　　本人B
・取消権（115条）　　　・追認拒絶権（113条）
・損害賠償請求権／　　・損害賠償義務／
　履行請求権（117条）　　履行義務（117条）

　判例に対する批判として、Bに履行責任を負わせると追認の拒絶を認めた意義が少なくなること、他人物売買の売主の義務を相続した本人が履行拒絶できるとする判例（最大判昭和49・9・4民集28巻6号1169頁）と整合的ではないことが指摘されている。これらのことから、学説では、無権代理人を相続した本人は、履行義務を拒絶できるとの見方が示されている。

⑷　無権代理人が共同相続人の一人として本人を相続した場合
　たとえば、Aには相続人として子B₁・B₂がおり、B₁はAの所有する甲土地を無権代理によりCに売却したとする。その後Aが死亡してB₁・B₂が共同相続したとする。
　この場合について判例は、無権代理人が本人を単独相続する場合のようにAとB₁・B₂の資格が融合するとの判断を示していない。問題は、本人Aの追認権をB₁・B₂がどのように承継するかである。
　判例によると、追認権は、相続分に応じて分割承継されるのではなく、B₁・B₂に不可分的に帰属し（264条）、共同相続人全員、つまり例ではB₁・B₂が共同で行使しない限り、追認の効果は生じない（最判平成5・1・21民集47巻1号265頁）。なお、B₂が追認をしている場合に、無権代理人B₁が追認の拒絶をすることは信義則上許されないとされる。

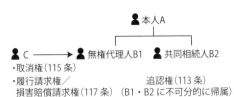

本人A

C ⟶ 無権代理人B1　共同相続人B2
・取消権（115条）
・履行請求権／　　　　　　　　追認権（113条）
　損害賠償請求権（117条）（B1・B2 に不可分的に帰属）

5　委任契約上の権利義務

　委任契約では当事者の信頼関係が重要であるから、当事者の一方が死亡すれば委任は終了するのを原則とする（653条1号）。しかし、この規定は任意規定であるとされ（最判平成4・9・22金法1358号55頁）、死後も終了しないとする特約があれば、相続人が委任契約上の権利義務を承継する。もっとも、相続人は委任者または受任者として契約をいつでも解除することができる（651条1項）。

　問題となるのが、委任者が自らの死後に医療費の支払や葬儀の手配をすることなどを委任事務の内容とする委任契約の効力である。このような委任契約を死後事務委任契約という。死後事務委任契約には、委任者の死後も終了しないとする特約が含まれると解される。では、相続人が、委任契約を任意に解除することはできるか。これが許されるのであれば、委任契約により死後の事務を受任者に委ねたことが無意味になる。そこで、裁判例では、委任契約には、特段の事情がない限り任意解除権（651条1項）の行使を許さない特約が含まれると解し、委任者の相続人による解除を制限することで本人の意思を実現することを認めるものがある（東京高判平成21・12・21判時2073号32頁）。

　もっとも、死後事務委任契約については、法制度上の問題が指摘されている。つまり、相続法上、死亡した者の意思を死後に実現することは、遺言による以外原則として認められていない。委任者の権利義務を相続人が包括的に承継した後は相続人の自由な意思を尊重するべきとする原則からは、相続人による任意解除は制限されないという結論が導かれる。したがって、死後事務委任契約の継続を図る解釈は、相続法秩序と抵触する可能性がある。

　しかし、近年では死後の葬儀などを生前に自身で決定したいと考える人が増

え、このような決定を尊重するべきという考え方が広がっていることから、死後事務委任契約をできるだけ尊重する解釈が実際上望まれている。

6　その他の問題

近年、デジタル財産、たとえば SNS のアカウントやオンラインまたはオフラインで保存されたデータなどが相続の対象となるか否かの問題が指摘され始めている。最新の学説によると、SNS のアカウントは、原則としては、被相続人の一身に専属する権利とみられ（896条ただし書）、相続の対象にならないのではないか、もっとも、被相続人の死後どのように管理するかについては、死後事務委任契約により決定できるのではないかとの見方が示されている。

III　相続の対象とならない権利義務

相続の対象から除外される権利義務としては、被相続人の一身に専属する権利義務（896条ただし書）のほか、判例によると、特殊な保証債務、相続人の固有の権利がある。

1　一身に専属する権利義務

被相続人の一身に専属する権利義務は承継されない（896条ただし書）。しかし、何が一身に専属する権利義務にあたるかということに関しては、明文化されたものを除くと一義的ではない。慰謝料請求権は、被害者本人のみに行使するか否かを決定させるべきという意味で行使上の一身専属権ではあるが、被害者のみに帰属するという意味での一身専属権ではなく、相続の対象となるとみるのが判例および通説の立場である（→178頁を参照）。

(1)　個人的な信頼関係に基づく権利義務

代理権（111条1項1号）、無償で他人の物を使用する権利（使用借権：597条3項）、委任契約上の権利義務（653条1号）などは被相続人の死亡により消滅す

ることが規定上明らかにされている。これらは被相続人と相手方との個人的な信頼関係に基づいて生じる権利義務であるから、被相続人の死後は相続人によって承継されないのを原則とする（委任契約の例外について185頁参照）。

(2) 被相続人の個性や能力に着目した権利義務

被相続人が契約によって負うピアノを演奏する債務、絵を描く債務などは、被相続人の個性や能力に着目した債務であるため相続人に承継されない。

これに対して、たとえば売買契約から生ずる特定物の引渡債務は、被相続人の個性や能力に着目した契約から生じているとはいえない。したがって、売主である被相続人が死亡するとその債務を相続人が承継して履行する義務を負う。

(3) 一定の家族関係に基づいて生じる権利義務

たとえば、妻が夫に対して持つ婚姻費用分担請求権（760条）を、妻の死後、妻の親が相続して行使することはできない。婚姻費用分担請求権は、夫婦関係に基づいて妻または夫にのみ生じる権利だからである。その他、同居・協力・扶助義務（752条）、扶養請求権（877条以下）も夫婦関係や親子関係をはじめとする一定の家族関係に基づいて生じる権利であるため相続の対象にならない。

もっとも、これらの権利義務でも、相続開始前に金銭債権として具体化している場合には相続の対象となる。たとえば、別居中の妻が夫に対して100万円の婚姻費用分担請求権を有することが協議や審判などで確定していたとする。その後、夫婦が離婚し、元妻が死亡した場合には、元妻の死後はその相続人が100万円の婚姻費用分担請求権を相続して行使しうる。

なお、離婚時の財産分与請求権は、金額が明確化していなくても、当事者による請求の意思の表明があれば相続の対象になるとされる（名古屋高決昭和27・7・3高民集5巻6号265頁）。これは、財産分与請求権は別産制における潜在的持分の清算の意義を持ち、一般の財産権に近いものと捉えられるからである。

(4) 団体的な拘束の強い権利

一般社団法人や持分会社（合名会社、合資会社、合同会社）の社員としての権

利義務は相続により承継されることはない。社員の死亡により社員が退社したものとみなされる（一般法人29条3号、会社607条1項3号）。このような社員としての権利義務は、団体的な拘束が強く自由な譲渡にふさわしくないからである。これに対して、株式会社の株主権（株式）は、団体的な拘束がなく自由な譲渡が認められているため（会社127条）、相続の対象となる。

　問題となるのがスポーツクラブなどの会員権である。多くの場合は会員本人が死亡した場合の扱いが規約に明示されている。判例は、ゴルフクラブの会員権について、一般的には相続の対象となることを否定しない一方で、会員が死亡したときには資格を失う旨の規定がある場合には、一身専属性を帯びて相続の対象とはなりえないとする（最判昭和53・6・16判タ368号216頁）。

2　特殊な保証債務

(1)　身元保証債務

　Aが就職する際に、Aが将来にわたって雇用者に損害を与えた場合に生じるであろう損害賠償義務を、Aの兄Bが保証するという契約が結ばれたとする。このような契約によって保証人Bが負う債務を身元保証債務と呼ぶが、Bが死亡すると同債務をその相続人たとえばBの妻と子が承継するのであろうか。

　保証債務は、保証人の死亡により相続人に承継されるのが原則である。しかし、本人Aが将来もたらす可能性のある損害を第三者Bが填補することを内容とする身元保証債務は、とりわけA・Bの信頼関係に基づいて生じている面が大きく、Bの死後にも存続するとみるのには疑問が生じる。判例は、相続開始前に金額が確定して具体化している場合を除き、身元保証債務の相続を否定する（大判昭和18・9・10民集22巻948頁）。

(2)　根保証債務

　A・B間で継続的に取引が行われているところ、この取引で将来にわたってAに生じる債務を200万円の限度でCが保証する契約を結んだという事例を考えてみよう。Cが死亡すると、この保証債務をCの相続人たとえばCの妻と子が承継するだろうか。このように継続的な契約関係に基づいて、債務者が将来

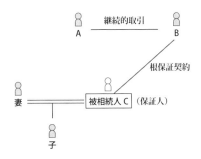

にわたって債権者に負担する不特定の債務を対象にする保証を根保証という。上述の身元保証も根保証の一種である。法人ではない個人の保証人が根保証をする場合には、極度額を定めない根保証契約は無効である（465条の2第2項）。上の例では200万円の極度額が定められているから、根保証契約は有効である。しかし、個人根保証契約では、保証人の死亡により主債務の額が確定する（465条の4第1項3号）。したがって、Cの相続人は、Cの死亡時点で確定した主債務の額についての保証債務のみを相続し、基本となる根保証債務を相続することはない。

3　相続人の固有の権利

(1)　死亡保険金

　たとえば、被相続人が、相続人である子A・BのうちAを保険金受取人とする生命保険契約を結んでいたとする。被相続人は遺言を残さずに800万円の財産を残して死亡し、Aは保険金（200万円）を受け取った。Aによる保険金の受取りは相続といえるか。相続とするならば、Aは、保険金の受取りによりすでに200万円を相続しているから、さらに800万円の財産をBと均分に相続できるというわけではない。Bは500万円、Aは300万円（Aはこれに加えて死亡保険金200万円を取得）を相続することになる。

　しかし、判例・通説は、死亡保険金請求権は、保険契約によって生じる受取人の固有の権利であるから相続の対象とはならないとする。したがって、上の例では、Aは保険金200万円を受け取るほか、800万円の相続財産をBと均分に

400万円相続することができる。これは、保険金受取人に指定されていないBにとっては不公平であるともいえる。しかし、保険金の受取人をAとすることによりAを優遇する被相続人の意思を尊重すべきこと、保険金請求権は保険契約に基づいて生じることから、判例では保険金の受取りは相続とは別と扱われている。

　この扱いは、保険金受取人の指定の仕方によって影響を受けるか。判例は、受取人を特定の相続人たとえばAと指定していた場合について、保険金の受取りは相続ではないとする（大判昭和11・5・13民集15巻877頁）。受取人を「相続人」とした場合でも保険金の受取りは相続ではない（最判昭和40・2・2民集19巻1号1頁）。

　では、上の例でAによる保険金（200万円）の取得を特別受益と扱うことができるか（903条）。これが可能であれば、法定相続分を修正して算定した具体的相続分については（→200頁）、Aは300万円、Bは500万円となる。

　しかし、判例は、被相続人が払い込んだ保険料と相続人が受け取る保険金に等価関係がなく、保険金の取得が被相続人の財産であるとはいえないことから、生命保険金の取得を特別受益とみることはできないとした（最決平成16・10・29民集58巻7号1979頁）。ただし、保険金を受け取った相続人と、そうでない相続人との間に著しい不公平が生じる場合には、保険金の取得を特別受益と扱うことができるとする例外が示されている。

(2) 死亡退職金

　被相続人が死亡により退職した場合には、法令や就業規則などにより死亡退職金が遺族に支払われることがある。この死亡退職金について、判例は、受取人が固有の権利として取得するのであり、相続によって取得するのではないとしている（最判昭和55・11・27民集34巻6号815頁）。したがって、死亡退職金を取得した者は、退職金の取得に加え、被相続人の財産を、退職金の取得の影響なく相続することができる。死亡退職金について遺族の生活保障という面を重視すれば、相続とは別に受取人固有の権利としてこれを保障することは合理的である。また、法令や就業規則等によると、配偶者がいるときは子が死亡退職金を取得できないなど、受取人の決定ルールは相続法の原則と異なることも多

い。したがって、これを相続とみるのは妥当ではない。

　では、死亡退職金を特別受益とみて、死亡退職金を受け取った相続人と他の相続人との公平性を図ることは妥当か（903条）。これについて判例は一致した立場を示していない。死亡退職金の意義について、特定の遺族の生活保障を重視すれば、これを特別受益とみるべきではない。それに対して、給料の積立てという側面を重視すれば、これを特別受益とみて、死亡退職金を受け取った相続人と受け取らない相続人との間の公平性を確保することが望ましいということになる。

(3)　その他

　弔慰金などの遺族給付は、遺族固有の財産とされ相続の対象とはならない。また、香典は、一般的に喪主への贈与とされ相続の対象にならない。

　信託された財産も相続の対象とはならない。したがって、一部の相続人の信託による受益は相続ではない。もっとも、信託による受益が特別受益と評価される場合には（903条）、具体的相続分の算定（200頁参照）において他の相続人との公平性が図られる。

IV　祭祀財産

1　祭祀財産承継の特別ルール

　お墓や系譜（家系図）、祭具（仏壇など）は祭祀財産とされ、相続財産には含まれず、他の財産権とは異なるルールで承継される。これは、祭祀財産が祖先祭祀の意味を持ち、共同相続人による分割にふさわしくないからである。祭祀財産承継についての特別のルールは次のとおりである。

　第1に、被相続人が祭祀を主宰すべき者を指定したときは、その者が承継する（897条1項ただし書）。指定の方法は、遺言による必要はなく、生前の意思表示でよい。そして、生前の意思表示は書面による必要はなく、黙示でも外部から認識できればよいとされる。

　第2に、被相続人による指定のない場合には、慣習にしたがって祖先の祭祀

を主宰すべき者が承継する（897条1項本文）。これにより、祭祀財産は、法定相続人ではない者（たとえば内縁配偶者やいとこなど）によって承継されることもありうる。

第3に、慣習が明らかではないときは、家庭裁判所が承継者を定める（同条2項）。家庭裁判所は、判断において、墓や仏壇を管理するにふさわしいか否かという点を重視している（東京高決平成6・8・19判時1584号112頁：被相続人と最も親密に共同生活を送った後妻を祭祀承継者とした事例）。

2　遺体、遺骨、葬儀費用

被相続人の遺体、遺骨は、祭祀財産ではないが、祭祀財産と同様に、一般の相続の原則によって分割するべきではない。そこで、明文の規定はないが、これらも祭祀財産に準じて祖先の祭祀を主宰すべき者が承継すると解されている（最判平成元・7・18家月41巻10号128頁）。

祭祀承継についての897条は葬儀費用の負担者を誰とすべきかを決定する基準となるかが問題となる。下級審は、葬儀費用の負担者の基準を897条に求めるのではなく、葬儀主宰者（主に喪主）の負担とするもの（東京地判昭和61・1・28家月39巻8号48頁）、相続財産の負担とするもの（東京地判昭和59・7・12判時1150号205頁）などに分かれている。

学説においては、葬儀費用を相続財産に関する費用（885条）として相続財産の負担とすべきとする立場が多数である。この立場は、死者が生前に自ら葬儀費用を用意しておくことが多いこと、葬儀費用について相続財産に対する先取特権が認められていること（306条、309条1項）を根拠とする。

第13章

遺産共有・遺産分割・特別の寄与

相続人が複数の場合には、複数の相続人（共同相続人）が、遺産にどのような権利を持ちどのように遺産を分配するか、また相続人ではない者であっても被相続人に対して行った貢献に基づいて何らかの請求をしうるかについて、相続法の制度を考察する。

I　遺産共有

1　遺産共有の法的性質

相続人A・Bが遺産（相続財産）である甲土地と2000万円の預金債権を共同相続した場合の法律関係について考えてみよう。A・Bは、遺産分割の手続において、たとえば、土地の所有権をAが取得し預金債権をBが取得するなど、遺産の最終的な帰属を決めることになる。相続が開始した後、遺産の最終的な帰属が決まるまでの間は、A・Bが遺産を「共有」することになっている（898条1項）。この状態を遺産共有という。相続財産について共有に関する規定を適用するときは、A・Bの共有持分は、法定相続分（900条・901条）または指定相続分（902条）である（898条2項）。

(1)　遺産共有の意味①――共有説

遺産共有の意味について、判例は物権法上の共有（249条以下）と同じであるとする（共有説：最判昭和30・5・31民集9巻6号793頁）。共有説の特徴の第1は、

遺産共有においてＡ・Ｂ間の人的関係を重視せず、Ａ・Ｂ各自が処分可能な持分を有していると捉えることである。第2に、遺産を全体として共有するのではなく、遺産に属する個々の財産への持分をＡ・Ｂ各自が持っているとみることである。

　共有説によると、Ａ・Ｂは、遺産中の甲土地に共有持分を有し、2000万円の預金債権も共有（準共有。264条）する（次頁の図参照）。そして、遺産分割によって遺産の最終的な帰属が決まる前に、Ａ・Ｂ各自は、自己の持分を第三者に譲渡することができるし、持分を譲り受けた第三者が、共有物の分割請求をすることもできる（256条）。このように、共有説によると、Ａ・Ｂは、共同相続人という人的関係に拘束されず、それぞれ自由に遺産中の財産権を行使することができ、第三者による遺産への介入が認められる。共有説の利点は、遺産分割協議が長引く場合でも、Ａ・Ｂ各自が早期に遺産から利益を享受することができることである。なお、遺産分割の遡及効から第三者を保護する趣旨の909条ただし書は、遺産分割前にＡ・Ｂ各自が持分を処分することを前提としているから、共有説に適合的である。

(2)　遺産共有の意味②──合有説

　これに対して、遺産分割前の遺産は帰属先が不確定であるから、この段階では共同相続人Ａ・Ｂは各自で遺産を自由に処分することができないのが原則であるという見方もある。この見方は、遺産分割について、共同相続人であるＡ・Ｂ間で、家族の諸事情を考慮して柔軟に遺産の帰属先を決めるプロセスであるという点を重視する。遺産分割が決着する前に第三者が遺産に介入すれば、Ａ・Ｂ間で遺産の帰属先を決めるプロセスが害されることとなる。また、遺産の流出により相続債権者の利益が害される可能性もある。

　そこで、遺産分割前の遺産共有では、遺産中の個々の財産についてＡ・Ｂが各自に処分可能な持分を有するというのではなく、遺産が全体としてＡ・Ｂに合有されているとの見方が提示されている（合有説）。合有説の特徴の第1は、遺産共有において、Ａ・Ｂ間の人的関係を重視するところにある。遺産共有状態では人的関係に基づく拘束があるので、Ａ・Ｂ各自は自由に持分を処分することができないこととなる。第2に、遺産中の個々の財産についての権利では

なく、遺産を全体として特別な財産とみて、この全体についてＡ・Ｂが持分を有するとみることである。合有説は、909条ただし書を、遺産分割前の処分を広く認めるものではなく、第三者保護のための例外規定であるとみる。

　合有説は、遺産分割前の処分を前提とする909条ただし書に適合的ではないこと等から一般化していないが、共同相続人間での遺産分割のプロセスを尊重し、また遺産分割前の不確定な段階で遺産を処分するべきではないという常識的な考えに基づいている。

　なお、遺産分割前に共同相続人の１人が相続分を譲渡した場合には、他の相続人には価額償還等をしたうえで相続分を取り戻すことが認められている（905条）。ここでの相続分は、遺産中の個々の財産に対する持分の意味ではなく、遺産全体に対する割合的な持分の意味である（最判平成13・7・10民集55巻5号955頁）。したがって、同条の相続分は、合有説で理解される遺産共有での持分と同意義である。

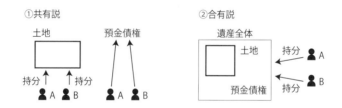

2　可分債権の共同相続

(1)　分割承継の原則

　被相続人の子Ａ・Ｂが可分債権である1000万円の金銭債権を共同相続したとする。判例によると、可分債権は、相続開始と同時に法定相続分（または指定相続分）に応じて各相続人に当然に分割帰属する（最判昭和29・4・8民集8巻4号819頁）。これによると、Ａは500万円、Ｂは500万円（法定相続分による場合）の金銭債権を被相続人が死亡すると同時に取得する。つまり、可分債権は遺産分割の対象にならないということになる。もっとも、Ａ・Ｂの合意があれば、可分債権を遺産分割の対象にすることができるとされる（高松高判平成18・6・

16高民集59巻2号9頁）。

可分債権の分割承継という扱いは、次のように説明することができる。すなわち、相続開始によりA・Bが可分債権を準共有するはずのところ（264条本文）、可分債権には、可分債権に数人の債権者がある場合についての427条が適用される結果（264条ただし書）、A・Bは、相続分に応じて分割された債権を取得する。このような扱いは、遺産分割が長引く場合が多いことを考えると利点がある。長引く遺産分割の決着を待つのではなく、相続開始と同時にA・B各自が500万円の金銭債権を取得し行使することができる。

(2) 分割承継の問題

しかし、判例の分割承継という扱いに対しては大きな欠点が指摘されている。それは、遺産分割のプロセスが害されるということである。これは、遺産共有の理解についての合有説の問題意識と共通する。つまり、遺産分割では、相続分に応じた遺産を各相続人に機械的に分配するのではなく、相続人間で家族の諸事情を考慮して、最終的な遺産の取り分や分割方法を柔軟に決めることが目指されている。遺産分割は共有物分割訴訟によることができず（最判昭和62・9・4家月40巻1号161頁）、家庭裁判所の審判の対象とされているのは（907条2項）、家族の諸事情を考慮した柔軟な分割が求められているからである。このような遺産分割のプロセスが、可分債権は相続開始時に分割承継されるとすれば、妨げられる。このような観点から、可分債権は相続開始時に分割承継されるのではなく遺産分割の対象とするべきではないかという見解が有力に主張されている。

(3) 預貯金債権の共同相続

判例の分割承継の原則による場合、どのような債権を、相続開始と同時に当然に分割承継される可分債権とみるかが重要になる。可分債権の具体例として想起されるのは預貯金債権であろう。しかし、判例は、預貯金債権は相続開始と同時に当然に分割承継されずに遺産分割の対象となるとの判断を示している（最大決平成28・12・19民集70巻8号2121頁）。判例が預貯金債権を当然に分割承継されないとする理由として挙げるのは、①遺産分割において相続人間の実質的

公平性を図るためには、遺産分割の対象となる財産の範囲を拡げるべきであるところ、預貯金債権は現金と同様に遺産分割において公平性を図るための調整に適していること、②預貯金債権のうち普通預金債権は、常に額が変動する一個の債権であり、確定額の債権として各相続人に分割承継されるとみることはできないこと等である。

判例により相続開始時に分割帰属しないとされるその他の預貯金債権に類似した財産として、個人向け国債、投資信託受益権、株式（最判平成26・2・25民集68巻2号173頁）、金銭（最判平成4・4・10家月44巻8号16頁）がある。

(4) 預貯金債権についての特別の対応

判例によると、預貯金債権は相続開始時に各相続人に分割承継されず、遺産分割の対象となる。したがって、遺産分割が終了するまでは、各共同相続人が個別に預貯金債権を行使することはできず、共同相続人全員によって払戻を請求するしかない。これでは、各共同相続人が必要なときに預貯金債権を利用することができないという不都合が生じる。

そこで、2018年相続法改正の際に、このような不都合に対応する特別の規定が設けられた。第1に、預貯金債権の一定額については、各共同相続人が単独で権利行使することができることとされている（909条の2）。ここでいう一定額とは、相続開始時の債権額の1/3に法定相続分を乗じた額であり、上限は150万円である。複数の預貯金債権がある場合には、各金融機関に対して一定額まで権利行使できる。第2に、家庭裁判所は、相続人の生活費の支払等の事情により必要があると認めるときには、申立てに基づいて遺産に属する特定の預貯金債権の全部または一部を仮に取得させることができる（家事200条3項）。

3 可分債務の共同相続

可分債務は、相続開始時に分割され、共同相続人が法定相続分に応じた債務を承継する（最判昭和34・6・19民集13巻6号757頁）。つまり、1000万円の金銭債務を子A・Bが共同相続した場合には、法定相続分によればAは500万円、Bは500万円の金銭債務を相続開始と同時に承継することになる。

被相続人がA・Bの相続分を1/10、9/10と指定していた場合には、債務は指定相続分に応じて分割され、Aは100万円、Bは900万円の債務を承継する。この場合でも、債権者はA・Bに対して、それぞれの法定相続分に基づいて500万円ずつ請求することができる。相続分指定がされていた場合であっても、債権者が共同相続人の1人に対して指定相続分に応じた債務の承継を承認しない限り、債権者は法定相続分に応じた権利行使をすることができるとされている（902条の2）。相続人の債務の負担割合については債権者が大きな利害関係を有するためである。

4　連帯債務の共同相続

　共同相続した債務が連帯債務である場合の問題を考える。被相続人Aが、Bとともに債権者Cに対して1000万円の連帯債務を負っていたとする。Aの死後、その子D・EがAを相続した場合、Aの連帯債務はどのように相続されるか。判例によると、D・Eは、その相続分に応じて分割された限度でBと共に連帯債務者となる（最判昭和34・6・19民集13巻6号757頁）。つまり、法定相続分によると、Dは500万円、Eは500万円の限度で、Bと連帯して債務を負う（D・E間は連帯しない）。判例によると、連帯債務者の1人が死亡すると、連帯債務の性質に大きな変化が生じる。債権者Cは、もともとAに対しても、Bに対しても1000万円の全額を請求できる立場にあった。ところがAの死亡によって1000万円の全額を請求できる相手はBだけとなり、Aの相続人D・Eには、500万円の限度でしか請求できない。このように、連帯債務者のうちの1人の死亡は、もともとの連帯債務の担保力を弱める結果をもたらす。

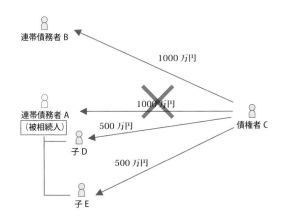

5　共同相続財産の管理

　共同相続の開始後、遺産分割により遺産の最終的な帰属が決まるまでは、共同相続人が遺産を共有するが（898条1項）、そこでいう共有とは、判例によると物権法上の共有である（249条以下。193頁参照）。したがって、その間の共同相続財産の管理については、物権法の規定が適用されることになる。たとえば、土地付きの家屋を子A・B・Cが法定相続分に応じて共同相続し、遺産共有が継続している状況を考える。この状況で当該家屋を改築することは、共有物の「変更」といえるから、A・B・C全員の同意を要する（251条1項）。これに対して、同家屋を第三者に賃貸する行為は「管理」であるから、A・B・Cの相続分による多数決によってすることができる（252条1項）。この例ではA・B・Cのうち2人以上の同意が必要である。なお、同家屋につき固定資産税を納入したり不法占拠者に対して妨害排除請求をしたりするような「保存行為」は、A・B・C各自が単独で行うことができる（252条5項）。

II　遺産分割

　相続開始後の遺産共有は過渡的な状態にすぎず、共同相続人間の遺産分割によって相続財産の最終的な帰属が決まる。遺産分割は、共同相続人間の協議・

調停や審判で行われる。協議分割・調停分割は、契約の一種とされ、当事者の合意により自由に行うことができる。法定相続分や指定相続分は協議分割の目安にはなるが、当事者がこれに拘束されることはない。それに対して、審判分割は、法定相続分や指定相続分に基づいて行われ、これを裁判所の判断で修正することはできない。もっとも、次にみる特別受益および寄与分に基づいた法定相続分や指定相続分の修正は認められている。

1　具体的相続分の算定──特別受益・寄与分

(1)　具体的相続分の意義

　法定相続分の規定（900条・901条）は、共同相続人間の公平な財産分配を目指しているが、形式的な公平性しか実現できず、個々の家族においては逆に不公平な結果を導く場合がある。形式的な公平性しか実現できない法定相続分の規定を、個別の事情に応じて実質的に公平になるよう修正することを認めるのが特別受益および寄与分の制度であり、これによって修正された相続分を具体的相続分という。指定相続分（902条）についても、被相続人が必ずしも実質的な公平性に基づいた指定をするというわけではないので、基本的には法定相続分と同様のことがいえる。多くの遺産分割のプロセスでは、法定相続分や指定相続分に修正を加えて具体的相続分を算定し、具体的相続分に基づいて遺産が分割される。

(2)　特別受益（903条1項）

(a)　特別受益の考え方

　たとえば、被相続人が1200万円を残して無遺言で死亡し、子A・Bが相続人であったとする。法定相続分によるとA・Bはそれぞれ600万円ずつ相続する（900条4号）。ここで、Bは被相続人から400万円の生前贈与を受けていたのに対し、Aは贈与を全く受けたことがなかったとする。このような事情を考慮せずにA・Bが1200万円を形式的に600万円ずつ均分に相続することは逆に不公平であるとみられる。そこで、贈与等の事情をもとに相続分の修正を行い、実質的な公平性をはかることが認められている。これが特別受益による相続分の

修正であり、修正された相続分のことを具体的相続分という。

(b) 特別受益による相続分の修正の方法

上の例をもとに特別受益を考慮した具体的相続分を903条1項によって算定すると次のようになる。

(i) みなし相続財産の算定

1200万円（相続開始時の財産）+400万円（生前贈与）=1600万円

(ii) 具体的相続分の算定

A：1600万円（みなし相続財産）×1/2（法定相続分）=800万円

B：1600万円（みなし相続財産）×1/2（法定相続分）-400万円（生前贈与）
　　=400万円

以上から、具体的相続分によれば、Aが800万円、Bが400万円を相続できる。

同じ例で、Bへの生前贈与が1400万円であった場合は次のようになる。

(iii) みなし相続財産の算定

1200万円（相続開始時の財産）+1400万円（生前贈与）=2600万円

(iv) 具体的相続分の算定

A：2600万円（みなし相続財産）×1/2（法定相続分）=1300万円

B：2600万円（みなし相続財産）×1/2（法定相続分）-1400万円（生前贈与）
　　=-100万円

以上から、Aの具体的相続分は1300万円、Bの具体的相続分は-100万円となる。この計算結果の意味を考えてみよう。Aは計算上1300万円相続できることになるが、相続財産は実際には1200万円しかないのでこれは不可能である。また、Bの具体的相続分がマイナスになっていることをどう考えるべきか。マイナスの意味は、Bは特別受益による法定相続分の修正によっては実質的公平性を維持できないほど多くの生前贈与を受けたということである。しかし、Bは過去に受けた生前贈与を返す必要はない。生前贈与の価額が相続分を超過した場合には、Bは「その相続分を受けることができない」だけである（903条2項）。特別受益は、現実にある相続財産を実質的に公平に分けるための制度であり、過去に受けた贈与を返すことを義務づけるものではない。したがって、Bへの生前贈与が1400万円であった場合に具体的相続分に応じて相続できる財

産の額は、Aは1200万円、Bはゼロとなる。

　(c)　特別受益の範囲

　特別受益とされるのは、遺贈および婚姻・養子縁組のためまたは生計の資本としての贈与である（903条１項）。たとえば、２人の子A・Bのうち、Bが被相続人から受けた大学の授業料、挙式費用、住宅購入資金、事業用資金などのための贈与が特別受益にあたる。これに対して、被相続人の扶養義務の範囲にとどまる食費や教育費の支出は特別受益とはいえない。

　死亡保険金は特別受益といえるか。たとえば、被相続人が子A・Bのうち自活していないBの生活を心配して死亡保険金の受取人にBを指定していた場合にBの保険金請求権を特別受益とみてよいかが問題となる。判例は、Bが受け取る保険金は被相続人が生前に払った保険料と等価関係にないことなどから特別受益とみることはできないとする。ただし、これによりA・B間の不公平が特別受益の趣旨からみて見過ごすことができないほど著しいという事情があれば、例外的に保険金請求権を特別受益と扱うことが認められる（最決平成16・10・29民集58巻７号1979頁）。

　なお、遺言によってBにだけ400万円を与えるというような遺贈も特別受益である。しかし遺贈の対象財産は相続開始時の財産に含まれているので（前述の例では1200万円の中に含まれている）、みなし相続財産を算定するために、遺贈の額を加算する必要はない。前述の例では、Aは1200万円×1/2＝600万円を相続し、Bは1200万円×1/2－400万円（遺贈）＝200万円を相続すると同時に、400万円の遺贈を受ける。

　被相続人が贈与や遺贈を特別受益の範囲から除くよう指示していた場合には、被相続人の指示（持戻し免除の意思表示）が優先する（903条３項）。なお、婚姻期間20年以上の夫婦間で居住用不動産の遺贈や贈与が行われた場合には、持戻し免除の意思表示があったと推定されるため（903条４項）、原則としてこれらの遺贈や贈与を具体的相続分の算定において考慮しなくてよい。この推定規定は、主に高齢の生存配偶者を生活保障等の観点から優遇する趣旨で設けられている。

　(d)　特別受益の評価時期

　特別受益となる贈与の評価時期は、学説の多数によると相続開始時である

（903条・904条）。これによれば、生前贈与が動産や不動産である場合には、受贈物を相続開始時の価格に換算して特別受益の評価をする。たとえば、贈与時に評価額2000万円の不動産が相続開始時に1300万円に下がれば、1300万円の特別受益として評価する。生前贈与が現金であった場合も同様である。たとえば、贈与当時の5000円が、貨幣価値の変動で相続開始時には5万円の価値を有すると評価される場合には、5万円の特別受益として評価する（最判昭和51・3・18民集30巻2号111頁）。

(3) 寄与分（904条の2）

(a) 寄与分の考え方

たとえば、被相続人が1200万円を残して無遺言で死亡し、子A・Bが相続人であったとする。法定相続分によるとA・Bはそれぞれ600万円ずつ相続することができる（900条4号）。ここで、Bは被相続人の事業を手伝うことにより、被相続人の財産の増加に貢献してきたとする（400万円増加したとする）。このような事情のもとでは、BがAよりも多く財産を相続できるとした方が実質的にみて公平である。そこで、これらの事情をもとに法定相続分や指定相続分の修正を行い、実質的な公平性をはかることが認められている。これを寄与分による相続分の修正という。修正された相続分のことを具体的相続分という。

(b) 寄与分による相続分の修正の方法

上の例をもとに寄与分を考慮した具体的相続分を904条の2に従って算定すると次のようになる。

(i) みなし相続財産の算定

1200万円（相続開始時の財産）－400万円（寄与分）＝800万円

(ii) 具体的相続分の算定

A：800万円（みなし相続財産）×1/2（法定相続分）＝400万円

B：800万円（みなし相続財産）×1/2（法定相続分）＋400万円（寄与分）＝800万円

以上から、具体的相続によれば、Aが400万円、Bが800万円を相続できる。

(c) 寄与分の要件

寄与分が認められるのは、被相続人の事業に関する労務の提供、財産上の給付、被相続人の療養看護その他の方法により被相続人の財産の維持または増加

につき「特別の寄与」をしたときである（904条の2第1項）。「特別の寄与」とは、扶養義務の範囲内での家族としての通常の義務の履行を、寄与分から除外するという意味である。しかし、相続人間の実質的公平をはかる寄与分制度の趣旨からは、たとえば、子が高齢の親の世話を扶養義務の範囲内で行ったという場合でも、扶養義務を全く履行しない他の子と比較して、扶養義務を履行した子の具体的相続分をより多く算定するのが実質的に公平であると指摘されている。

　また、被相続人の財産の維持または増加をもたらすことが要件となっているから、被相続人を精神的に支えたというだけでは、寄与分は認められない。

相続人の配偶者による介護の評価─寄与分（904条の2）から特別の寄与（1050条）へ

　少子高齢社会において高齢者の介護が重要な課題になっている。被相続人の子が介護をした場合には、その介護給付は相続の際に寄与分として評価される可能性がある。では、介護したのが被相続人の子自身ではなく、その配偶者（つまり被介護者にとっての嫁・婿）である場合には、その介護給付が寄与分として評価されることがあるか。寄与分制度は、相続人間の相続分における実質的公平性を図る制度であることからすると、嫁・婿などの非相続人の介護給付は、寄与分制度において評価を受けることはないということになる。

　実際の遺産分割では、たとえば妻が夫の親の介護をした場合などは、妻が、被介護者の相続人である夫の履行補助者として被介護者の財産の維持に貢献したと評価され、被介護者の相続において、介護者の夫の寄与分とみることが認められている（東京高決平成22・9・13家月63巻6号82頁）。

　しかし、このような扱いには批判が加えられている。第1に、法定夫婦財産制は別産とされ（762条）夫婦各自の財産的独立が図られているにもかかわらず、夫婦の財産的一体性を認めるような扱いをするのは妥当ではないこと、第2に、夫の相続分が増えても介護をした妻が財産上の利益を受ける保障はないことが指摘された。

　そこで、2018年相続法改正により、相続人ではない親族は、被相続人に対して無償で療養看護その他の労務の提供をしたことにより被相続人の財産の維持または増加について特別の寄与をした場合には、相続人に対して金銭の支払を

請求することができるとする制度が導入された（1050条：特別の寄与。後述Ⅲ
を参照）。

(d)　寄与分の評価

　寄与分は、共同相続人間の協議により定める（904条の2第1項）。共同相続人
間の協議で決まらない場合には、最終的には家庭裁判所の審判により寄与分が
定められる（904条の2第2項）。もっとも、寄与分の評価は容易ではなく、現実
の遺産分割において、寄与分の評価について争いが長引くことが多い。実務に
おいては、介護の場合にはホームヘルパーの日給などをもとにできるだけ客観
的に評価する方法が用いられている。

　なお、寄与分は、相続開始時の財産の額から遺贈の額を引いた額を超えるこ
とはできない（904条の2第3項）。

(4)　具体的相続分に応じた遺産分割についての期間制限

　一般的に遺産分割には期間制限がない。相続開始から長期間が経過した後で
も、遺産分割協議を行い、協議が調わなければ、家庭裁判所に遺産分割を求め
ることができる。しかし、具体的相続分に応じた遺産分割を求めるには、相続
開始の時から10年を経過する前に家庭裁判所に遺産分割を請求しなければなら
ない（904条の3）。したがって、期間経過後の遺産分割の審判では、もはや特
別受益や寄与分を考慮した具体的相続分に基づく遺産分割を求めることができ
ず、法定相続分または指定相続分によって遺産が分割されることとなる。この
期間制限は、具体的相続分を主張することに利益を有する相続人、たとえば寄
与分を有する相続人が主導して、早期に遺産分割を始めるよう促し、遺産の放
置を防ぐ目的で、2021年民法等改正により設けられた。

　この期間制限には例外がある。例外の1つは、相続人が、相続開始の時から
10年を経過する前に家庭裁判所に調停または審判を申し立てている場合であ
る。この場合には、10年が経過した後でも、家庭裁判所に具体的相続分に基づ
いた遺産分割を請求することができる（904条の3第1号）。

2　遺産分割の対象となる財産

　遺産分割の対象となる財産は、共同相続人が包括承継した財産（896条）と完全には一致しない。包括承継した財産のうち、可分債権は、判例によると相続開始時に各共同相続人が分割承継するので（→195頁）、遺産分割の対象からは外れる。もっとも、共同相続人全員の合意があれば、可分債権であっても遺産分割の対象とすることができる（前掲高松高判平成18・6・16）。

　可分債務も相続開始時に相続分に応じて各共同相続人に分割帰属するため遺産分割の対象にはならない（前掲最判昭和34・6・19）。共同相続人の合意があれば、可分債務も遺産分割協議や調停の対象にすることは可能と解されている。もっとも、債務の負担割合を共同相続人間で定めても、債権者は原則として法定相続分に応じて権利行使できる（相続分指定についての902条の2の類推適用）。

　ある財産が遺産分割の対象となるか否かについて争いがある場合には、どのような手続によるべきか。本来、遺産分割の対象となる財産の存否は、家庭裁判所の審判事項ではなく（家事39条）、訴訟により明らかにするべき事柄である。しかし、遺産分割をするのに、まず地方裁判所で訴訟により対象財産を確定させ、その後に家庭裁判所で遺産分割の審判を行うというのでは、手続が二重になり、当事者への負担が大きい。そこで、遺産分割の審判において、遺産分割の対象となる財産の存否について判断することができるとされている（最大決昭和41・3・2民集20巻3号360頁）。もっとも、審判には既判力がなく、後で訴訟により争うことができる。

3　遺産分割の当事者

　遺産分割は、共同相続人全員によって行われる。当事者の一部を欠く遺産分割は無効である。もっとも、相続分を譲渡した相続人（905条）は遺産分割の当事者ではない。逆に相続分を譲り受けた者や包括受遺者（990条）は、相続人ではなくても遺産分割の当事者となる。

　胎児も相続人であり（886条1項）、遺産分割の当事者である。もっとも、一

般的な見解によると、胎児は、生まれるまではその権利能力が停止しているため、相続人として権利を行使することができない（停止条件説→156頁）。したがって、遺産分割は胎児が生まれるまでは行うことができず、胎児を除外して行われた遺産分割は無効と解される。

4　遺産分割の方法

(1)　現物分割・換価分割・代償分割

　相続財産が甲土地のみであり、共同相続人がA・Bである場合の遺産分割の方法を考えてみよう。遺産分割の方法には、現物分割、換価分割、代償分割の3通りがある。

　現物分割は、たとえば甲土地を2つの部分（2筆）に分けて、A・Bがそれぞれの所有権を取得する、または甲土地をA・Bが共有するという方法である。換価分割は、甲土地を売却により換価し、金銭をA・Bで分ける方法である（家事194条）。代償分割は、甲土地の所有権をAが取得し、AはBに相続分に応じて金銭を支払うという方法である（家事195条）。

　遺産分割の方法を被相続人が遺言によって指定することもできる（908条）。たとえば「北区1番地の土地を妻に相続させる」などのように遺産中の特定の財産を特定の相続人に承継させる趣旨の遺言は、原則として遺産分割の方法を指定したものである（最判平成3・4・19民集54巻4号477頁）。このような遺言を、特定財産承継遺言という（1014条2項→239頁）。

(2)　協議・調停・審判

　遺産分割は、当事者の協議により行われる（907条1項）。協議において当事者の合意が成立しない場合には、家庭裁判所での調停により当事者の合意形成が図られることが多い。合意が形成されない場合には、家庭裁判所による審判分割が行われる（907条2項、家事別表2-12）。この場合には、家庭裁判所は、法定あるいは指定相続分（特別受益・寄与分がある場合は具体的相続分）の枠内で相続財産中の何を誰に取得させるかについて、遺産の内容、共同相続人の職業や年齢、心身や生活の状況などの具体的事情を考慮して判断する（906条）。な

お、共同相続人間で遺産共有を解消するための手続は遺産分割であって、共有物分割（256条）によることはできない（前掲最判昭和62・9・4。258条の2第1項）。

5　遺産分割の効力

(1)　遺産分割の遡及効

　遺産分割の効力は、相続開始時に遡る（909条本文）。したがって、遺産分割によって甲土地の所有権を単独で取得した相続人は、相続開始時から同土地の所有権を有していたことになる。このような捉え方は宣言主義といわれる。もっとも、遺産分割が終了するまでの間に遺産に利害関係をもった第三者の権利を害することができないため（909条ただし書）、宣言主義には制限が加えられている。また、遺産分割が終了した後に遺産中の不動産を取得した第三者に対しては、相続人は、自己の法定相続分を超える部分については、遺産分割による不動産の取得を登記がなければ対抗することができない（899条の2第1項→176頁）。なお、各共同相続人は、他の共同相続人に対して、「売主と同じく」、その相続分に応じた担保責任を負う（911条）。これらのことから、遺産分割の効力が相続開始時に遡るとしても、遺産分割は共同相続人間での遺産持分の譲渡であるとの捉え方も可能である。このような捉え方を移転主義という。

(2)　瑕疵のある遺産分割協議の効力

　遺産分割協議は、共同相続人間の意思表示によってなされるため、錯誤（95条）や詐欺・強迫（96条）などの意思表示の規定が適用され、取消しの対象になる。たとえば、当事者が、遺産分割の方法を指定する遺言の存在を知らずに遺産分割協議の意思表示をしたとしよう。この場合において、当事者が遺言の存在を知っていたならばそのような意思表示をしなかったであろうとみられるときは、95条1項2号の基礎事情の錯誤があるとみられ、同条の要件を満たせば意思表示は取り消されうる（最判平成5・12・16判時1489号114頁）。

(3)　遺産分割協議の解除

　一度成立した遺産分割協議を解除することはできるか。共同相続人全員によ

る合意解除は認められている（最判平成2・9・27民集44巻6号995頁）。これに対して、債務不履行に基づく遺産分割協議の解除（541条）はできないとされている。なぜなら、遺産分割協議は、財産の最終的な帰属の決定であり、債務は生じず、共同相続人による債務の不履行は生じないからである。しかし、たとえば、共同相続人A・B・Cのうち、Aが遺産中の不動産を取得する代わりに、親の介護を行うという取決めが、遺産分割協議の中で行われた場合を考えてみよう。この場合には、Aに債務が発生し、Aが介護給付を行わない事態を債務不履行と評価することができるようである。もっとも、判例は、一度成立した遺産分割協議を維持することによる法的安定性を重視し、Aの債務を遺産分割協議とは別に扱い、債務不履行による遺産分割協議の解除を否定している（最判平成元・2・9民集43巻2号1頁）。

⑷ 遺産分割協議と詐害行為取消し

遺産分割協議を詐害行為として取り消すことができるか。たとえば、共同相続人A・B・Cで遺産分割協議をし、Aは何も取得しないとする合意が成立したとする。Aの債権者Dは、このような遺産分割協議は詐害行為であるとしてその取消しを求めることができるか。424条2項によると、「財産権を目的としない行為」は詐害行為取消しの対象にならない。そこで、遺産分割協議が財産権を目的としない行為にあたるかどうかが問題となる。

財産権を目的としない行為を詐害行為取消しの対象から除外する趣旨は、婚姻や離婚、養子縁組などの身分に関する行為についてはとくに本人である債務者の自己決定を保障する必要があり、第三者である債権者がこれらに介入するべきではないということにある。そして、遺産分割協議も、基本的には第三者の介入なく相続人間で家族の諸事情を考慮して自由に決定するべき行為といえる。もっとも、婚姻や離婚、養子縁組と異なり、遺産分割協議の実質は財産についての決定である。このようなことから、判例は、遺産分割協議は財産権を目的とする行為であり、詐害行為取消しの対象になりうると判断している（最判平成11・6・11民集53巻5号898頁）。

ここで、債務者Aが遺産分割協議において何も取得しないことに合意したのではなく、相続を放棄することによって遺産を何も取得しないと決定した場合

を考えてみよう（938条）。債権者Dは、Aの相続放棄を詐害行為であるとして取り消すことができるか。判例は、相続放棄については、身分行為であり財産権を目的とする行為ではないから、詐害行為取消しの対象にならないとしている。相続放棄と遺産分割協議とで、詐害行為取消しについて異なる判断を示す判例の整合性が問題となる（→218頁）。

(5) 遺産分割の効力と第三者

(a) 分割前の第三者

　共同相続人A・Bが甲土地を相続した後、Aが同土地について法定相続分に応じた持分である1/2の持分を第三者Cに譲渡したとする。その後、A・B間の遺産分割協議において、Aの共有持分について1/4と取り決められたとする。遺産分割は相続開始時に遡って効力を生じるから（909条本文）、Aはもともと1/4しか共有持分を持たず、それを超えた持分をCに譲渡していても、その部分の譲渡は無効ということになる。しかし、これでは取引における第三者Cの信頼を害する。そこで、遺産分割の効力は第三者の権利を害することができないとされている（909条ただし書）。つまり、Cは、遺産分割前にAから譲り受けた1/2の持分を、遺産分割の効力が遡ることによって失うことはない。

(b) 分割後の第三者——遺産分割と登記

　では、Cが甲土地の持分を譲り受けたのが遺産分割後の場合にはどうなるか。遺産分割により、Aの共有持分1/4、Bの共有持分3/4と取り決められたとする。その後、その旨の登記をしないでいる間に、Aが法定相続分に応じた1/2の持分をCに譲渡したとする。遺産分割の効力は相続開始時に遡るとされていることを重視すれば（909条）、Bは自己の法定相続分を超える持分を遺産分割によって新たに譲り受けたのではなく、相続開始時から3/4の持分を有していたとみることができる。もっとも、Bが自己の法定相続分の1/2を超える部分についての甲の持分の取得を第三者Cに対抗するには登記が必要である（899条の2第1項→176頁参照）。

(6) 当事者を欠く遺産分割協議の効果

　遺産分割協議の当事者は共同相続人全員であるから、共同相続人のうち一部

の者が除外されて行われた遺産分割協議は無効である。遺産分割協議が無効となる場合に、遺産の再分割の請求が相続回復請求にあたる場合には、884条の定める期間制限に服する（→171頁）。

ところで、一部の者が除外された遺産分割協議が無効であるという扱いには例外がある。たとえば、被相続人に、認知されていない婚外子（嫡出でない子）Aがいたとする。被相続人の死後、戸籍に記載された共同相続人間で遺産分割協議が行われた。その後、Aは、認知により被相続人の子の身分を得た（死後認知：787条）。そうすると、Aは最初から被相続人の子であったことになり（認知の遡及効：784条）、先になされた遺産分割協議は共同相続人の1人を除外してなされたことになり無効ということになりそうである。しかし、このような場合には、一部の者が除外された遺産分割協議であっても無効ではないとする例外が設けられている。すなわち、一度なされた遺産分割協議を無効にすることの混乱を避けつつ被認知者の相続による利益を保障するために、被認知者は、遺産の再分割請求ができない代わりに、価額のみによる支払請求権を有することとされている（910条）。

所有者不明土地問題に関する相続関係の改正法

所有者が誰か明らかではない土地や所有者が判明してもその所在が不明で連絡がつかない土地が各地に多く存在し、その管理や利用に支障が生じるといった問題が明らかになり、この問題への法的対応が検討されるようになった。このような所有者不明土地が生じる原因として、相続登記がされないため土地所有者の把握が困難になっていること、相続が開始してから長期間経過しても遺産分割が行われないこと、相続財産中の土地が放置され、管理されていないことが指摘された。2021（令和3）年4月に、民法・不動産登記法等の改正を内容とする法律が成立し、相続法の部分については、2023（令和3）年4月に施行された。これにより、相続における遺産の管理の規律の整備、権利義務の承継の円滑化が図られ、所有者不明土地の発生を防ぐことが目指されている。相続に関しては、たとえば、相続財産中の財産を占有している者が相続放棄をする場合でも、現に占有している財産を引き渡すまでの間、その財産を保存する義務を負うものとすること（940条1項→217頁）、遺産分割手続の申立てがさ

れずに相続開始時から10年を経過した場合には、遺産分割審判において特別受益や寄与分による具体的相続分に応じた遺産分割を求めることができないとすること（904条の3→205頁）、不動産を相続により取得した相続人は、相続により所有権を取得したことを知った日から3年以内に相続登記を申請しなければならないこととする（不登76条の2第1項）等の規定が新設された。

Ⅲ　特別の寄与

1　制度の趣旨

　相続人ではない者が、被相続人を介護したり、被相続人の経営する事業に協力したりすることにより、被相続人の財産の維持増加に貢献している場合がある。しかし、相続人ではない者は、遺産を相続することはできず、被相続人が遺言等により配慮しない限り貢献に応じた対価を得ることができない。そこで、相続人ではない者でこのような貢献をした者は、貢献に応じた金銭（特別寄与料）の支払を相続人に対して請求できることとされている。これが特別の寄与の制度である（1050条）。

2　請求権者

　請求権者は、相続人ではない親族である（1050条1項）。たとえば、被相続人の子の配偶者（被相続人にとって嫁・婿）や、被相続人の従兄弟などは、請求権者に含まれる。法定相続人ではあっても、相続順位が低いために相続人とはなれない者も、請求権者に含まれる。たとえば、第三順位の兄弟姉妹は、第一順位の子の存在のために相続できない場合でも、特別寄与料を請求することができる。これに対して、相続放棄をした者、廃除や欠格により相続人の資格を失った者は、特別寄与料を請求することができない。

　特別寄与料の請求権者は、被相続人の親族でなければならない。つまり、被相続人の6親等内の血族と3親等内の姻族であって（725条）、かつ相続人ではない者が請求権者となる。したがって、被相続人の内縁配偶者や、事実上の養

子は、実質的な面からは被相続人の親族と同視しうるが、民法上は親族ではないから請求権者ではない。これに対して、被相続人の配偶者の連れ子は、被相続人の直系姻族であり親族であるから請求権者に含まれる。

3　手　続

　たとえば、被相続人Aが、相続人として息子Bおよび娘Cを残し、無遺言で死亡したとする。Aの遺産は甲不動産（評価額1000万円）と2000万円の預金債権であった。Bの妻Dは、長年Aの介護を行ってきたが、相続人ではないため遺産を相続することができず、特別寄与料の支払を請求しようとしている。この場合には、特別寄与者Dは、相続人B・Cの遺産分割に参加することはできず、遺産分割とは別に、特別寄与料の支払をB・Cに請求することができる。これは遺産分割の煩雑化を避けるためである。特別寄与料の支払については、当事者が協議によって決定し、協議が調わない場合には、特別寄与者の請求に基づいて家庭裁判所が審判によって支払の許否および額を定めることができる（1050条2・3・4項）。ただし、紛争を早期に解決する趣旨から、特別寄与者が相続の開始および相続人を知った時から6か月を経過したとき、または相続開始の時から1年を経過したときは家庭裁判所に請求することができない（1050条2項ただし書）。これらの期間は除斥期間であるとされ、当事者による援用がなくても、期間の経過により請求権が消滅したものとして判断がされる（静岡家審令3・7・26家判37号81頁）。

4　各相続人の特別寄与料の負担額

　相続人が複数である場合には、各相続人は、特別寄与料の額を法定相続分または指定相続分に応じて負担する（1050条5項）。遺産分割において各相続人が実際に取得した額を基準とするのではない。たとえば、上の例で特別寄与者Dの特別寄与料が400万円と定められたとする。この場合には、相続分指定がされていない限り、B・Cは法定相続分に応じて各200万円の特別寄与料を負担する。

第14章

相続の承認・放棄と財産分離

　相続開始後、相続人は相続財産を承継するかどうかを自由に決定することができる。相続人が決定することのできる期間は、自己のために相続の開始があったことを知った時から3か月である（915条1項本文）。この期間を熟慮期間という。熟慮期間内に、相続人は、単純承認、限定承認、放棄のいずれかを選択できる。また、相続開始後、相続財産や相続財産に利害関係を持つ債権者や受遺者のために、相続財産と相続人の固有財産を分離する財産分離という制度がある。

I　単純承認・限定承認・放棄

1　単純承認

(1)　単純承認の法的性質

　相続人が相続財産を無制限に承継することを単純承認という（920条）。単純承認は、意思表示によってできると解されているが、後述する限定承認や放棄と違って、単純承認の意思表示をする手続については規定がない。ほとんどの単純承認は、法定単純承認の形で行われる。法定単純承認は、ある要件がそろえば、法律上当然に単純承認したものとみなすことであり、意思表示とはいえないという見方もある。しかし、意思表示とみなければ、錯誤や詐欺・強迫による取消しを認める余地がなくなる。これでは限定承認や放棄について取消しが認められていることとのバランスを欠く（919条2項）。したがって、法定単

純承認においても黙示の意思表示があるとみてよいとされている。

(2) 法定単純承認の事由

単純承認とみなされる事由は、相続財産の処分、熟慮期間の徒過、限定承認・放棄後の財産の消費・隠匿の3つである。

(a) 相続財産の処分

相続人が相続開始後に相続財産を処分した場合には、その相続人は単純承認をしたものとみなされる（921条1号本文）。そのような処分には、相続人が相続財産を承継する意思が含まれていると推測されるからである。また、処分をしたにもかかわらず相続放棄をすることを認めると、処分の相手方の利益を害するうえに、被相続人の債権者（相続債権者）の信頼も害する。

相続財産についての保存行為や短期の賃貸借は法定単純承認の事由から除かれる（921条1号ただし書）。多額の財産を対象としない形見分けや相応の葬儀の実施なども除かれる（大阪高決平成14・7・3家月55巻1号82頁）。

(b) 熟慮期間の徒過

単純承認・放棄・限定承認のいずれを選択するかについて決定することのできる期間（熟慮期間）は、自己のための相続開始を知ってから3か月という短い期間である（915条1項本文）。この期間内に限定承認または放棄をしなかった場合には、相続人は単純承認したものとみなされる（921条2号）。

では、相続人が多額の債務の存在を知らずに熟慮期間が経過した後に、債権者が相続人に相続債務の通知をしてきた場合はどうか。この場合にも相続人は単純承認をしたものとみなされ、債務を承継すると考えるべきか。これについては、3か月の起算点をいつと解するかによって結論が異なる。判例は、原則として3か月の起算点は、相続人が、被相続人の死亡の事実およびそれによって自身が相続人になった事実を知った時であるとする（大判大正15・8・3民集5巻679頁）。例外として、被相続人に相続財産が全く存在しないと信じたことについて相当の理由がある場合には、「相続人が相続財産の全部又は一部の存在を認識した時又は通常これを認識しうべき時」を起算点とすることが認められている（最判昭和59・4・27民集38巻6号698頁）。

例外を認めるための相当の理由については、相続人が調査を尽くしたにもか

かわらず債務を把握できなかったという事情や、債権者が故意に債務の存在を隠し、熟慮期間の経過を待って通知をしたなどの事情が考慮されうる。

　なお、3か月の期間は、利害関係人または検察官の請求があれば家庭裁判所の判断により伸長することができる（915条1項ただし書）。

(c) 限定承認・放棄後の財産の隠匿・消費

　相続人が限定承認をした後には、相続財産は共同相続人の管理下に置かれる。また、相続人は、放棄をした後には、相続財産を処分することができない。それにもかかわらず、相続財産を隠匿または費消した場合には、その者は相続を単純承認したものとみなされる（921条3号）。このような背信的な行為をする者を、相続債務から保護する必要はないという趣旨である。

2　限定承認

(1)　限定承認の意義

　相続人は単純承認をすると、権利義務一切を包括的に承継する。したがって相続債務があれば、相続人が自らの責任財産から弁済する必要がある。他方で、相続人が相続債務を免れるために放棄をすると、プラスの相続財産を承継する権利も失われる。このように単純承認すべきか放棄すべきかの判断が難しい場合には、相続人は限定承認をすれば、相続財産を承継するが、相続債務については、プラスの相続財産の範囲でのみ限定的に責任を負う（922条）。この範囲を超える債務については、相続人は責任を負わない。被相続人が、複数の資産とともに多くの債務をかかえていて、相続人にとってこれらを把握するのが容易ではないという場合に、限定承認は有益である。

(2)　限定承認の手続と効果

　限定承認は、家庭裁判所に対する申述によって行う（924条、家事別表1-92）。限定承認は、単純承認や放棄と異なり、共同相続人全員が共同して行わなければならない（923条）。相続人が限定承認をすると、相続債務については、プラスの相続財産の限度でのみ弁済する義務が生ずる。限定承認後は、相続人自身が相続財産の管理をし（926条1項）、相続債権者や受遺者への通知をはじめと

する清算手続を行う（927条以下）。相続人が相続財産から相続債務を弁済した後に、残った財産は共同相続人間で分割される。

　清算手続において、相続債権者と受遺者とでは、どちらが優先するか。たとえば、相続財産が1000万円で、相続債権者の債権額が1200万円、遺贈の額が300万円であったとする。この場合には、相続債権者が優先して相続財産から1000万円の弁済を受けることができる（931条）。受遺者は、相続債権者が弁済を受けた後に残った財産があれば遺贈の弁済を受けることができる。したがって、上の例では受遺者は遺贈の弁済を受けることができない。

　限定承認の制度は、相続財産によってまず相続債権者に弁済し、その後に受遺者に弁済して残りを相続人が分割するという清算手続が一般常識にかなっているとして評価されている。しかし、限定承認は手続が複雑であるため、あまり利用されていない。司法統計年報によると2021年の限定承認の申述受理件数は689件のみであった。

3　放　棄

(1)　放棄の意義
　相続の放棄は、相続人が相続の効力を消滅させる意思表示であり、家庭裁判所への申述によって行われる（938条、家事別表1-95）。放棄をした者は、はじめから相続人ではなかったものとみなされる（939条）。放棄した者であっても、放棄の時に相続財産を現に占有している場合には、相続財産を保存する義務（たとえば建物を修繕する義務）を負う（940条1項）。一度放棄の申述をしてしまうと、熟慮期間内であっても撤回することはできない（919条1項）。これは、相続財産については共同相続人や相続債権者などの多くの当事者が利害関係を持ち、一度なされた放棄をくつがえすことはこれらの者の利益を害するからである。

(2)　放棄の取消し
　もっとも、放棄者が錯誤、詐欺または強迫により放棄をした場合には、民法総則の意思表示の規定により放棄を取り消すことができる（919条2項が95条・

96条の放棄への適用を認める）。ただし、放棄の取消しは、一般の取消しとは異なり、家庭裁判所への申述によらなくてはならない（919条4項）。また取消権を行使できるのは、追認をすることができる時から6か月であり（919条3項）、一般の取消し（126条：5年）に比べて短い。これは、相続についてはとくに早期に法律関係を確定させる必要があると考えられているためである。

　放棄の取消しについては第三者との関係が問題となる。たとえば共同相続人Ａ・Ｂ・ＣのうちＡから相続財産は少額にすぎないとだまされてＢが放棄をした後、Ａ・Ｃが遺産分割をしたとする。その後Ｂが、詐欺による放棄の意思表示の取消しをした場合を考えてみよう。詐欺による意思表示の取消しは善意かつ無過失の第三者に対抗できないが（96条3項）、放棄の意思表示の取消しを対抗できない第三者とは誰か。Ｂの放棄に基づいて善意で遺産分割を行ったＣがここでいう第三者というのであれば、Ｂは遺産分割のやり直しを求めることができないということになる。しかし、Ｃは第三者というよりも共同相続人の1人であり遺産分割の当事者である。また、放棄の取消しには、公的機関である家庭裁判所の関与があり（919条4項）、Ｃもこれを尊重するべきであるといえる。したがって、家庭裁判所が取消しを認めた場合には、Ｂは放棄の取消しをＣに主張でき、遺産分割のやり直しを求めることができると考えられる。

(3)　放棄と詐害行為

　相続放棄は詐害行為として取消しの対象になることがあるか（424条）。たとえば、被相続人が3000万円を残して死亡し、子Ａ・Ｂが法定相続人となった場合において、1000万円の債務を負う無資力のＡが相続の放棄をしたとしよう。Ａの債権者は、この相続放棄を詐害行為であるとして取り消すことができるか。債権者からすると、Ａが相続人となれば、相続した財産から弁済を受けることができると期待するのは当然であるともいえる。したがって、Ａが相続財産からの弁済を免れるためにあえて相続放棄をしたような事例では、詐害行為による取消しを認めてよいようにみえる。

　しかし判例は、相続放棄は詐害行為取消しの対象にならないという判断を示している（最判昭和49・9・20民集28巻6号1202頁）。その理由は、①相続放棄は、債務者の責任財産を減少させる行為ではなくその増加を妨げる行為にすぎない

こと、②相続放棄は身分行為であり、財産権を目的としない行為であるから、詐害行為取消しの対象にはならない（424条2項）ということである。

この判例は、相続人の債権者が取消しを求めたのではなく、被相続人の債権者（相続債権者）が取消しを求めた事案に関するものである。しかし、その理由として相続放棄の意義や性質を挙げており、これは相続人の債権者が取消しを求めた場合にも妥当するものであるから、上の事例でも、放棄は取消しの対象とならないとの帰結を導くことができると考えられる。

なお、Aが、相続放棄をせず単純承認をしたうえで、Bとの遺産分割協議で自己の取り分をゼロと取り決めた場合にも、債権者は相続財産から弁済を受けることができなくなる。判例は、遺産分割については、相続放棄とは反対に詐害行為取消しの対象になるとする（→209頁）。相続放棄と遺産分割とで判例が異なる立場を示しているが、その理由については次のように説明することができる。

第1に、相続人の債権者からみて、その行為が債務者の責任財産を減少させる行為か否かという点である。放棄では、Aが承認していないため相続財産を一度も取得していないと評価することができ、したがって、Aに自らの責任財産を減らす行為を見出すことができない。これに対し、遺産分割では、Aが放棄をしなかったという事実から、Aが相続の利益を受けることを承認して一度は相続財産を取得していると評価すれば、承認の段階で債務者の責任財産が増加し、債権者が相続財産を当てにするのもやむを得ないということになる。このようにみると、放棄と違って、遺産分割において取り分をゼロとする債務者の行為は、債権者からみて、責任財産を減少させる財産行為とみることができる。

第2に、その行為が身分行為にあたるかである。相続放棄は、相続人の地位を失うという面では、婚姻・離婚、養子縁組・離縁などと同様に身分行為であるとみられ、本人の決定を尊重するべきであり他人が介入するべきではないといえる。これに対して、遺産分割は、相続人間で財産の帰属を決定することを内容とするため、財産取引という面が強く、詐害行為取消しの形で債権者が介入することを認めてもよいとみられる。

しかし、第1の点について、放棄は責任財産を減少させる行為ではないとみ

るのは形式的であり、実質的には、放棄についても詐害的に責任財産を減少さ
せる行為と評価できる場合もありうるとの反論がある。

　第2の点については、遺産分割も、基本的には当事者の決定を尊重するべき
であるという点で放棄と同様であり、この観点から放棄のみを詐害行為取消し
の対象から除くのは妥当ではないと指摘されている。放棄も遺産分割も、詐害
行為取消しの対象になる可能性を認めたうえで、債権者の保護に値するかどう
か、および共同相続人の決定を尊重するべきかどうかを具体的に考慮したうえ
で判断するべきとの見解が学説上示されている。

(4)　放棄と登記

　放棄の効果は、登記がなければ第三者に対抗することができないかどうかを
考えてみよう。たとえば、共同相続人A・B（法定相続分各1/2とする）のうち、
Aが相続放棄をしたので、遺産中の甲土地の所有権をBが単独で取得したとす
る。ところが、Aの債権者Cが、Aに代位して同土地の相続登記をし、Aの法
定相続分について差し押さえたとする。Bは、同土地の単独の所有権の取得を
Cに主張することができるか。判例は、放棄の効果が相続開始時に遡るという
ことを理由として（939条）、放棄の効果は、絶対的であり、登記なしにCに対
抗できるとしている（最判昭和42・1・20民集21巻1号16頁）。

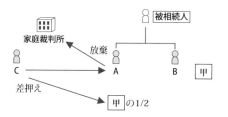

　上記の判例は、899条の2第1項との関係では次のように説明される。つま
り、相続放棄があると、放棄した者は最初から相続人ではなかったことにな
り、放棄しなかった者の、899条の2第1項における法定相続分は最初から放
棄した相続人を除いたものであるということになる。上の例では、Bは最初か
ら単独相続人であったことになり、自己の法定相続分を超えて甲を承継するこ
とにはならない。

これに対して、遺産分割、相続分を指定する遺言または特定財産承継遺言によって法定相続分を超える甲の持分を承継した相続人は、法定相続分を超える部分の承継を、登記がなければ第三者に対抗できない（899条の2第1項→175頁）。

Ⅱ　財産分離

相続財産と相続人の固有財産を分離する清算手続として財産分離制度がある。これは、被相続人の債権者（相続債権者）、受遺者、相続人の債権者のために設けられた制度であるが、あまり利用されず、司法統計年報によると2021年の財産分離事件の新受件数はわずか2件であった。

1　第一種財産分離

被相続人が500万円の資産と200万円の債務を残し、100万円を受遺者に与えるという内容の遺言をして死亡したとする。ここで、単独の相続人が、600万円の債務を負っていたとしよう。相続人が単純承認をすれば、承継した500万円を相続人自身の債権者への弁済に充ててしまう可能性がある。相続人が無資力の場合には、被相続人の債権者（相続債権者）は、債務を承継した相続人から200万円の弁済を受けることができず、受遺者も100万円の弁済を得ることが難しくなる。

このような場合には、被相続人の債権者や受遺者は、財産分離制度を利用するのが有益である。同制度によれば、被相続人の債権者や受遺者の主導で、相続財産と相続人の固有財産を分離して清算することができる（941条1項）。被相続人の債権者や受遺者が家庭裁判所に財産分離を申し立て、審判によりこれが認められれば（家事別表1-96項）、被相続人の債権者や受遺者は、相続人の債権者に優先して相続財産から弁済を受けることができる。分離を請求できる期間は、相続開始から3か月以内が原則であるが、相続財産と相続人の固有財産とが混合しない間は請求することができる（941条1項）。

2　第二種財産分離

　相続人が債務超過の状態に陥っていたところ、被相続人が500万円の債務の
みを残して死亡したとする。この場合に、相続人が相続放棄または限定承認を
しない場合には、相続人が被相続人の500万円の債務を承継することとなり、
相続人が相続により承継した債務につき先に弁済してしまえば、相続人の債権
者が自己の債権について弁済を受けられなくなる可能性が高くなる。

　このような場合には、相続人の債権者は、財産分離制度を利用するのが有意
義である。この制度によれば、相続人の債権者の主導で、相続財産と相続人の
固有財産を分離することができ（950条1項）、相続人の債権者は、被相続人の
債権者（相続債権者）に優先して、相続人の固有財産から弁済を受けることが
できる（950条2項・948条後段）。財産分離の請求をすることができるのは、相
続人が限定承認をすることができる間または相続財産が相続人の固有財産と混
合しない間である（950条1項）。

第15章

相続人の不存在

　Ａが死亡したが、その戸籍をみると相続人となるべき者がいなかったとする。この場合にＡの財産は死後どうなるのか。無主物の状態で放置するのは望ましくない。そこで相続人がいるかどうか明らかではないときは、Ａの財産は法人とされ（951条）、相続財産清算人によって清算されることになっている。

1　相続人不存在における財産の管理と清算

　相続人のあることが明らかではなく相続財産法人が成立した場合には、家庭裁判所は、利害関係人または検察官の請求により相続財産清算人を選任し（952条1項）、選任後はその旨および相続人があるならば一定の期間内に権利を主張すべき旨遅滞なく公告しなければならない（952条2項）。相続財産清算人は、相続財産を管理するとともに、相続債権者・受遺者に対して2か月以上の期間を定めて請求の申出をするように公告しなければならない（957条1項）。

　期間満了後に、相続財産清算人は、相続債権者・受遺者に対して弁済を行う（957条2項・929-931条）。

　相続財産清算人が選任されていないときは、家庭裁判所は、利害関係人または検察官の請求により、相続財産の清算を目的とせず、相続財産を適切に管理することを目的として、相続財産管理人を選任するなど、相続財産の保存に必要な処分を命じることができる（897条の2）。

2 特別縁故者による財産分与請求

(1) 特別縁故者制度の趣旨

相続財産法人の清算手続が終わってもなお財産が残っている場合には、相続人ではなくても被相続人と特別な関係にある者は財産分与を請求することができることになっている。

これが1962（昭和37）年に創設された特別縁故者制度である。相続人がいることが明らかでなく、相続財産を清算したうえで残余財産があれば、その財産をできるだけふさわしい者に承継させるべきであり、それが死者の生前の意思にも合致するという考えのもとで設けられた。実際に、相続人ではない者と被相続人が生前親しい関係にあり、晩年にはその者が被相続人の介護や身の回りの世話をすることは珍しくない。このように被相続人と特別な関係にある者が、被相続人の財産を取得することは常識にかなっているといえよう。

(2) 特別縁故者への財産分与の手続

相続人の捜索期間（952条2項）内に相続人としての権利を主張する者がない場合に、特別縁故者が請求することによって、家庭裁判所は、相続財産の一部または全部を分与することができる（958条の2、家事別表1-101）。

特別縁故者への財産の分与は一種の恩恵にすぎず、分与するかどうかについて家庭裁判所に大きな裁量があるという見解と、財産分与請求は特別縁故者の権利であり、家庭裁判所に大きな裁量があるとみるのは妥当ではないとする見解が対立している。特別縁故者が、死者の財産の維持や増加に貢献するなどにより財産権を有するとみられる場合もあるから、財産分与がすべて家庭裁判所の裁量に委ねられるとみるのは妥当ではないであろう。

(3) 特別縁故者の範囲

特別縁故者とされる者として列挙されているのは、被相続人と生計を同じくしていた者、被相続人の療養看護に努めた者、その他被相続人と特別の縁故があった者である（958条の2第1項）。内縁配偶者、事実上の養子などがこれに含まれる。実際の審判例ではその他、相続人ではない親族（子の配偶者、配偶者の

連れ子など）や隣人、宗教法人、社会福祉法人などへの財産分与が認められている。

　問題になるのが、死者の葬儀や供養を行った者が特別縁故者として財産分与を請求した場合にこれを認めるべきかどうかである。死者に相続人となる家族がいない場合でも、相続人ではない遠い親族や近隣の者、その他の縁のある者が死後の諸事を引き受けることがある（死後縁故）。しかし、特別縁故者制度は、生前に特別な関係にあることを前提としており、生前に全く特別縁故関係がなかった者に財産分与を認めるのは本来の制度趣旨には沿わないとされる。判例は、死後の行為だけで財産分与を認めるのではなく、死後の行為を、生前の縁故関係とあわせて財産分与の審判において考慮している（大阪高決平成5・3・15家月46巻7号53頁）。少子高齢化や非婚化、家族の多様化などにより、死後の葬儀や供養について任せることのできる相続人がいないケースが少なくない。このような現状で、相続人ではないにもかかわらず死後の諸事を担った者の行為を相続法上評価することは、正当な財産分配を実現するという観点から望ましい。

3　国庫帰属

　相続人の捜索期間（952条2項）の満了後3か月以内に特別縁故者による財産分与の申立てがなかった場合、あるいは、特別縁故者による申立てに基づいて相続財産が分与されたがなお残余財産がある場合には、その残余財産は国庫に帰属することになっている（959条）。しかし、この規定の趣旨は、できるだけ相続財産を国庫に帰属させて国庫の充実を図ろうとすることではなく、死亡による無主物化を回避することである。国庫に帰属させる前に、できるだけふさわしい者に財産を承継させる運用が相続法の趣旨に合致する。

　近年では死者に家族がいないという事例が多くなっている。司法統計年報によると、相続人不分明による相続財産管理人選任等の家事審判新受件数は、1975年に1,822件であったが、2021年には27,208件にまで急増している。相続人不存在における正当な財産分配の実現は、相続法の重要な役割の一つになっている。

第16章

遺 言

　遺言（いごん）は、遺言者の最終の意思表示であり、その死後に、意思表示の内容どおりの法律効果を生じる法律行為である。

　法律行為の典型である契約は、当事者の意思表示の合致（合意）により成立し、当事者は契約の内容を自由に決定することができる。また、契約を書面で締結するか、口頭で締結するか等、契約締結の方式を自由に決定することができる。これに対して、遺言は、遺言者の一方的な意思表示により成立し（相手方のない単独行為）、また、遺言で定めることができる事項（遺言事項）および遺言の方式は法定されている（要式行為）。

I　遺言の成立

1　遺言能力

　遺言の効力は遺言者の死後に生ずるから、本人の利益保護のために設けられた行為能力の制限に関する5条・9条・13条・17条の規定は、遺言については適用されない（962条）。しかし、遺言は一定の法律効果の発生を目的とする意思表示である以上、遺言者は、遺言時に意思能力が必要である。意思能力を欠く者がした遺言は無効となる（3条の2）。また、遺言者は、遺言時に遺言能力（遺言内容を理解し、遺言の結果を弁識しうるに足りる能力）が必要であるところ（963条）、15歳に達した者は遺言能力を有するとされる（961条）。

　したがって、15歳以上の者であれば、未成年者、成年被後見人（なお、成年

被後見人の遺言に関する特則として973条）、被保佐人、被補助人であっても、遺言をすることができる。

2　遺言事項

遺言で定めることができることを遺言事項という。遺言事項は法定されている。

民法に定める遺言事項には、①身分に関するもの――認知（781条2項）、未成年後見人の指定（839条1項）、推定相続人の廃除（893条）等――と、②財産に関するもの――相続分の指定（902条）、遺産分割方法の指定（908条1項）、遺贈（964条）、遺言執行者の指定（1006条1項）、遺言の撤回（1022条）、特定財産承継遺言（1014条2項）等――がある。これら以外の事項についての遺言は、法律上の効力は生じない。

3　遺言の要式性

遺言は、遺言者の最終の意思表示であり、その死亡の時から効力を生じる（985条1項）。そうすると、遺言者自身（死者）に、遺言という意思表示の内容が真実であるか確認をすることができない。遺言者の真意を確保するために、遺言は、民法が定める一定の方式に従ってしなければならない（→本章Ⅱ）。民法が定める遺言の方式に従わない遺言は、法律上の効力を生じない。

Ⅱ　遺言の方式

1　遺言の方式

(1)　遺言の種類

遺言は、普通方式の遺言と特別方式の遺言に分かれる。

普通方式の遺言には、自筆証書遺言、公正証書遺言、秘密証書遺言の3種類がある（967条本文）。特別方式の遺言には、死亡危急者遺言、船舶遭難者遺言、

伝染病隔離者遺言、在船者遺言の4種類がある。

$$
普通方式\left\{\begin{array}{l}自筆証書遺言（968条）\\公正証書遺言（969条）\\秘密証書遺言（970条）\end{array}\right.\quad 特別方式\left\{\begin{array}{l}危急時遺言\left\{\begin{array}{l}死亡危急者遺言（976条）\\船舶遭難者遺言（979条）\end{array}\right.\\隔絶地遺言\left\{\begin{array}{l}伝染病隔離者遺言（977条）\\在船者遺言（978条）\end{array}\right.\end{array}\right.
$$

(2) 証人と立会人

　自筆証書遺言を除くその他の遺言は、証人の立会いが要求される。証人は、遺言が遺言者の真意に出たものであることを証明する者である。また、証人の他に、成年被後見人の遺言では医師の立会いが、伝染病隔離者遺言では警察官の立会いが、在船者遺言では船長または事務員の立会いが要求されている。これらの立会人は、自らの職務に基づいて立ち会い、遺言の作成の事実を証明する者である。

　証人と立会人になることができない者（欠格者）として、①未成年者、②推定相続人および受遺者（遺贈により利益を受ける者→235頁）ならびにこれらの配偶者および直系血族、③公証人の配偶者、4親等内の親族、書記および使用人が定められている（974条）。

(3) 共同遺言の禁止

　2人以上の者が同一の証書によってする遺言を共同遺言という。個人の最終意思を明確にするため、共同遺言は禁止されている（975条）。例えば、「遺言書」と題する書面に、全文・日付の自書のあと、夫婦「A・B」との署名・押印がされた遺言は、共同遺言に当たり無効である（最判昭和56・9・11民集35巻6号1013頁）。したがって、Aの遺言としても無効であり、Bの遺言としても無効である。

2　普通方式の遺言

(1)　自筆証書遺言
　自筆証書遺言の要件は、遺言者が、その全文、日付および氏名を自書し、これに押印することである（968条1項）。

(a)　全文の自書
　全文の自書（自分で書くこと）が要求されているのは、遺言者の真意を確保し、他人が遺言書を偽造（にせものを作ること）したりや変造（書き換えること）するのを防ぐためである。

　自書については、遺言者が他人の添え手を受けて作成した自筆証書遺言の有効性が問題となった。判例は、「『自書』は遺言者が自筆で書くことを意味するから、遺言者が文字を知り、かつ、これを筆記する能力を有することを前提」とし、自書能力とはこの意味における能力をいうとした。したがって、「本来読み書きのできた者が、病気、事故その他の原因により視力を失い又は手が震えるなどのために、筆記について他人の補助を要することになったとしても、特段の事情がない限り、」自書能力は失われない。そして、病気その他の理由により運筆について他人の添え手による補助を受けてされた自筆証書遺言が「自書」の要件を充たし有効であるといえるためには、①遺言者が証書作成時に自書能力を有すること、②他人の添え手が、単に始筆もしくは改行にあたりもしくは字の間配りや行間を整えるため遺言者の手を用紙の正しい位置に導くにとどまるか、または遺言者の手の動きが遺言者の望みにまかされており、遺言者は添え手をした他人から単に筆記を容易にするための支えを借りただけであること、③添え手をした他人の意思が介入した形跡のないことが、筆跡のうえで判定できることが必要である（最判昭和62・10・8民集41巻7号1471頁）。

　しかし、全文の自書という厳格な方式は、遺言者にとって負担となる。そこで、自筆証書（遺言を記載した書面）に遺言や遺贈の対象となる財産の目録を添付する場合には、その目録については自書を要求しないこととして（968条2項前段）、自筆証書遺言の方式が緩和されている。したがって、他人が代筆した書面やパソコンを利用して作成した書面、預貯金の通帳の写し、不動産の登記事項証明書等を財産目録として自筆証書に添付することができる。

(b) 日付

日付の記載が要求されているのは、遺言の成立時期を明確にし、その結果として、遺言能力の有無または遺言の前後を明らかにするためである。したがって、日付は、年・月・日が特定できるように記載されなければならない。「令和 5 年 4 月」とのみ記載された（日の記載がない）遺言や「令和 5 年 4 月吉日」と記載された遺言は、日付の記載を欠くため無効である。他方、自己の「還暦の日」や「第○○回目誕生日」と記載された遺言は、日付の特定が可能であることから有効である。

(c) 氏名

氏名の自書が要求されているのは、遺言者が誰であるかを知り、他人との混同が生じないようにするためである。氏名である以上、氏と名前とが併記されることが原則である。ただし、氏または名前だけでも、それによって遺言者本人が明確に特定できるならば、遺言は有効である。また、氏名は、戸籍と同一である必要はないから、遺言者が日常使用している通称、ペンネーム、芸名なども、それによって遺言者本人が明確に特定できるならば、遺言は有効である。

(d) 押印

押印が要求されているのは、氏名と同様に、遺言者が誰であるかということと遺言が遺言者自らの意思にでたものであることを明らかにするためである。用いられる印章は、実印（市区町村長に届け出てある、重要書類に押す印章のこと）である必要はなく、認印でもよい。指印（拇印）でもよい（最判平元・2・16民集43巻 2 号45頁）。

(e) 遺言書の加除・変更の方式

自筆証書および添付された目録に、加除その他の変更をする場合（例えば、遺言書に「株式」と書いたのを、「不動産」に訂正する場合）には、遺言者が、変更した場所に押印をし、さらに、どこをどのように変更したかということを付記して、そこに署名しなければならない（968条 3 項）。加除・変更が定められた方式に従ってなされていない場合には、遺言書は加除・変更がなされなかったものとして扱われる。

（f）　遺言書の検認

　自筆証書遺言は、自分で保管するため、紛失するリスクや、発見者によって
変造<ruby>破棄<rt>はき</rt></ruby>されたり破棄されたりするリスク、遺言者の死亡後に発見されないリスク
がある。そのため、遺言者の死亡後、遺言書を保管していた者または遺言書を
発見した相続人は、遅滞なく、家庭裁判所にこれを持参し、遺言書の検認を受
け、さらには相続人の立会いの下で開封しなければならない（1004条）。

自筆証書遺言の保管制度

　自筆証書遺言は、自書する能力さえ備わっていれば、他人の力を借りること
なく、どこでも作成することができ、特別の費用もかからないというメリット
がある。他方で、自筆証書遺言は、作成や保管について第三者の関与が不要と
されているため、遺言者の死亡後、遺言書の真正や遺言内容をめぐって紛争が
生ずるリスクや、相続人が遺言書の存在に気付かないまま遺産分割を行う等の
リスクがある。このような相続をめぐる紛争を防止するため、平成30（2018）
年に、自筆証書遺言の保管制度（法務局における遺言書の保管等に関する法律）
が創設された。

　遺言者は、法務大臣の指定する法務局（遺言書保管所）に自ら出頭して、遺
言の保管を申請することができる。申請の対象となるのは、民法968条の自筆
証書遺言のみである。

　保管申請された遺言書は、遺言書保管所内で、その<ruby>原本<rt>げんぽん</rt></ruby>が保管されるととも
に、その画像情報等を記録した遺言書保管ファイルが管理される。遺言者の生
存中は、遺言者のみが、保管されている遺言書の内容を確認することができ
る。遺言者は、遺言書の保管の申請を撤回することができる。

　なお、遺言書保管所に保管されている遺言書については、保管開始以降、偽
造や変造等のおそれがなく、保存が確実であることから、検認は不要である。

（2）　公正証書遺言

　公正証書遺言は、遺言者が、<ruby>公証<rt>こうしょうにん</rt></ruby>人の面前で、遺言の内容を<ruby>口授<rt>くじゅ</rt></ruby>（口頭で伝
えること）し、それを公証人が筆記し、作成する遺言である。公証人は、原則
として、裁判官や検察官、弁護士の経験を持つ者から、法務大臣が任命する。

公正証書遺言は、法律の専門家である公証人が作成に関与するので、方式の不備や遺言の解釈をめぐって、後に紛争が生じるリスクを軽減することができる。公証人は、原則として、公証役場で公正証書の作成等の公証事務を行うこととされているが、遺言者が高齢または病気のため公証役場に出向くことが困難な場合には、公証人が、遺言者の自宅または病院、施設などに出張し、公証事務を行うことが認められている（公証人法57条）。

公正証書遺言の要件は、①証人2人以上の立会いの下で、②遺言者が遺言の内容を公証人に口授し、③公証人が遺言者の口述を筆記し、これを遺言者および証人に読み聞かせ、または閲覧させ、④遺言者および証人が、筆記の正確なことを承認した後、各自これに署名・押印し、⑤公証人が遺言書に署名・押印することである（969条）。

なお、口がきけない者が公正証書によって遺言をする場合には、口授に代えて、通訳人の通訳（手話通訳）による申述あるいは自書（筆談）により、遺言の内容を伝える（969条の2第1項）。耳が聞こえない者が公正証書によって遺言をする場合には、公証人は、筆記した遺言の内容を、読み聞かせに代えて、通訳人の通訳により、遺言者または証人に伝えることができる（同条2項）。

公正証書遺言は、公証役場で遺言書の原本が保管されるので、偽造や変造等のおそれがないことから、検認は不要である（1004条2項）。

(3) 秘密証書遺言

秘密証書遺言の要件は、①遺言者が、遺言を記載した書面に署名・押印すること、②遺言者が、遺言書を封筒に入れて閉じるなどして封じ、遺言書に押印した印章と同じ印章で封印すること、③公証人および証人2人以上の前にその封書を提出し、自己の遺言書であることおよびその筆者の氏名および住所を申述すること、④公証人がその封紙上に提出の日付および遺言者の申述を記載した後、遺言者および証人が署名・押印することである（970条）。

秘密証書遺言は、遺言者による自書要件がないので、他人による代筆、パソコンやワープロの利用が認められる。また、公証人が作成に関与するので、その遺言書が遺言者本人のものであることを明確にできる。ただし、公証人は、遺言書の内容には関与しないため、方式の不備や遺言の解釈をめぐって、後に

紛争が生じるリスクがある。

　なお、自筆証書遺言と同様に、家庭裁判所による検認が必要である（1004条
1項）。

3　特別方式の遺言

(a)　特別方式の遺言

　特別方式の遺言は、普通方式の遺言をすることができない特別の状況にある
場合に許される遺言の方式であり、普通方式の遺言よりも要件が緩和されてい
る。なお、特別方式の遺言は、遺言者が普通方式の遺言をすることができるよ
うになった時から6か月間生存するときは、その効力を失う（983条）。この場
合、遺言者は新たに普通方式の遺言をすればよい。

(b)　死亡危急者遺言

　死亡危急者遺言は、疾病（病気のこと）その他の事由により死亡の危急に迫
った者が遺言をする場合に認められる。死亡危急者遺言の要件は、①証人3人
以上の立会いの下で、②証人の1人に遺言の趣旨を口授すること、③その口授
を受けた者は、これを筆記して、遺言者および他の証人に読み聞かせるかまた
は閲覧させ、各証人が筆記の正確なことを承認した後に、これに署名し押印す
ることである（976条1項。口がきけない者・耳が聞こえない者のための特則あり）。
また、死亡危急者遺言は捏造される危険性が高いため、④遺言の日から20日以
内に、証人の1人または利害関係人が、家庭裁判所に対して、当該遺言の確認
を請求し、家庭裁判所の確認を得ることである（同条4項）。

(c)　船舶遭難者遺言

　船舶遭難者遺言は、船舶が遭難した場合に、当該船舶中で死亡の危急に迫っ
た者が遺言をする場合に認められる。船舶遭難者遺言の要件は、①遺言者は、
証人2人以上の立会いをもって口頭で遺言をすること、②証人が、その趣旨を
筆記して、これに署名し、印を押すこと、③証人の1人または利害関係人が遅
滞なく家庭裁判所に請求してその確認を得ることである（979条。口がきけない
者のための特則あり）。

(d) 伝染病隔離者遺言

　伝染病隔離者遺言は、伝染病のため行政処分によって交通を断たれた場所にある者が遺言をする場合に認められる。伝染病隔離者遺言の要件は、①警察官1人および証人1人以上の立会いをもって遺言書を作ること（977条）、②遺言者、筆者、立会人および証人が署名し、印を押すこと（980条）である。

(e) 在船者遺言

　在船者遺言は、船舶中にある者が遺言をする場合に認められる。在船者遺言の要件は、①船長または事務員1人および証人2人以上の立会いをもって遺言書を作ること（978条）、②遺言者、筆者、立会人および証人が署名し、印を押すこと（980条）である。

Ⅲ　遺言の効力

1　効力の発生時期

　遺言は、遺言者の死亡の時からその効力を生ずる（985条1項）。このことは、遺言者の生存中は、遺言は効力を有しないこと（何らの権利義務も発生しないこと）を意味する。したがって、遺言者は、その生存中にいつでも遺言を撤回することができる（1022条）。また、受遺者は、遺言者の生存中に遺贈の履行を請求することができない。

2　遺言の無効・取消し

　遺言は遺言者の最終の意思表示であることから、遺言にも民法総則の意思表示の無効・取消しに関する諸規定が適用される。意思能力のない者のした遺言（3条の2）や公序良俗に反する遺言（90条）は無効である。その他、民法が定める方式を欠く遺言（960条）も無効である。また、遺言事項のうち、財産に関するものについては、錯誤（95条）や詐欺、強迫（96条）による取消しの対象となる。他方、身分に関する遺言事項については、民法総則の規定は適用されず、それぞれに関する特則による（例えば、遺言認知について、詐欺・強迫による

場合は785条、認知の無効の場合は786条による）。

3　遺言の撤回

(1)　遺言の撤回

遺言者は、いつでも、遺言の全部または一部を撤回することができる。この「いつでも」には、期間の制限がない（遺言時から遺言の効力発生時までの間いつでも）という意味だけでなく、撤回の原因がなくても、撤回することができるという意味も含まれている。そして、遺言者は、この遺言を撤回する権利（遺言の撤回権）を放棄することができない（1026条）。

(2)　撤回の方法

撤回の方法は3種類ある。

(a)　遺言の方式による撤回

遺言の撤回は、原則として、遺言の方式に従ってしなければならない（1022条）。ただし、撤回される遺言と同一の方式である必要はない。たとえば、公正証書遺言（第1遺言）を自筆証書遺言（第2遺言）で撤回することができる（「令和○年○月○日付の公正証書遺言を撤回する」との自筆証書遺言を作成する場合）。

(b)　抵触遺言

遺言者が新たな遺言を作成し、その内容が前の遺言と抵触するときは、抵触する部分について後の遺言（抵触遺言）で前の遺言を撤回したものとみなされる（1023条1項）。たとえば、遺言者が、「全財産をAに遺贈する」という遺言（第1遺言）を作成した後、新たに「全財産をBに遺贈する」という遺言（第2遺言）を作成した場合、第1遺言と第2遺言の内容は矛盾し、両遺言の内容は実現できなくなるから、第1遺言を第2遺言で撤回したものとみなされる。

また、遺言者が遺言と抵触する生前処分その他の法律行為（抵触行為）をしたときも、抵触する部分について遺言を撤回したものとみなされる（同条2項）。たとえば、遺言者が、「私の財産のうち甲土地をAに遺贈する」という遺言を作成した後、甲土地をBに売却した場合、前の遺言の内容と後の処分

行為（生前処分）は矛盾し、遺言の内容は実現できなくなるから、生前処分によって遺言を撤回したものとみなされる。

(c)　遺言書や目的物の破棄

遺言者が故意に遺言書を破棄した場合、その破棄した部分について、遺言を撤回したものとみなされる（1024条前段）。遺言者が故意に遺贈の目的物を破棄したときも、同様である（同条後段）。

遺言書の破棄の例として、遺言者が自筆証書遺言の文面全体に赤ボールペンで斜線を引く行為は、その後になお元の文字が判読できる場合であっても、「故意に遺言書を破棄したとき」に該当すると解される（最判平成27・11・20民集69巻7号2021頁）。

(d)　撤回された遺言の効力

たとえば、遺言者が、「全財産をAに遺贈する」という遺言（第1遺言）を作成し、その後、「第1遺言を撤回する」という遺言（第2遺言）を作成し、さらに、「第2遺言を撤回する」という遺言（第3遺言）を作成した場合に、第1遺言の効力がどうなるのかが問題となる。このような場合、第1遺言の効力は回復しない（1025条）。

Ⅳ　遺言による財産の承継

1　遺贈

(1)　遺贈の種類

遺言事項の中で重要なものの一つが遺贈である。遺贈とは、遺言者が遺言によって他人に自己の財産を与える行為をいう（964条）。遺贈には特定遺贈と包括遺贈の2種類がある。

遺贈のうち、「甲土地をAに遺贈する」のように、遺産中の特定の財産を受遺者に与えるものを特定遺贈という。なお、特定遺贈の目的物は、特定物（たとえば、甲土地）の場合もあれば、不特定物（たとえば、株式1000万円分）の場合もある。また、財産的利益（たとえば、配偶者居住権）でもよい。

他方、「全財産の3分の1をBに遺贈する」「全財産をCに遺贈する」のよ

うに、遺産の一定割合ないし全部を受遺者に与える遺贈を包括遺贈（割合的包括遺贈・全部包括遺贈）という。なお、包括受遺者は、相続人と同一の権利義務を有するから（990条）、遺言で示された割合に応じて、包括的に、遺産中の積極財産だけでなく消極財産（債務）をも承継する。そして、包括受遺者は、相続人と遺産を共有し（898条1項）、遺産分割の手続に参加する。

(2) 受遺者

遺贈によって遺言者から財産を与えられる者を受遺者という（上記の「遺贈の種類」の例ではA・B・Cが受遺者に当たる）。相続人だけでなく相続人ではない者でも、あるいは自然人だけでなく法人も受遺者となることができる。胎児も受遺者となることができる（965条・886条）。なお、受遺者に民法891条の欠格事由があるときは、受遺者となることができない（受遺欠格。965条・891条）。

遺贈の効力は、受遺者の意思とは無関係に、遺言者の死亡時に発生する（985条1項）。しかし、遺贈による利益の享受を望まない者もいるだろう。そこで、受遺者は、遺言者の死亡後いつでも、遺贈を放棄することができる（986条1項）。受遺者が遺贈を承認すれば、遺言者の死亡により発生した遺贈の効力が確定する。受遺者が遺贈を放棄すれば、遺贈の放棄の効力は、遺言者の死亡時に遡及して生じる（同条2項）。なお、包括受遺者は、相続人と同一の権利義務を有するから（990条）、包括受遺者による遺贈の承認または放棄については、相続人の承認または放棄に関する規定が適用される（つまり、986条は、包括遺贈には適用がなく、特定遺贈についてのみ適用される）。

(3) 遺贈の効力発生の時期

遺贈の効力は、遺言者の死亡時に発生する（985条1項）。遺言者の死亡前（遺言者の生存中）には遺贈の効力は生じないから、受遺者は、遺贈の履行を請求することができない。

遺贈の対象となっている権利は、遺贈の効力発生とともに受遺者に移転する。特定遺贈（「甲土地をAに遺贈する」）の場合、遺言者の死亡によって遺贈の目的である特定の権利（甲土地の所有権）は受遺者（A）に移転する。包括遺贈（「全財産の3分の1をBに遺贈する」）の場合、包括受遺者は、相続人と同一の権

利義務を有するから（990条）、遺産を構成する個々の財産について遺言で示された割合（3分の1）の持分権が受遺者（B）に移転する（遺産中の可分債権・可分債務は、それぞれ3分の1の割合で分割承継する）。

(4) 遺贈義務者

特定物遺贈の場合（「甲土地をAに遺贈する」）、遺言者の死亡時に、遺贈の目的物（甲土地）の所有権は受遺者（A）に移転するが、その引渡しや所有権移転登記手続（遺言者から受遺者への名義変更手続）をしなければならない。このように遺贈を実現することを「遺贈の履行」といい（遺言の内容を実現することを「遺言の執行」という→本章Ⅴ）、遺贈を履行すべき者のことを遺贈義務者という。

遺言執行者がある場合には、遺言執行者のみが遺贈義務者となる（1012条2項。1012条2項は、特定遺贈のみならず包括遺贈にも適用される）。したがって、受遺者が、遺贈の履行を請求する相手方は、遺贈義務者である遺言執行者に限られる。他方、遺言執行者がいない場合には、相続人が遺贈義務者となる。

(5) 遺贈の失効

遺贈は、遺言者の死亡以前に受遺者が死亡したときは、その効力を生じない（994条1項）。相続では代襲相続されるのとは異なり（887条2項・3項）、遺贈については、受遺者の子が代襲するということは生じない。この場合、受遺者が受けるべきであったものは、相続人に帰属する（995条）。

(6) 負担付遺贈

遺言者は、遺贈により、受遺者に財産的利益を与えると同時に、受遺者に一定の行為を義務付けることもできる。このような遺贈を、負担付遺贈という。

例えば、「甲土地を弟Aに遺贈する。その代わり、Aは、私の妻Bが生存中、生活費として毎月10万円をBに支払うこと。」という遺言をした場合、受遺者Aの履行責任の範囲は、遺贈の目的の価額（甲土地1000万円）を超えない限度（1000万円÷10万円＝約8年3か月分）に限られる（1002条1項）。Aが負担付遺贈で負担した義務（生活費として毎月10万円をBに支払う義務）を履行しないときは、相続人（妻B、長女C）は、相当の期間を定めて、履行を催告できる

（1027条前段）。期間内に履行がないときは、相続人は当該負担付遺贈に係る遺言の取消しを家庭裁判所に請求することができる（同条後段）。

　なお、受遺者Ａが負担付遺贈を放棄したときは、負担の受益者Ｂが自ら受遺者となることができる（1002条2項）。

2　特定財産承継遺言

⑴　「相続させる」旨の遺言から特定財産承継遺言へ

　実務では、被相続人が特定の財産（甲土地）を特定の相続人（長男Ａ）に承継させることを希望する場合、遺贈（「甲土地を長男Ａに遺贈する」）ではなく、「甲土地を長男Ａに相続させる」という文言を使用することにより、「甲土地を長男Ａに帰属させる」という意思表示をしつつ、「それは遺贈ではなく相続による財産承継なのだ」という意思表示をすることが推奨されてきた。このような遺言を「相続させる」旨の遺言という。従来、「相続させる」旨の遺言は、遺産分割方法の指定なのか遺贈なのか、いずれの遺言事項に該当するのかが問題となっていた。判例は、特定の財産を特定の相続人に「相続させる」旨の遺言は、①遺贈と解すべき特段の事情がない限り、相続による財産承継としての908条の遺産分割方法の指定であり、②何らの行為を要せずして、被相続人の死亡の時（遺言の効力の生じた時）に直ちに当該遺産が当該相続人に相続により承継される、そして、③このような遺言がなされた場合、他の共同相続人もこの遺言に拘束され、これと異なる遺産分割の協議、さらには審判もなしえないとした（最判平成3・4・19民集45巻4号477頁）。

　上記の判例の理解を前提に、2018年民法改正により、「特定財産承継遺言」として明文化された。特定財産承継遺言とは、「遺産分割方法の指定として遺産に属する特定の財産を共同相続人の一人又は数人に承継させる旨の遺言」をいう（1014条2項、1046条、1047条）。

⑵　特定財産承継遺言の効果

　特定財産承継遺言による財産の承継は、相続による権利の承継に位置づけられる。それゆえ、この遺言によって利益を受ける相続人（受益相続人）は、法

定相続分を超える部分については、登記などの対抗要件を備えなければ第三者に対抗できない（899条の2）。なお、遺言執行者がいる場合には、遺言執行者は、特定財産承継遺言によって財産を承継する受益相続人が対抗要件を備えるために必要な行為をすることができる（1014条2項）。

　また、特定財産承継遺言によって遺産を承継するとされた推定相続人が遺言者の死亡以前に死亡した場合、推定相続人の代襲者等に遺産を相続させる意思を遺言者が有していたとみられる特段の事情がなければ、その遺言の効力は生じない（最判平成23・2・22民集65巻2号699頁）。

V　遺言の執行

(1)　遺言書の検認と開封

　遺言がある場合には、遺言者の最終意思を保持し、遺言の変造や隠匿を防がなければならない。そこで、遺言執行の準備手続として、遺言書の検認と開封がある。

　遺言書の保管者または遺言書を発見した相続人は、相続の開始を知った後、遅滞なく、これを家庭裁判所に提出して検認を請求しなければならない（1004条1項）。検認を必要とする遺言書は、遺言書保管制度により保管されている自筆証書遺言と公正証書遺言を除くすべての遺言書である。また、封印のある遺言書は、家庭裁判所において相続人またはその代理人の立会いがなければ開封することができない（同条3項）。これらの義務に違反した場合、5万円以下の過料に処せられる（1005条）。

　遺言書の検認は、遺言書の状態（遺言書がどのような用紙幾枚に、どのような筆記具で、どのような内容が記載され、日付や氏名はどのように記載されているか、印はどうなっているか）を調査し、これを記録する。

(2)　遺言の執行

　遺言がある場合、その内容には、認知や相続人の廃除、遺贈のように、遺言の内容を実現するために一定の行為を必要とするものがある。遺言の内容を実現するために必要な一定の行為を執り行うことを遺言執行という。これらの行

為を行うのは、遺言執行者がいるときは遺言執行者であり、遺言執行者がいないときは相続人である。

(3) 遺言執行者の選任

遺言者は、遺言で遺言執行者を指定すること、または、遺言で第三者にその指定を委託することができる（1006条1項）。遺言執行者に指定された者は、就職を承諾した後、直ちに任務を行い、遺言の内容を相続人に通知しなければならない（1007条1項、2項）。

遺言執行者がいないときは、利害関係人の請求によって、家庭裁判所が遺言執行者を選任することができる（1010条）。

なお、未成年者および破産者は、遺言執行者となることができない（1009条）。

このようにして、遺言の執行を遺言執行者に委ねることにより、遺言の執行を適正かつ迅速に実現することができる。

(4) 遺言執行者の職務

(a) 財産目録の作成

遺言執行者は、遅滞なく、相続財産の目録を作成し、相続人に交付しなければならない（1011条1項）。

(b) 権利義務

遺言執行者は、遺言の内容を実現するため、相続財産の管理その他遺言の執行に必要な一切の行為をする権利義務を有する（1012条1項）。つまり、遺言執行者の職務は、遺言の内容を実現することにある。遺言者の意思と相続人の利益とが対立する場合に、遺言執行者は、必ずしも相続人の利益に配慮することなく、あくまでの遺言者の意思に従って職務を遂行しなければならない。

遺言無効確認の訴えが提起された場合には、その訴訟の被告適格を有する（最判昭和31・9・18民集10巻9号1160頁）。

（i）遺言執行者による遺贈の実現　　遺贈について遺言執行者がある場合には、遺言執行者のみが遺贈の履行をする権限を有する（1012条2項）。例えば、「甲土地をAに遺贈する。遺言執行者をBとする。」という遺言がある場合に

は、受遺者 A が遺贈の履行を請求する相手方は遺言執行者 B であり、B は相続人 C を被告として所有権移転登記を求めることになる。

（ii）　遺言執行者による特定財産承継遺言の実現　　特定財産承継遺言について遺言執行者がある場合には、遺言執行者も受益相続人が対抗要件を具備するための権限を有する（1014条 2 項）。例えば、「甲土地を長男 A に相続させる。遺言執行者を B とする。」という遺言がある場合には、受益相続人 A が単独で所有権移転登記手続をすることができるだけでなく、遺言執行者 B にもその権限が認められる（不動産の対抗要件は登記である。177条）。また、「絵画を長女 C に相続させる。遺言執行者を D とする。」という遺言がある場合には、遺言執行者 D は絵画を C に引き渡す権限を有する（動産の対抗要件は引渡しである。178条）。

　なお、特定財産承継遺言の対象となる特定財産が預貯金債権である場合には、遺言執行者は、対抗要件具備行為のほか、預貯金の払戻しを請求することができる。例えば、「乙銀行にある普通預金1000万円のうち800万円を妻 E に相続させる。遺言執行者を F とする。」という遺言がある場合には、遺言執行者 F は、乙銀行に対し、普通預金800万円の限度で払戻しを請求することができる。

　また、特定財産承継遺言の対象となる特定財産が預貯金債権の全部である場合には、当該預貯金契約の解約の申入れをする権限を有する（1014条 3 項）。

(5)　遺言執行者の行為の効果

(a)　遺言執行者の執行行為

　遺言執行者がその権限内において遺言執行者であることを示してした行為は、相続人に対して直接にその効力を生ずる（1015条）。例えば、「乙銀行にある普通預金1000万円の全部を妻 A に相続させる。遺言執行者を B とする。」という遺言がある場合には、遺言執行者 B は、乙銀行に対し、遺言執行者であることを示して、普通預金契約の解約を申し入れることができる。そして、B が普通預金1000万円全額の解約払戻しを受けたときは、B による解約の効果が相続人 A・C・D に及ぶ）。

(b) 相続人による遺言執行の妨害

遺言執行者がある場合には、相続人は、相続財産の処分その他遺言の執行を妨げるべき行為をすることができない（1013条1項）。相続人が、遺言の執行を妨害する行為をしたときは、その行為は無効である（同条2項本文）。例えば、「甲土地を友人Aに遺贈する。遺言執行者をBとする。」という遺言がある場合に、この遺言の内容に不満を持つ相続人Cが、甲土地についてAへの所有権移転登記がなされる前に、自己の法定相続分にあたる持分を第三者Dへ譲渡し、登記を経由したとする。このとき、相続人Cの処分行為は、遺言の執行を妨害する行為に当たるから、CのDに対する甲土地の譲渡は無効である。そして、受遺者Aは、遺贈により甲土地の所有権を取得したことを登記なくして第三者Dに対抗することができるのが原則である。

ただし、第三者（取引の相手方）Dが遺言執行者の存在を知らなかった場合（Dが善意の場合）については、取引の安全を図るため、その行為（相続人Cの処分行為）の無効をDに対抗することができない（同条2項ただし書）。そうすると、相続人Cの処分行為は善意の第三者Dとの関係では有効なものとして取り扱われることになるから、受遺者Aと第三者Dとは対抗関係に立ち（Aへの甲土地の遺贈とDへの甲土地の譲渡は二重譲渡と同様の関係になる）、AとDの優劣は登記によって決まる。Dが所有権移転登記を具備していることから、DはAに対して、甲土地の所有権の取得を主張することができる。

(c) 相続債権者または相続人の債権者による権利行使

遺言執行者の有無に関わらず、相続債権者または相続人の債権者は、相続財産に対してその権利を行使することができる（1013条3項）。例えば、「甲土地を長男Aに相続させる。遺言執行者をBとする。」という遺言がある場合には、相続の開始後、相続を原因とするAへの甲土地の所有権移転登記がされる前に、共同相続人Cの債権者Dが、甲土地について、Cを代位して、相続を原因とするA・Cへの所有権移転登記（共有登記）をし、Cの持分を差し押さえたとしても、有効である。

第17章

遺留分

　兄弟姉妹以外の相続人は、被相続人が有していた財産の価額に一定割合を乗じて算定される金額に相当する利益を受けることが保障されている。被相続人の財産から受けることが保障されたこの最低限の利益のことを遺留分という。遺留分が侵害された相続人は、被相続人が行った無償処分（贈与や遺贈）の相手方に対して、侵害額に相当する金銭の支払いを求めることができる。それゆえ、被相続人の財産処分は、遺留分により一定の制約を受けることになる。

1　遺留分とは

　人は、本来、自らの財産を自由に処分することができる。しかし、この自由を全面的に認めてしまうと、その者の死後、相続人がその生活を脅かされたり、潜在的な持分を取り戻すことができなかったりするおそれがある。そこで、法定相続が有するこれらの意義を最低限度守るために（→151頁）、一定の相続人には、被相続人が有していた財産の価額に一定割合を乗じて算定される金額に相当する利益を受けることが保障されている。被相続人の財産から受けることが保障されたこの最低限の利益のことを遺留分という。

　遺留分は「最低限の相続分」であると説明されることがある。しかし、遺留分と同じ価額の財産を被相続人からの生前贈与や遺贈によって取得していれば、相続（遺産分割）では何ら財産を得られないということでも問題ない。その意味で、遺留分は「最低限の無償取得分」であると説明する方が正確かもしれない。また、遺留分に相当する利益を得ていないことが被相続人の死亡によ

り判明したとしても、そのような状態を生じさせた被相続人の無償処分が無効となるわけではない。遺留分の侵害額に相当する金銭の支払いを求めることができるだけであり、その支払いを求めるかどうかは権利者各自の自由意思に委ねられている。

2　遺留分権利者と各自の遺留分率

(1)　遺留分権利者

遺留分を有する者のことを遺留分権利者といい、兄弟姉妹以外の相続人がこれに当たる（1042条1項柱書）。すなわち、相続人となった子またはその代襲者、直系尊属、そして配偶者が遺留分権利者である。

相続人でない者は遺留分を有さない。それゆえ、相続欠格、廃除または相続放棄により相続権を失った者は遺留分を有さない。

(2)　各自の遺留分率

遺留分権利者は、それぞれ、次の3で説明する「遺留分を算定する基礎となる財産の価額」に一定割合（遺留分率）を乗じた額を遺留分として受ける。この遺留分率は、次のようにして定まる。

(a)　直系尊属のみが相続人である場合

相続人が直系尊属1人の場合には、1/3がその遺留分率となる（1042条1項1号）。また、数人の直系尊属のみが相続人である場合には、1/3に各自の法定相続分を乗じた割合が各自の遺留分率となる（同条2項）。

(b)　相続人に子または配偶者が含まれる場合

相続人に子または配偶者が含まれる場合において、遺留分権利者が1人のときは、1/2がその遺留分率となる（1042条1項2号）。また、遺留分権利者が数人あるときは、1/2に各自の法定相続分を乗じた割合が各自の遺留分率となる（同条2項）。なお、兄弟姉妹と配偶者が相続人であるときは、配偶者のみが遺留分権利者であるので、1/2が配偶者の遺留分率となる。

そうすると、Aが死亡し、Aの配偶者Bと2人の子C・Dが相続人となった場合には、Bの遺留分率は1/4、C・Dの遺留分率はそれぞれ1/8となる。

3　遺留分を算定するための財産の価額

(1)　遺留分を算定するための財産の価額の計算式

遺留分を算定するための財産の価額は、次の計算式により導かれる（1043条1項）。

〔被相続人が相続開始の時において有した財産（現存遺産）の価額〕＋〔その贈与した財産の価額〕－〔債務の全額〕

この計算式は、特別受益を考慮して具体的相続分を算定する際に出てくる「みなし相続財産」（→201頁）の計算式と似ている。しかし、制度の目的が異なるため、次の諸点において異なる。

まず、具体的相続分を算定する際には、相続人でない者に対する遺贈の対象財産や遺産分割の対象とはならない可分債権は現存遺産に含めないが、遺留分を算定する際には、これらの財産も現存遺産に含めてその価額を計算する。

次に、具体的相続分を算定する際には相続債務の価額を控除しないが、遺留分を算定する際には相続債務の価額を控除する。遺留分権利者の最低限の取り分よりも、相続債権者の満足を優先させるべきであるから、遺留分は、被相続人の財産を債務の弁済に充てた残余について認められることになる。なお、可分債務については相続開始と同時に相続分に応じて当然分割され、各共同相続人がこれを承継することから（→197頁）、遺留分権利者各自が承継する相続債務を考慮に入れて遺留分侵害の有無が判断されることになる（→249頁）。

最後に、贈与については、共同相続人に対するものに限定されていない一方で、原則的に一定期間内のものに限定してその対象財産の価額が加算される。この点については、項を改めて詳述することにしよう。

(2)　贈与財産の価額の加算

(a)　基本的な考え方

遺留分を被相続人が残した財産のみに基づき算定することにすると、死亡前の贈与によって遺留分制度が骨抜きにされてしまう恐れがある。また、贈与を受けた相続人と受けなかった相続人との間で不均衡が生じてしまう恐れもある。しかしその反面、被相続人によるすべての贈与を問題にすると、受贈者に

不測の出費を強いることになりかねないし、被相続人の財産処分をあまりにも制限することになる。そこで、原則として一定期間内の贈与に限り、その対象財産の価額を加算することとされている。

なお、無償での債務免除や財団法人設立のための財産の拠出のように、贈与と同様の実質を持つ無償処分はすべて1043条および1044条にいう「贈与」として扱われる。しかし、自己を被保険者とする生命保険契約の契約者が死亡保険金の受取人を変更する行為は「贈与」には当たらないと解されている（最判平成14・11・5民集56巻8号2069頁）。

(b) 相続人以外の者に対する贈与の場合

相続人以外の者に対する贈与については、原則として相続開始前の1年間になされたものに限り、その価額が加算される（1044条1項前段）。ただし、相続開始の1年前の日より前になされた贈与でも、当事者双方が遺留分権利者に損害を加えることを知ってしたものであれば、その価額が加算される（同項後段）。

(c) 相続人に対する贈与の場合

相続人に対する贈与については、婚姻か養子縁組のためまたは生計の資本としてなされたものに限られるが、相続開始前の10年間になされたものの価額が加算される（1044条2項）。

従来、具体的相続分算定の際に特別受益となる相続人に対する贈与は、時期的な制限を受けることなく、その価額がすべて加算された（最判平成10・3・24民集52巻2号433頁）。その結果、その後になされる遺贈や贈与は、減殺（→250頁のコラム参照）を受ける可能性が格段に高かった。しかし、第三者は相続人に対する古い贈与の存在を知り得ないのが通常であるため、第三者である受遺者や受贈者に不測の損害を与える可能性があった。そこで、2018年の相続法改正により、受遺者等の保護と相続人間の実質的公平性の確保との調整を図るために、「相続開始前の10年間」という時期的な制限が設けられることとなった。

(d) 加算すべき価額

贈与財産は、相続開始時における現状でその価額が評価される。贈与財産が金銭であるときも同様であり、「贈与の時の金額を相続開始の時の貨幣価値に換算した価額」を加算する（最判昭和51・3・18民集30巻2号111頁）。

負担付贈与（553条）については、贈与財産の価額から負担の価額を控除した額を加算する（1045条1項）。

(3) 遺留分算定の具体例

具体例をもとに、遺留分の算定方法を確認しておこう。245頁末尾の例と同様に、Aが死亡し、Aの配偶者Bと2人の子C・Dが相続人となった。Aは、1200万円の積極財産と600万円の金銭債務を残しているが、400万円相当の財産をEに遺贈している。また、Aは、死亡する半年前に、相続開始時の評価額で800万円の土地をFに贈与している。Aから特別受益を受けた相続人はなく、相続分の指定もなされていない。

Fに対する土地の贈与はAが死亡する前の1年間になされたものであるから、相続開始時の土地の価額（800万円）が加算されることになる。その結果、遺留分を算定するための財産の価額は1200万＋800万円－600万円＝1400万円となり、Bの遺留分は1400万円×1/4＝350万円、C・Dの遺留分はそれぞれ1400万円×1/8＝175万円となる。

4　遺留分侵害額請求権の成否

(1) 遺留分侵害額請求権とは

自らに保障された遺留分を得られていない遺留分権利者は、その「遺留分侵害額に相当する金銭の支払を請求すること」ができる（1046条1項）。この権利は、遺留分侵害額請求権と呼ばれる。

(2) 遺留分侵害額請求権の成否

(a) 遺留分侵害額の計算式

遺留分侵害額請求権が認められるためには、遺留分の侵害があることが必要である。その有無は、遺留分権利者ごとに次の計算式に従って検討される。

〔遺留分侵害額〕＝〔各自の遺留分（の額）〕
　　　　－〔無償で取得する積極財産の価額〕＋〔遺留分権利者承継債務の額〕

この計算式の左辺がプラスであれば、個々の遺留分権利者に保障された利益

が確保できていない、すなわち「遺留分の侵害がある」ということになる。

(b) 無償で取得する積極財産の価額の控除

遺留分は、遺留分権利者に「最低限の無償取得分」を保障することを目的とする制度であるから、遺留分権利者が被相続人から特別受益を受けている場合には、対象財産の価額を遺留分の額から控除する必要がある（1046条2項1号）。同様に、遺産分割の対象となる財産がある場合には、遺留分権利者が遺産分割において取得すべき財産の価額も控除する必要がある（同項2号）。後者については、「第900条から第902条まで、第903条及び第904条の規定により算定した相続分に応じて遺留分権利者が取得すべき遺産の価額」と定められているので、具体的相続分に応じて取得できる遺産の価額が控除されるが、寄与分による修正は考慮されない。

3(3)の例では、特別受益を受けた相続人はいないので、遺産分割では、遺贈の対象財産を除いた800万円の積極財産を各自の法定相続分に従い分けることになる。それゆえ、Bについては400万円を、C・Dについては200万円をそれぞれの遺留分から控除することになる。

(c) 遺留分権利者が相続分に応じて承継する債務の額の加算

遺留分権利者に保障された「最低限の無償取得分」はきちんと遺留分権利者の手中に収まる必要がある。それゆえ、被相続人に債務があり遺留分権利者がその債務を承継する場合には、遺留分権利者がその債務を弁済した後に遺留分に相当する利益が残るようにする必要がある。そこで、「被相続人が相続開始の時において有した債務のうち、第899条の規定により遺留分権利者が承継する債務」（遺留分権利者承継債務）の額を遺留分の額に加算することとされている（1046条2項3号）。

3(3)の例では、Aは600万円の金銭債務を有していたところ、相続分の指定がなされていないので、B・C・Dは各自の法定相続分に従いこの債務を承継することになる。それゆえ、Bについては300万円を、C・Dについては150万円をそれぞれ加算することになる。その結果、Bについては250万円が、C・Dについてはそれぞれ125万円が、遺留分侵害額となる。

5　遺留分侵害額請求権の行使

(1)　遺留分侵害額請求権の行使方法

　遺留分の侵害がある場合に成立する遺留分侵害額請求権（→248頁）は、意思表示の取消権や契約の解除権と同様に、形成権であるとされる。すなわち、遺留分権利者またはその承継人が、遺留分侵害額請求権を行使する意思を一方的に表示することによって、遺留分侵害額に相当する金銭債権が発生することになる。なお、遺留分侵害額請求権を行使する段階では、必ずしも金額を明示して行う必要はないとされている。

遺留分権利者が最終的に取得する権利の金銭債権化

　従来、自らの遺留分を侵害された者は、遺留分を保全するのに必要な限度で遺贈または贈与の「減殺を請求することができる」と定められていた（旧1031条）。そして、この遺留分減殺請求権が行使されると、遺贈または贈与は遺留分を侵害する限度で失効し、失効した遺贈または贈与に係る権利は減殺請求をした遺留分権利者に帰属するものと解されていた（減殺の物権的効力）。その結果、受遺者や受贈者との間で共有状態が生じてしまうことが多くあり、さらなる紛争が生じること、とくに事業承継の場面で問題が生じやすいことが問題となっていた。遺留分制度の目的が遺留分権利者の生活保障や潜在的持分の取戻しにあるとするならば、その目的達成のために物権的効力までを認める必要はない。そこで、2018年の相続法改正により、遺留分を侵害された者が最終的に取得する権利は金銭債権とされ、物権的効力が否定されることとなった。

　判例は、遺留分減殺請求権は、行使上の一身専属性を有するので、原則として債権者代位の目的とすることはできないとしていた（最判平成13・11・22民集55巻6号1033頁）。2018年相続法改正により、遺留分を侵害する処分の効力が覆ることはなくなったものの、遺留分の侵害があれば即座に遺留分の侵害額に相当する金銭債権が発生するものとはされておらず、遺留分侵害額請求権を行使することが必要であるとされている。すなわち、改正後も、侵害された遺留分を回復するかどうかが「遺留分権利者の自律的決定」に委ねられているということができる。そうすると、遺留分侵害額請求権についても、原則として債権者代位の目的とすることはできないと解されることになると思われる。

(2) 請求の相手方とその負担額

(a) 基本的な考え方

では、遺留分侵害額請求権を行使するための意思表示は、誰に対して行えばよいのだろうか。遺留分の侵害は、被相続人による無償処分によって生じることから、受遺者（遺贈の相手方）や受贈者（贈与の相手方）をまず挙げることができる。また、特定財産承継遺言（1014条2項→239頁）による財産承継や相続分の指定（902条）によっても遺留分の侵害が生じることがあるので、その遺言により利益を受ける相続人も、遺留分侵害額請求の相手方となりうる。遺贈、特定財産承継遺言による財産承継および遺言による相続分の指定は、いずれも、遺言者の死亡時にその効力が発生するものであるから、遺留分侵害額請求に関しては同列に扱われている（1046条1項および1047条1項柱書参照）。なお、1046条1項以下では、「受遺者」の語が「特定財産承継遺言により財産を承継し又は相続分の指定を受けた相続人を含む」意味で用いられていることから、本書でも以下ではこの用語法に従うことにする。

請求の相手方となる受遺者または受贈者は、遺贈（特定財産承継遺言による財産の承継および相続分の指定による遺産の取得を含む）または贈与（遺留分を算定するための財産の価額に算入されるものに限る）の目的の価額を限度として、遺留分侵害額を負担する（1047条1項柱書）。ただし、受遺者または受贈者が共同相続人である場合には、遺贈または贈与の目的の価額からそれぞれの遺留分の額を控除した額を限度として、遺留分侵害額を負担する（同柱書のかっこ書）。

(b) 請求の相手方として複数の候補がある場合

遺留分侵害額請求の相手方として複数の候補がある場合については、次のようなルールが設けられている。

まず、受遺者と受贈者とがあるときは、受遺者が先に負担する（1047条1項1号）。それゆえ、3(3)の例では、受遺者であるEがB・C・Dの遺留分侵害額を先に負担することになる。B・C・Dの遺留分侵害額は合計で500万円であるが、Eは400万円を限度として遺留分侵害額を負担するにすぎないので、残りの100万円については受贈者であるFが負担する。

次に、受遺者が複数あるとき、または受贈者が複数ある場合においてその贈与が同時になされたものであるときは、受遺者または受贈者がその目的の価額

の割合に応じて負担する（同項2号本文）。たとえば、3(3)の例において、Fに対して土地の生前贈与ではなく、遺贈がなされていたと仮定すると、EとFは400万円：800万円＝1：2の割合でB・C・Dの遺留分侵害額を負担する。

　最後に、受贈者が複数あるとき（贈与が同時になされた場合を除く）は、新しい贈与に係る受贈者から順に遺留分侵害額を負担する（同項3号）。

(c)　受遺者または受贈者が遺留分権利者承継債務を弁済等した場合の特則

　遺留分侵害額請求を受けた受遺者または受贈者が、遺留分権利者承継債務（→249頁）について第三者弁済をするなどして、その債務を消滅させた場合には、消滅した債務の額の限度において、遺留分権利者に対する意思表示によって、遺留分侵害額請求に係る債務を消滅させることができる（1047条3項前段）。この意思表示がなされた場合には、受遺者または受贈者が遺留分権利者に対して取得した求償権は、消滅した遺留分侵害額請求に係る債務の額の限度において消滅する（同項後段）。

(3)　受遺者等に対する期限の許与

　遺留分権利者が遺留分侵害額請求権を行使すると、受遺者または受贈者は、それぞれの負担額に応じた金銭債務を負うことになる。この金銭債務は、期限の定めのない債務であり、遺留分権利者が受遺者等に対して具体的な金額を示してその履行を請求した時から、受遺者等は遅滞の責任を負うことになる（412条3項）。しかし、遺留分権利者から履行請求を受けた受遺者等が直ちには金銭を準備することができない場合がありうる。このとき、常に遅滞の責任を負い、遅延損害金を支払わなければならないこととすると、受遺者等にとって酷な結果となりかねない。そこで民法は、受遺者等の請求により、裁判所が、金銭債務の全部または一部の支払につき相当の期限を許与することができるものとした（1047条5項）。期限が許与されたときは、その期限内は受遺者等は遅滞の責任を負わない。

6　遺留分侵害額請求権の期間制限

　遺留分侵害額請求権は、遺留分権利者が、相続の開始および遺留分を侵害す

る贈与または遺贈があったことを知った時から1年間行使しないときは、時効によって消滅する（1048条前段）。相続開始の時から10年を経過したときも、同様とされる（同条後段）。1048条後段の期間制限については、除斥期間と解する見解が多数を占めている。除斥期間と解する場合には、時効の完成猶予や更新に関する規定が適用されず、当事者の援用（145条）がなくとも、相続開始の時から10年を経過すると、遺留分侵害額請求権は当然に消滅することになる。

1048条が適用されるのは、形成権としての遺留分侵害額請求権（→250頁）についてであり、この請求権を行使した結果生じる金銭債権については、債権の消滅時効に関する一般原則を定める166条1項が適用される。

7 遺留分の放棄

相続が開始する前に相続（権）を放棄することは許されていないが、遺留分については、家庭裁判所の許可を受けることを前提に、相続開始前の放棄が認められている（1049条1項）。戦後の家族法改正により、均分相続制が実現することとなったが、そのことにより農地等の農業資産の細分化が危惧されることとなった。そこで、遺産を集中させるためになされた遺贈や贈与の効力が覆ることのないように、家庭裁判所の許可を受けることを前提に、相続開始前に遺留分を放棄することが認められることとなったのである。

なお、1で説明したように、遺留分を確保するかどうかは権利者各自の自由意思に委ねられている。それゆえ、相続開始後に、遺留分侵害額請求権を行使するかしないかは権利者の自由であり、遺留分侵害額請求権、あるいはその前提となる遺留分そのものを放棄することも自由にできる。

遺留分を放棄しても、相続権を失うことはない。共同相続人の一人のした遺留分の放棄は、他の相続人の遺留分に影響を及ぼさない（1049条2項）。すなわち、他の相続人の遺留分が増加するわけではない。

事項索引

257

●著者紹介

青竹美佳（あおたけ・みか）
大阪大学大学院高等司法研究科教授
京都大学大学院法学研究科博士課程単位取得退学（2004年）、博士（法学）
［第10章・第11章・第12章・第13章・第14章・第15章］

『新ハイブリッド民法5 家族法〔第2版〕』（共著、法律文化社、2021年）
『遺留分制度の機能と基礎原理』（法律文化社、2021年）など

羽生香織（はぶ・かおり）
上智大学法学部教授
一橋大学大学院法学研究科博士課程修了（2008年）、博士（法学）
［第5章・第6章・第7章・第8章・第16章］

「嫡出推定される人工生殖子と生殖可能性の不存在」法学セミナー706号14頁
（2013年）
「子の利益のための介入——親権の一部制限について」みんけん681号16頁
（2014年）
『子どもの法定年齢の比較法研究』（共著、成文堂、2017年）
「子の養育費の支払請求」法学教室490号36頁（2021年）など

水野貴浩（みずの・たかひろ）
松山大学法学部准教授
同志社大学大学院法学研究科修士課程修了（2003年）
［家族法総論・第1章・第2章・第3章・第4章・第9章・第17章］

「フランス離婚給付法の再出発(1)(2・完)」民商法雑誌129巻1、2号(2003年)
「離婚後の補償給付の法的性質」松川正毅ほか編『判例にみるフランス民法
の軌跡』（法律文化社、2012年）
「知っておきたい破産法〜家族法との接点〜(3)　現行法定財産制の下での夫
婦の一方の破産」戸籍時報815号（2021年）など

日本評論社ベーシック・シリーズ＝NBS

家族法［第4版］
（かぞくほう）

2015年 3 月20日第 1 版第 1 刷発行
2019年 1 月15日第 2 版第 1 刷発行
2021年 2 月10日第 3 版第 1 刷発行
2023年 9 月30日第 4 版第 1 刷発行

著　　者―――――青竹美佳・羽生香織・水野貴浩
発行所―――――株式会社　日本評論社
　　　　　　　　　〒170-8474　東京都豊島区南大塚3-12-4
電　　話―――――03-3987-8621（販売）
振　　替―――――00100-3-16
印　　刷―――――精文堂印刷株式会社
製　　本―――――株式会社難波製本
装　　幀―――――図工ファイブ

検印省略　©M. Aotake, K. Habu, T. Mizuno　　　　　ISBN 978-4-535-80700-6